아름다워라、우리 강산이여!

겸재 정선

새로 쓰는
화인열전
1

새로 쓰는 화인열전 1

겸재 정선

진경산수를 개척한 우리나라 화성

초판 1쇄 발행 2026년 2월 1일

지은이 / 유홍준
펴낸이 / 염종선
책임편집 / 박주용 김새롬
디자인 / 디자인 비따 김지선 노혜지
펴낸곳 / (주)창비
등록 / 1986년 8월 5일 제85호
주소 / 10881 경기도 파주시 회동길 184
전화 / 031-955-3333
팩시밀리 / 영업 031-955-3399 편집 031-955-3400
홈페이지 / www.changbi.com
전자우편 / human@changbi.com

ISBN 978-89-364-8110-0 03650

겸재 정선

진경산수를 개척한
우리나라 화성

새로 쓰는 화인열전 1

유홍준

창비

『화인열전』을 다시 시작하며

1.

유홍준의 『화인열전』 1, 2권은 2001년 3월, 역사비평사에서 초판이 발간되었다.

제1권: 내 비록 환쟁이라 불릴지라도
　　　-연담 김명국, 공재 윤두서, 관아재 조영석, 겸재 정선
제2권: 고독의 나날 속에서도 붓을 놓지않고
　　　-현재 심사정, 능호관 이인상, 호생관 최북, 단원 김홍도

이 책은 미술사학계와 독서계에 적지 않은 호평을 받아 2008년까지 13쇄가 출간되었다. 그러나 나는 2009년 14쇄 발간을 앞두고 이를 절판시켰다. 그 이유는 이 책이 나온 이후 약 10년간 발표된 미술사학계의 새로운 연구성과들을 수렴하여 개정판을 내야 한다

고 생각한 것이었다.

실제로 21세기 들어 조선시대 회화사 연구는 괄목할 성과를 보여왔다. 신진 연구자들에 의해 묻혀 있던 많은 문헌자료들이 조사되면서 새로운 미술사적 사실들이 속속 밝혀졌고, 박물관의 특별전과 고미술화랑의 기획전에서는 새로운 작품들이 적지 아니 소개되었다. 이를 반영하지 않고 10년 전의 저술을 그대로 찍어내는 것은 저자의 불성실 내지는 무책임이라고 생각한 것이다.

그러나 말이 그렇지 개정증보판을 펴내는 것은 간단한 작업이 아니었다. 게다가 나는 필생의 저작 중 하나로 삼고 있는 『나의 문화유산답사기』 시리즈의 완간을 위하여 많은 시간을 여기에 할애하는 바람에 이 작업은 마냥 뒤로 미루어지게 되었다.

그로부터도 15년이 지나서 2024년 가을, 심기일전하여 『화인열전』 개고 작업에 들어가니 그사이 또 미술사학계의 눈부신 성과가 축적되어 이제는 개정증보가 아니라 미련 없이 기존의 글을 버리고 완전히 새로 쓰지 않으면 안 되게 되었다. 특히 겸재 정선의 경우, 2024년 호암미술관에서 열린 사상 최대의 겸재 정선 특별전은 우리나라 화성(畵聖)으로서 겸재의 진면목을 보여주는 감동적인 전시회였다. 이에 나는 겸재편을 완전히 새로 쓰지 않으면 안 되게 되었다.

겸재 정선은 조선후기의 대표적인 화가로 모두가 알고 있듯이 우리나라 산천의 아름다움을 그림으로 담아 진경산수라는 장르를 개척하였다. 동시대의 문인화가로 겸재의 벗이기도 했던 조영석은 '조선적인 산수화는 겸재로부터 비롯되었다'고 평하였을 정도로 조선시대 회화사에서 겸재의 위상은 드높기만 하다.

그렇다고 겸재가 진경산수라는 화풍을 갑자기 단기간에 완성한 것이 아니었다. 겸재는 36세 때 금강산을 유람하고《신묘년 풍악도첩》을 그리면서 우리나라 산천의 아름다움을 그리기 시작하였지만 진경산수라는 이름에 걸맞은 작품세계를 보여준 것은 환갑이 지난 노년에 이르러서였다.

겸재는 40대에 하양현감, 50대에 청하현감을 지내면서 단양8경과 관동8경, 그리고 영남의 명승들을 그리면서 진경산수를 개척하기 시작하여 60대 전반에 서울로 돌아와《장동8경첩》을 비롯하여 〈청풍계도〉〈서원소정도〉 등 명작을 쏟아내면서 가히 진경산수의 경지에 들어섰다. 그리고 60대 후반 양천현령 시절 사천 이병연과 시화환상간(詩畫換相看), 즉 시와 그림을 서로 바꾸어 보는《경교명승첩》이라는 기념비적인 화첩을 선보이고, 경기도 관찰사 홍경보, 연천현감 신유한과 임진강에서 뱃놀이를 하고 그린《연강임술첩》이라는 대작을 그림으로써 전성기를 보여주었다.

그러나 여기가 겸재 예술의 절정이 아니었다. 남들은 인생을 마감하는 70대에 들어서면서 겸재의 필력은 오히려 더욱 무르익어 필법과 묵법을 자유자재로 구사하면서 〈금강전도〉〈인왕제색도〉〈박연폭도〉 같은 불멸의 명화를 남기고 84세에 생을 마쳤다. 그 대기만성의 노익장이란 거의 영웅적인 것이었다.

이제 우리는 겸재 정선을 일컬어 우리나라 화성이라 칭송하여 한 치 모자람이 없다는 생각이 들었다. 이에 나는 '새로 쓰는 화인열전'의 제1권으로 겸재 정선 편을 펴내게 되었다.

2.

앞으로 나는 기존에 『화인열전』 1, 2권으로 펴낸 모든 화가들의 삶과 예술들도 수정·증보하거나 완전히 새로 쓰게 될 것이다. 이후 '새로 쓰는 화인열전' 시리즈의 5권까지 출간 계획은 다음과 같다.

제2권: 연담 김명국, 공재 윤두서, 관아재 조영석

제3권: 현재 심사정, 호생관 최북, 능호관 이인상

제4권: 표암 강세황, 단원 김홍도

제5권: 추사 김정희

개인적으로 나는 2025년 7월 국립중앙박물관장에 임명되었지만 관장으로 부임하기 전 이미 제2권까지는 수정·증보를 마쳤기 때문에 곧이어 출간할 수 있을 것으로 기대한다. 그리고 3권에서는 능호관 이인상을 완전 개고할 예정이고, 제4권의 표암 강세황은 이미 절반을 써놓은 상태이다. 그리고 제5권은 기왕에 펴낸 『추사 김정희: 산은 높고 바다는 깊네』(창비 2018)를 일부 개고하여 이 시리즈로 다시 펴낼 생각이다.

내가 이렇게 '새로 쓰는 화인열전'에 애정과 사명감을 갖고 있는 것은 예술가의 전기야말로 인문학으로서 미술사를 구체적으로 실현하는 길이고 일반인 모두가 우리나라 옛 그림의 세계를 이해하는 최적의 입문서라고 생각하기 때문이다. 이를 나의 학문적 의욕이라기보다 미술사가로서의 의무라고 생각하고 있는 것이다.

이번에 '새로 쓰는 화인열전'을 펴내면서는 디자인비따가 디자인하고 창비가 출간을 맡았다. 그리고 내가 책을 펴낼 때마다 언제나 그랬듯이 명지대 한국미술사연구소 연구원 출신의 박효정, 신민규 님의 큰 도움을 받았고, 정확한 사실 확인을 위해 명지대학교 서윤정 교수, 규장각한국학연구원의 김희경 연구원, 한국고간찰연구회 방현아 연구원의 세밀한 검토가 있었으며, 국립중앙박물관 학예연구실의 여러 회화사 전공 동료들의 충실한 원고 검토를 받아 반영하였다. 경운초당 김채식 선생에게는 한문 번역에 대해 많은 가르침을 받았다. 모든 분에게 감사하는 마음을 보내며, 특히 권말 부록의 주요 문헌자료 번역은 방현아, 참고문헌은 신민규의 힘으로 이루어졌음을 밝혀둔다.

미술사의 저작은 필연적으로 도판 편집이 뒤따르는데, 국립중앙박물관, 간송미술문화재단, 삼성문화재단, 겸재정선미술관 등을 포함한 국·공·사립 박물관과 수많은 개인 소장가분들이 좋은 이미지를 보내주어 이 책을 펴낼 수 있게 되었다. 깊이 감사드린다. 그리고 편집을 맡은 창비 인문교양출판부의 정소영, 박주용, 김새롬과 아름답게 레이아웃해주신 디자인비따의 김지선 실장, 노혜지 팀장의 노고에 감사드린다.

부디 '새로 쓰는 화인열전' 시리즈는 계속되어 6권(조선말기 서화가), 7권(근대미술가)까지 펴낼 수 있기를 독자 여러분들과 함께 기대해본다.

2026년 1월

유홍준

『화인열전』 초판(2001) 책을 펴내며

인간학으로서 미술사를 위하여

『화인열전』은 한국미술사의 대표적인 화가 여덟 명의 전기(傳記)로 구성되어 있다. 그러나 화가의 일생을 연대기로 기술한 것이 아니라 그 예술적 성취를 인생 역정 속에서 살펴본 것이니 평전이라고 말해도 좋을 것이다.

냉철히 말해서 우리는 그동안 선현들에 대해 너무도 무심해왔다. 퇴계 이황과 율곡 이이 같은 대학자들에 대해서도 그렇듯이 겸재 정선과 단원 김홍도 같은 위대한 화가들의 일생에 관해 알고 있는 지식이 불과 서너 마디에 지나지 않는다. 어쩌면 반 고흐나 피카소 같은 서양화가보다 모른 채 살고 있다.

나는 학창 시절에 이탈리아 르네상스 시대에 바사리(Giorgio Vasari, 1511~74)가 지은 『미술가 열전』, 정확히 말해서 『가장 뛰어난 화가·조각가·건축가들의 일생』(*Le vite de' più eccellenti pittori, scultori e architettori*)을 읽고 큰 감명을 받았다. 이 책에는 위대한 예술가가 자기 예술을 완성하기 위하여 지불해야 했던 작가적 집념과 인간적 고뇌가 감동적으로 서려 있다. 그 점에서 화가의 전기는 인물사(人物史)로서 미술사이기 이전에 인간학(人間學)으로서 미술사라고 할 만한 것이다.

반면에 우리나라에는 이런 저서가 없다는 것이 너무도 아쉬웠다. 더욱이 우리 미술사에는 전기로 엮을 만한 화가가 없는 것이 아니라 그런 노력이 없었다는 생각이 들면서 조상들에게는 미안하고 나 자신에게는 부끄러운 감정이 일어나곤 했다. 나는 뒤늦게 대학원에 진학하여 한국미술사를 전공하면서 이 작업을 나의 학문적 일차 과제로 삼았다. 그래서 석사학위 논문으로 택한 것이 「능호관 이인상의 삶과 예술」이었다.

그때부터 나는 조선시대 대표적인 화가 십여 명의 전기를 쓸 생각을 갖고 있었다. 오세창의 『근역서화징』, 유복렬의 『한국회화대관』, 이동주의 『우리나라의 옛그림』, 안휘준의 『한국회화사』는 이 작업의 길라잡이가 되었다. 나는 기회가 닿는 대로 문헌 자료와 실작품을 조사하였다.

마침 1980년대로 들어서면 각종 도록이 속속 출간되었고, 미술관, 고미술 화랑의 전시회가 전에 없이 많이 열리기 시작했다. 『표암유고』 『관아재고』 같은 중요한 화가들의 문집이 영인 출판되었다.

특히 나는 『계간 미술』에 입사하면서 '한국의 미' 시리즈 편집을 맡게 되어 자료 조사에 더없이 좋은 기회를 갖게 되었다.

그렇게 10여 년간 자료를 수집하던 중 나는 남태응의 『청죽화사』와 이규상의 『일몽고』라는 18세기의 귀중한 회화 사료를 찾아내게 되었다. 이 두 편의 글은 조선시대 화가의 삶을 복원하는 데 결정적인 자료가 많이 들어 있었다. 그때부터 나는 서서히 평전을 쓸 수 있겠다는 생각이 들었다.

그리하여 『역사비평』 1990년 봄호에 '조선시대 화가들의 삶과 예술'이라는 제목으로 연재를 시작했다. 연담 김명국, 공재 윤두서, 능호관 이인상, 호생관 최북, 현재 심사정, 관아재 조영석, 단원 김홍도, 추사 김정희, 겸재 정선 등 자료가 갖추어진 화가부터 길면 긴 대로, 짧으면 짧은 대로 쓰며 쉬며, 쉬며 쓰며를 계속하기를 장장 10년, 2000년 봄호까지 아홉 명의 전기를 기고하였다.

1. 연담 김명국(1990년 여름호, 통권 9호)
2. 공재 윤두서(1990년 겨울호, 통권 11호)
3. 능호관 이인상(1991년 봄호, 통권 12호)
4. 호생관 최북(1991년 가을호, 통권 14호)
5. 현재 심사정(1992년 여름호, 통권 17호)
6. 관아재 조영석(1993년 봄호, 통권 20호)
7. 단원 김홍도(1993년 가을호, 통권 22호)
8. 추사 김정희(전6부, 1998년 봄호~1999년 겨울호, 통권 42~49호)
9. 겸재 정선(상·하, 2000년 봄호·여름호, 통권 50·51호)

그렇게 연재해온 글 중에서 화가 여덟 명의 전기를 묶어 『화인열전』이라는 이름으로 두 권의 책을 세상에 내놓게 된 것이다. 기왕에 발표한 추사 김정희는 조만간 완전히 개고하여 단행본으로 펴낼 예정이다.

그렇다고 해서 여기에 실린 글들이 『역사비평』에 연재됐던 것을 그대로 옮긴 것은 절대로 아니다. 그동안 학계에서 연구된 성과를 반영하여 대대적으로 수정·보완을 해야만 했다. 특히 한국회화사 연구는 최근 10년간 비약적으로 발전하여 많은 연구 업적들이 쏟아져나왔다. 결국 겸재를 제외한 모든 글들을 아예 새로 집필하여 그 원고량이 두 배, 세 배가 되었다. 본래 주석을 달지 않은 글이었으나 학문적 논증이 필요한 글에는 주석을 붙였고, 혹은 주석을 대신한 연구서 해제를 실었다.

부록으로는 이 책을 쓰게 된 결정적 동기인 남태응의 『청죽화사』와 이규상의 『일몽고』 중 「화주록」과 「서가록」을 번역하여 원문과 함께 두 책에 나누어 실었다.

책의 도판 사진은 본문에 언급된 작품은 가능한 한 원색으로 모두 싣고자 했으나, 원색 사진을 구하지 못한 것은 부득이 흑백 사진을 실었다. 그리고 저작권, 제작비 등 여러 사정을 고려하여 기존의 도판을 이용하였다.

화가라는 말 대신 화인이라고 한 것은 이들은 현대적인 개념의 화가라기보다는 시인(詩人)·문인(文人)처럼 사람 인(人) 자를 붙이는 것이 더 어울린다고 생각했기 때문이다.

이리하여 나는 20년 전에 스스로 학문적 과제이자 조상에 대한 마음의 빚으로 생각했던 '미술가 열전'을 이렇게 펴내게 됐다. 그러나 이것이 내 작업의 끝을 의미하는 것은 아니다. 내게는 앞으로도 이마마한 분량의 일감이 남아 있다. 현동자 안견, 학포 이상좌, 양송당 김시, 허주 이징, 표암 강세황, 혜원 신윤복, 오원 장승업 등도 전기로 엮을 만한 새로운 자료를 모으면 다시 『화인열전』을 쓸 것이다.

하지만 그것이 언제일지는 알 수 없다. 학포 이상좌는 아직도 분명한 그의 작품이 나오지 않고 있으며, 혜원 신윤복에 대해서는 동시대인의 증언을 단 한 구절도 찾아내지 못했다. 그러나 믿음과 희망을 갖고 찾고 또 찾아갈 것이다.

책이 나오게 되니 그동안 가르침과 도움을 주신 수많은 분들의 얼굴이 떠오른다. 나에게는 회화사 연구에 두 분의 스승이 계시다. 돌아가신 이동주 선생님과 석사학위 지도교수이신 안휘준 교수님의 가르침과 격려가 아니었다면 나는 감히 이런 작업에 도전하지도 못했을 것이다.

미학과 학생 시절 내게 바사리의 『미술가 열전』을 선물하며 나를 결국 미술사의 길로 들어서게 이끌어주신 김윤수 선생님의 은혜를 잊을 수 없다.

그리고 이 책은 지난 20여 년간 회화사 연구에 똑같은 길을 걸어 남들이 '쌍생아'라는 별명까지 붙인 이태호 교수와의 사실상 공저라고 해도 좋을 것이다.

『청죽화사』를 복사해주신 통문관의 이겸로 선생님, 『일몽고』의 소재를 알려준 성균관대 임형택 교수님, 많은 문헌을 검색하고 구해준 서울대 도서관의 감창섭 사서, 새로운 자료를 언제나 함께 윤독하고 검토해온 이광호 교수와 안영길 학형, 작품 조사와 촬영에 적극 도움을 준 여러 박물관·미술관 관계자들과 풍서헌(豊緖軒)·

청관재(靑冠齋)·일암관(日巖館) 개인 소장가들, 동산방(東山房)·학고재(學古齋) 화랑, 지난 20년간 나의 미술사 연구를 물심양면으로 지원해주신 소운(紹芸) 이우복(李雨馥) 회장님, 이 모든 분들의 은혜에 감사드린다. 또 이 작업에 전념할 수 있도록 나에게 1년간 연구년의 기회를 준 영남대 관계자들의 후의에 감사의 뜻을 올린다.

그리고 무엇보다도 1년간 참고 내 글을 받아 연재해준 『역사비평』의 너그러움과 호의에 큰절을 올린다. 역사비평사의 독촉과 관용, 독자들의 관심과 지지가 아니었다면 이 책은 세상에 나올 수 없었을 것이다.

이 책을 쓰는 데 나에게 신념이 있었다면 그것은 인문학의 줄기는 문화사이고, 문화사의 꽃은 미술사학이며, 미술사학의 열매는 예술가의 전기라는 생각이었다. 그래서 『화인열전』은 인문학의 실천으로서 미술사라고 말하고 싶은 것이다.

이제 내게 바람이 있다면 미술사의 길에는 편년사(編年史)로서 미술사, 양식사(樣式史)로서 미술사, 도상학(圖像學)으로서 미술사 이외에 인간학으로서 미술사가 있다는 사실에 동의하는 연구자가 많이 나와 이런 작업을 나누어 했으면 정말로 좋겠다.

부디 이 책이 우리나라 화인들의 인간적·예술적 노력을 이해하는 데 도움이 되고, 우리의 옛 그림을 온 국민이 사랑하고 자랑하는 계기가 될 수 있기를 간절히 바란다.

2001년 3월 15일

유홍준

차
례

1부

출생~45세

겸재 예술의 출발

조선 후기 회화의 대가, 겸재 정선

우리나라의 역대 명화가로는 신라의 솔거(率居), 고려시대 이녕(李寧), 조선 초기 현동자(玄洞子) 안견(安堅), 조선 후기 겸재(謙齋) 정선(鄭敾)과 단원(檀園) 김홍도(金弘道)를 꼽는 데 아무 이론이 없다. 이 중 겸재 정선의 예술은 오늘날뿐 아니라 동시대부터 높이 평가되었다. 정조 때 문인인 이규상(李奎象, 1727~99)은 조선시대 화가들의 약전(略傳)을 쓴 「화주록(畫廚錄)」(『일몽고(一夢稿)』)에서 겸재를 평하여 다음과 같이 말했다.

> 겸재 정선을 (…) 어떤 사람은 '정양천화(鄭陽川畫)'라고 불렀으니 그림에 있어서 거장(鋸匠)으로 여겼기 때문이었다. 그의 그림은 생동감이 있고 원기가 넘치는 듯하다. 붓놀림(用筆)에서는 거친 기운을 띠고 있는 듯하였으나 비록 화폭 가득 채우는 그림이라 할지라도 붓자국이나 먹의 번짐이 전혀 없었다. 온 나라 사람들의 요청에 부응하느라 종이나 비단에 그린 것이 얼마나 되는지 알지 못할 정도이다.
>
> 당시에 시는 사천 이병연, 그림은 겸재 정선이 아니라면 쳐주지도 않았다. 겸재의 그림은 당대에서 으뜸이었으니 원기뿐 아니라 원숙함에서도 당할 자가 없었다.

겸재는 그림을 잘 그린 회화의 대가일 뿐 아니라 종래의 관념적인 산수화풍을 벗어나 우리나라 산천의 아름다움을 그리는 진경산수(眞景山水)를 개척하여 조선적인 산수화풍을 완성한 선구적인 화가이다. 겸재의 벗으로 그 자신이 뛰어난 문인화가였던 관아재

(觀我齋) 조영석(趙榮祏, 1686~1761)은 겸재의 《구학첩(丘壑帖)》에 붙인 발문(跋文)에서 다음과 같이 단호히 평하였다.

원백(元伯, 정선)의 이 화첩은 먹을 사용함에는 흔적이 없으면서 번지기(渲染)에는 법도가 있다. 깊고 울창하며 윤택하고 빼어나 거의 송나라 미불(米芾, 1051~1107)과 명나라 동기창(董其昌, 1555~1636) 같은 대가들의 울타리 안에 들어갈 만하니, 조선 300년 역사 속에서 대개 이와 같은 사람은 볼 수 없었다.

가만히 생각해보건대, 우리나라의 산수화가들은 산수의 윤곽과 구도를 잡을 때 16준법(十六皴法, 산과 바위의 질감과 입체감을 표현하는 16가지 화법)이 있는데도 계곡이 여러 모양으로 흐르고 굽어 내리는 모습을 똑같은 형태로만 묘사한다고 하니 그것을 제대로 표현한 자가 없었다는 것이다. 그러므로 비록 여러 층의 산봉우리들과 잇따라 겹쳐진 봉우리들을 오직 한 가지 수묵법(水墨法)으로만 칠해버려서 그 앞과 뒤, 멀고 가까움, 높고 낮음, 얕고 깊음, 그리고 언덕과 바위의 평평하거나 험한 모습을 제대로 분별하지 못했다. 물을 그려도 졸졸 흐르는 물결과 용솟음치는 거친 물세를 따지지 않고 모두 두 붓으로 새끼 꼬듯 똑같은 형태로만 그렸으니 어찌 제대로 표현된 산수화가 있었겠는가! 내가 일찍이 이런 주장을 했을 때, 원백 또한 옳다고 여겼다.

원백이 일찍이 백악산 아래에 살았는데, 그림을 그릴 마음이 생기면 그때마다 산을 마주하고 그렸다. 산의 주름을 표현하고 먹을 구사함에 마음에 저절로 깨우침이 있었던 것은 그가 이미 내외 금강산을 드나들고, 또 영남을 두루 다니며 여러 승경지에 올라가 유람하며 그 물의 흐름과 산세를 모두 터득하였기 때문이니, 만약 그 공력의 지극함을 표현한다면 아마도 다 쓴 붓을 땅에 묻어 무덤을 만들 수 있을 정도였을 것이다. 이리하여 스스로 새로운 화법〔新格〕을 창출하여 우리나라 산수화가들이 한결같은 방식으로만 그리는 고루함을 씻어버렸으니, 우리나라의 산수화법은 대개 원백으로부터 비로소 새롭게 열리게 되었다 할 것이다.

한마디로 겸재 정선은 조선적인 산수화의 창시자라는 것이다.

겸재의 대표작 〈금강전도〉

화가에게는 그의 예술 세계를 상징적으로 보여주는 대표작이 있다. 겸재의 생애 최고의 역작이자 그의 진경산수를 대표하는 작품은 국보 〈인왕제색도(仁王霽色圖)〉와 국보 〈금강전도(金剛全圖)〉이다.

그중 〈금강전도〉는 금강산 일만이천 봉우리를 마치 하늘에서 내려다보는 것 같은 부감법의 시각으로 장쾌한 구도를 펼쳐 보이고 있다. 화면 오른쪽은 날카로운 수직준(垂直皴)으로 금강산 골산(骨山)의 준봉들이 둥근 호(弧)를 그리며 겹겹이 펼쳐지고, 화면 왼쪽은 미점법(米點法)으로 소나무가 우거진 부드러운 육산(肉山)이 감싸고 있다. 암봉은 밝은 빛을 발하고 골산과 골산 사이는 푸른빛으로 계곡이 흐르고 있음을 암시해주고 있다.

골산과 육산 사이로는 화면 맨 아래쪽 넓게 자리 잡은 장안사에

그림1-1. 금강전도 | 종이에 수묵담채, 130.6×94.0cm, 개인 소장. 겸재의 생애 최고 역작이자 진경산수화풍의 완성이다. 〈금강전도〉를 비롯한 겸재의 진경산수는 실경의 사생화(寫生畫)가 아니라 실경을 회화적으로 재구성한 이형사신(以形寫神)의 미학이라고 할 수 있다.

서 시작하여 표훈사와 금강대를 거쳐 묘길상에 이르는 만폭동 계곡이 자리하고 있어 화면상에 강한 동세(動勢)가 일어나면서 계곡엔 물소리가 들리는 듯하다. 그리고 금강산 산봉우리 위로는 하늘을 옅은 푸른색으로 칠하여 화면을 감싸안는 효과를 자아내고 있다. 옛 그림에서 이처럼 하늘을 표현하는 일은 극히 드물다.

〈금강전도〉의 세부 묘사는 대단히 치밀하다. 흔히 선이 굵고 스케일이 큰 화가는 디테일을 가볍게 처리하는 것이 상례인 줄 알고 있지만, 대가의 작품은 그렇지 않았다. 〈금강전도〉의 세부를 살펴보면 비로봉, 중향성, 금강대, 향로봉, 월출봉, 혈망봉 등의 특징이 잘 드러나 바위 생김새가 저마다 다른 표정을 갖고 있고, 장안사, 표훈사, 정양사, 심지어는 마하연까지 가람 배치가 정확히 표현되어 있다.

무리 지은 소나무의 배치와 유연한 미점법과 태점(苔點)의 처리에는 리듬감조차 느껴진다. 〈금강전도〉는 이처럼 수직과 수평, 선과 점, 흰색과 검은색, 밝음과 어둠, 큰 것과 작은 것 등이 대비되면서 조화를 이루고 있다. 대상의 이미지를 극대화시키기 위해 변형과 과장, 필법(筆法)의 강약, 광선의 대비를 자유자재로 구사하여 보는 이의 눈과 가슴을 압도하는 화면을 창출해냈다. 화면상에 점과 선, 음과 양의 대비와 조화가 가득하다. 비록 자연의 입장에서는 '틀린' 것이지만 그림의 입장에서는 '맞는' 것이고 감상자의 입장에서는 '감동적인' 것으로 다가오게 되는 것이다.

그리고 〈금강전도〉에는 겸재만의 특출한 유머 감각도 보인다. 그림이든 문학이든 음악이든 강연이든 유머 감각을 구사한다는 것은

대가만이 할 수 있는 특질이다. 향로봉 사자바위엔 여지없는 돌사자가 앉아 있고, 보덕굴은 바지랑대에 의지해 벼랑에 붙어 있으며, 마하연 묘길상의 부처 조각도 점경(點景)으로 삽입되어 있다. 그리하여 〈금강전도〉에는 어느 화가의 어느 작품도 따를 수 없는 세부의 멋과 맛이 풍부하여 우리를 오랫동안 그림 앞에 붙잡아놓는다. 참으로 거장의 솜씨라 하지 않을 수 없다.

나는 겸재의 〈금강전도〉를 볼 때마다 명작의 조건에 대해 많은 생각을 하게 된다. 위대한 장편소설은 어느 쪽을 펼쳐 읽어보아도 재미있고, 위대한 건축은 외형 못지않게 내부가 아름다우며, 위인의 삶은 선이 굵은 만큼 작은 일에도 따뜻한 마음 씀이 있다는 것을 이 〈금강전도〉에서도 그대로 느끼곤 한다.

여기에서 진경산수는 장르로서 확고한 위치를 갖게 된다. 그러나 겸재 그림의 정점은 여기에 머문 것이 아니었다. 그는 84세까지 장수하면서 70대 이후에도 건필을 과시하며 더욱 무르익은 작품세계로 나아가 〈인왕제색도〉 〈박연폭포〉 〈선면 금강전도〉 같은 명작을 남겼다.

겸재의 출신과 출생

겸재는 1676년(숙종 2) 1월 3일, 한성부(서울) 북부 순화방(順化坊) 유란동(幽蘭洞)에서 태어났다. 유란동은 서울 북악산 아래 오늘

그림1-2. 〈금강전도〉 부분 | 겸재의 〈금강전도〉는 디테일에도 매우 치밀한 조형적 배려가 들어 있다. 골짜기의 소나무와 절집을 섬세하게 그려넣어 그림의 깊은 맛을 더욱 느끼게 해준다.

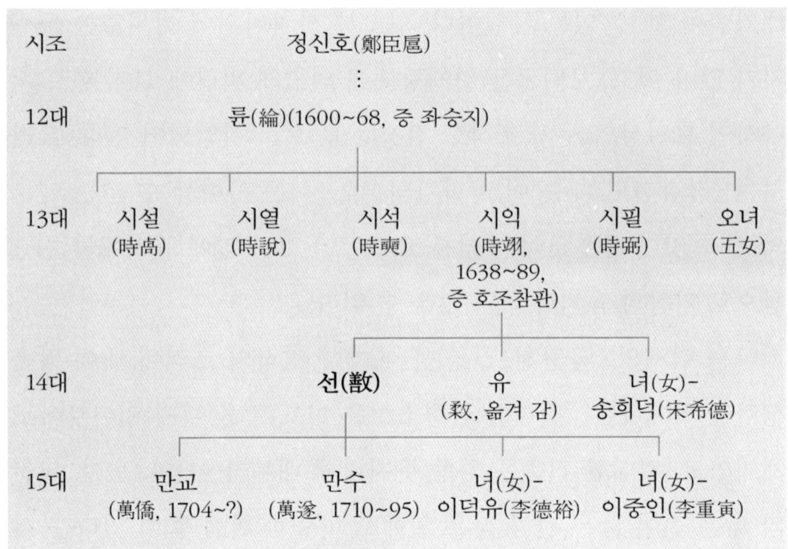

표1. 겸재 정선의 가계도

날 청운동 경복고등학교가 있는 곳이다. 본관은 광주이고 자는 원백(元伯)이다. 겸재는 한때 도화서(圖畫署) 화원(畫員) 출신으로 알려진 적이 있으나 엄연한 양반 출신이다. 『광주정씨세보(光州鄭氏世譜)』에는 겸재의 약력이 다음과 같이 적혀 있다. (이태호, 「겸재 정선의 가계와 생애: 그의 가정과 행적에 대한 재검토」, 『이화사학연구』 13·14, 1983)

> 자는 원백, 호는 겸재. 숙종 병진년(1676) 정월 3일생. 음사(蔭仕, 조상의 공으로 얻는 벼슬). 위수(衛率), 한성부 주부(主簿), 하양(河陽)·청하(淸河) 두 현의 현감(縣監), 을해년(1755) 사도시(司䆃寺) 첨정(僉正)을 역임하고, 동지중추부사(同知中樞府事)로 승진했다. 영조 기묘년(1759) 3월 24일, 향년 84세로 세상을 떠났다. 묵묘(墨妙, 먹그림)로 천

하에 이름을 떨쳤고, 『도설경해(圖說經解)』를 지었으며 유고(遺稿) 수십 권을 썼다. 부인은 연안 송씨로, 부인의 아버지는 주부를 지낸 송규병(宋奎炳, 1651~1740)이다. 묘소는 양주(楊州) 해등촌면(海等村面) 계성리(鷄城里)에 간좌합조(艮坐合兆)이다. 슬하에 2남 2녀가 있다.

겸재 집터 | 겸재는 1676년 1월 3일, 한성부 북부 순화방 유란동에서 태어났다. 오늘날 서울 경복고등학교가 있는 곳이다.

겸재의 광주 정씨는 본래 양반 집안이지만 증조부 정창문(鄭昌門, 1565~1604)이 벼슬 없이 살다가 불과 40세에 요절하였고, 그 아들 3형제가 모두 벼슬길에 오르지 못하고 손자(겸재의 아버지) 정시익(鄭時翊, 1638~89)마저도 과거에 오르지 못하면서 가세가 급격히 기울었다. 조선시대에 양반가는 3대에 걸쳐 과거 합격자를 내지 못하면 체모만 유지하는 '몰락한 양반'이 되는 것이 보통이었다.

겸재의 어머니는 밀양 박씨 박자진(朴自振, 1625~94)의 딸이다. 겸재가 태어날 때 아버지 나이는 39세, 어머니는 33세였고 아래로 남동생과 여동생이 하나씩 더 있었다. 몰락한 양반집으로 살림이 넉넉지 못한 데다 아버지가 1689년, 겸재 나이 14세 되던 해 세상을 떠나면서 더욱 가난을 면치 못하게 되어 아우 정유(鄭𣂏, 1682~1747)는 재당숙 집안에 양자로 입양시켰다. 다행히 외가댁의

도움으로 근근이 생계를 이어갔다. 겸재는 궁핍한 가운데 어린 시절부터 노모를 봉양하게 되니 훗날 겸재를 말할 때마다 어머니를 잘 모셨다는 이야기가 그치지 않았던 것은 이런 불우한 처지를 잘 견디었다는 얘기이다.

장동 김씨와의 인연

겸재는 비록 가난하고 불우한 가정환경에서 자랐지만 그에게는 남다른 인복이 있었다. 한동네 사는 안동 김씨의 여러 형제들과 인연을 맺으면서 화가로서 성장해나갈 수도 있었고 그들의 지원에 힘입어 벼슬을 얻을 수 있었다.

오늘날 청운동 일대인 장동(壯洞)에 살던 안동 김씨는 당대의 명문이자 세도가로, 다른 안동 김씨와 구별하여 장동 김씨라고 따로 불릴 정도였다. 19세기에 세도정치를 편 순조의 장인인 풍고(楓皐) 김조순(金祖淳, 1765~1832), 헌종의 장인인 김조근(金祖根, 1793~1844), 철종의 장인인 김문근(金汶根, 1801~63) 등이 바로 이 장동 김씨이다.

장동 김씨를 명문가로 일으킨 이는 선원(仙源) 김상용(金尙容, 1561~1637)과 청음(淸陰) 김상헌(金尙憲, 1570~1652) 형제였다. 장동8경의 하나인 청풍계(淸風溪)의 주인인 김상용은 우의정까지 오른 대신으로 병자호란 때 순절하였고, 그의 아우인 김상헌은 이조판서를 비롯하여 4조(曹)의 판서(判書)에 대사헌을 지내고 병자호란 때 삼학사(三學士)와 함께 청나라에 끌려가면서 "가노라 삼각산

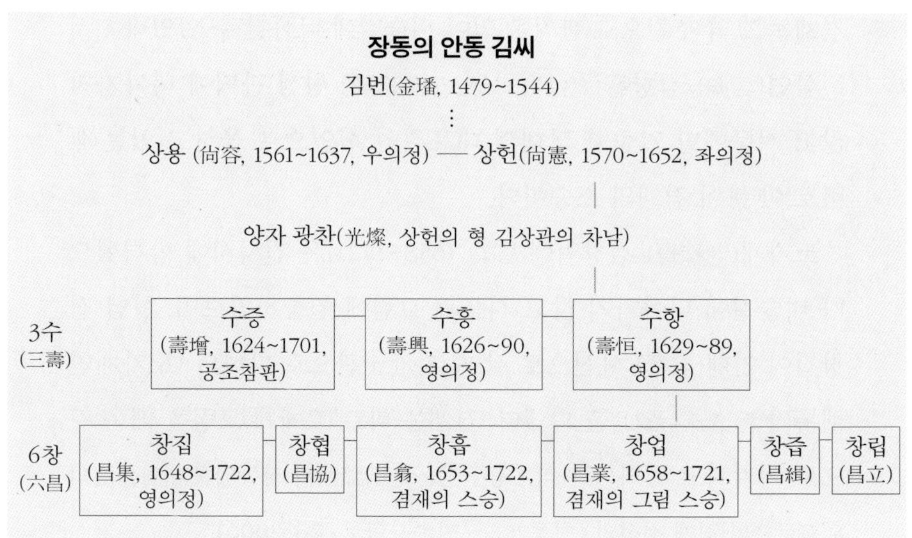

표2. 장동의 안동 김씨 가계도

아 다시 보자 한강수야"를 읊은 대표적인 척화파 대신이다.

장동 김씨는 청음 김상헌의 손자와 증손자들이 크게 출세하면서 굴지의 명문가가 되었다. 손자인 곡운(谷雲) 김수증(金壽增, 1624~1701)은 공조참판에 올랐으나 학행으로 이름 높았고, 문곡(文谷) 김수항(金壽恒, 1629~89)은 영의정을 지낸 노론의 거물 정치인으로, 사후에 현종의 배향공신으로 종묘 공신당에 모셔졌다.

김수항의 아들 창(昌) 자 돌림 6형제는 속칭 '6창'으로 불리는 당대의 대신이고 문인이었다. 겸재는 그중 '3창'과 깊은 인연을 맺었다.

몽와(夢窩) 김창집(金昌集, 1648~1722)은 영의정을 지냈고 1721~22년 신임사화(辛壬士禍) 때 죽임을 당한 노론4대신의 한 명으로,

겸재는 그의 추천으로 관직을 얻어 벼슬길에 나아갈 수 있었다.

삼연(三淵) 김창흡(金昌翕, 1653~1722)은 평생 관직에 나아가지 않고 시문에만 열중한 당대의 대표적인 시인으로 꼽히고 있는데, 바로 이 분이 겸재의 스승이다.

노가재(老稼齋) 김창업(金昌業, 1658~1721)은 진사시에 합격했으나 벼슬길에 나아가지 않고 시문과 그림에 열중하였으며, 형님 김창집이 연행(燕行) 사신으로 갈 때 자제군관으로 다녀와 『노가재연행록(老稼齋燕行錄)』을 펴냈다. 겸재는 바로 그에게 그림을 배운 것으로 여겨지고 있다(강관식, 「광주정문光州鄭門과 장동김문壯洞金門의 세교世交와 겸재 정선의 〈청풍계〉」, 『미술사학보』 26, 2006).

스승, 삼연 김창흡

겸재는 자라면서 여느 양반집 자제들과 마찬가지로 스승 밑에 들어가 공부하게 되었는데, 그 스승은 삼연 김창흡이었다. 겸재가 장동 김씨와 인연을 맺을 수 있었던 것은 무엇보다도 한 동리인(洞里人)이었고, 당색이 노론이었으며, 김창흡의 고조부인 김극효(金克孝, 1542~1618)와 겸재의 고조부인 정연(鄭演, 1541~1621)이 순화방의 한동네에 살며 '구로회(九老會, 아홉 늙은이의 모임)'를 맺을 정도로 친밀히 교유했기 때문인 것으로 보인다. 두 집안의 후손들은 18세기 후반까지도 이 구로회를 계승한 '술로회(述老會, 구로회를 이어가는 모임)'를 맺어 5대에 걸쳐 세교를 이어갈 정도로 가까이 지낸 사이였다(최완수, 『겸재 정선』 1, 현암사 2009).

참고 그림1. 김창업 〈추강만박도〉 | 모시에 수묵, 18.5×20.5cm, 18세기 초, 간송미술관 소장. 겸재의 스승이었던 노가재 김창업의 대표작으로 조선 후기 문인화의 정취를 잘 보여주는 산수화다. 가을 강변의 고요한 저녁 분위기를 수묵으로 담아 문인화의 담백한 분위기를 잘 보여준다.

당시 김창흡은 백악산 아래에 낙송루(洛誦樓)를 짓고 한창 학문과 제자 양성에 힘쓰고 있었다. 김창흡은 형 창집, 창협과 달리 벼슬에 별 관심을 갖지 않고 평생 처사로 지낸 인물이다. 그는 부친의 명으로 1673년 진사시에 합격하였으나 이후 대과(大科)를 염두에 두지 않고 오직 시문에만 열중했다. 그리고 평생에 금강산을 일곱 번이나 오를 정도로 산수를 좋아했다. 정국이 어지러울 때는 백부 김수증이 강원도 화천에서 경영하던 곡운구곡(谷雲九曲)으로 낙

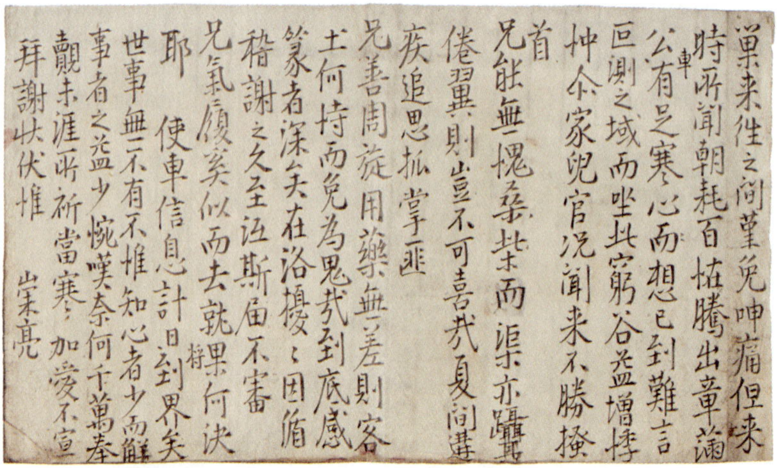

참고 그림2. 김창흡 글씨 | 종이에 먹, 33.8×56.0cm, 국립중앙박물관 소장. 추운 날씨와 자식들의 병환, 그리고 학문과 삶에 대한 근심을 어느 학도에게 전하는 삼연의 서간문이다. 겸재의 스승인 삼연 김창흡은 장동 김씨 가문의 자제로서 자질이 뛰어났으나 벼슬에 나아가지 않고 산중에서 학문을 닦으며 편지와 시로 수많은 이들과 교류했다.

향하여 지내면서 이따금 서울에 들르면 시회(詩會)를 갖는 풍류의 시인이었다. 그리하여 그는 당대 최고의 시인으로 추앙되었다. 그가 추구한 시의 세계는 이른바 진경시(眞景詩)였으니 겸재의 진경산수는 스승의 예술 정신을 그림 세계에서 구현한 것이기도 했다.

평생의 벗, 사천 이병연

겸재는 삼연 김창흡의 제자가 되면서 같은 문하생으로 5년 연상의 사천 이병연을 만나 평생의 벗이 되었다. 이병연의 본관은 한산(韓山), 자는 일원(一源)이다. 1699년 사마시에 합격하고 금화현감, 배천군수, 사복시(司僕寺) 주부를 거쳐 삼척부사(정3품)까지 올랐으나 그의 본령은 시였다. 그가 남긴 시는 무려 1만 3천 수에 이르러 당대부터 "시는 사천, 그림은 겸재"라고 나란히 칭송되었다고 한다. 그리하여 사천 이병연이 세상을 떠나자 『조선왕조실록』 영조 27년(1751) 윤5월 29일에 다음과 같은 졸기(卒記, 죽은 이의 간략한 이력)가 실렸다.

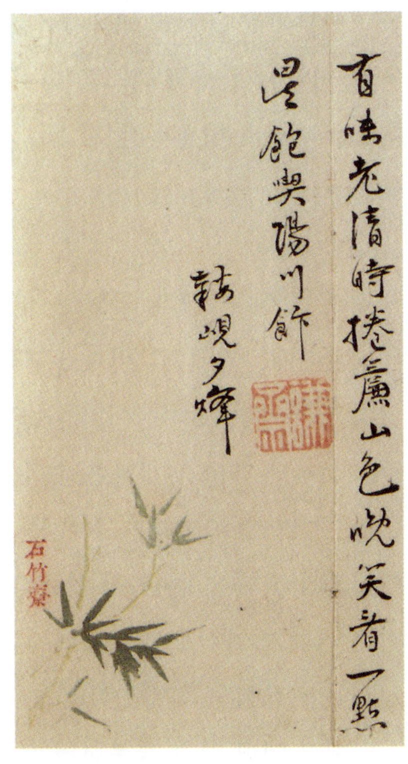

그림1-3. 이병연의 시 | 겸재의 그림 〈안현석봉〉에 써넣은 사천의 시. 간송미술문화재단 소장. 사천이 쓴 다음의 시를 겸재는 안산의 저녁 봉화 그림으로 바꾸어 그렸다. "계절 맛 참 좋은 때, 발을 걷으니 산빛이 저물었구나. 웃으며 한 점 별 같은 불꽃을 보고, 양천(陽川) 밥 배불리 먹는다."

> 한성우윤 이병연이 졸(卒)하였다. 이병연의 자는 일원으로 본관은 한산이며, 호는 사천이다. 성품이 맑고 드넓었으며, 어려서 김창흡에게 배웠다. 지은 시가 수만 수인데, 그의 시는 강건하고 웅장하여 이따금 옛것을 압도함이 있어, 세상에서 시를 배우려는 자들이 많은 본보기로 삼았다.

사천은 각기병에 걸릴 정도로 술을 좋아했던 풍류인이기도 하였다. 그의 시를 두고 홍낙순(洪樂純, 1723~82)은 『사천시초(槎川詩

抄)』 발문에서 남송의 애국시인 육유(陸游, 1125~1210)에 비교하였으니 이병연의 시에 어린 민족적 성격은 겸재 진경산수와 일맥상통하는 것이다(정옥자, 『조선 후기 지성사』, 일지사 1991).

그림의 벗, 관아재 조영석

겸재에게는 또 다른 벗으로 관아재(觀我齋) 조영석(趙榮祏)이 있었다. 관아재는 그 자신이 뛰어난 문인화가로 공재(恭齋) 윤두서(尹斗緖, 1668~1715)가 개척한 속화(俗畫)를 하나의 장르로 발전시켜 《사제첩(麝臍帖)》이라는 소묘첩과 〈설중방우도(雪中訪友圖)〉 같은 명작을 남겼다. 그는 특히 인물화에 능하여 스스로 말하기를 산수화는 겸재가 자신보다 뛰어나지만 인물화는 한 수 아래라고 말할 정도였다(심재, 「송천필담(松泉筆譚)」).

겸재가 어린 시절 공부하던 모습은 관아재가 겸재의 죽음을 애도하며 쓴 「겸재 정동추 애사(謙齋鄭同樞哀辭)」에 잘 나타나 있다.

> 정선의 자는 원백, 자호는 겸재로 본관은 광산(光山)이다. 어려서부터 한양의 북리(北里) 순화방(順化坊)의 백악산 아래에서 살았다. 나도 대대로 순화방에서 살았는데, 공(公, 정선)보다 나이가 열 살 어렸다. 내가 죽마를 타고 놀 때 공은 이미 엄연히 관례를 치렀기에 항상 그를 공경하면서 일찍이 '너'라고 부른 적이 없었다. (…)
>
> 대개 공의 성품이 본래 부드럽고 편안하여 부모에게 효도하고 형제간에 우애하며 남과 사귐에 일체 겉으로 꾸밈이 없었다. 집안이 몹

참고 그림3. 조영석 〈이 잡는 노승〉 | 종이에 수묵담채, 17.5×24.0cm, 개인 소장. 관아재 조영석은 인물화로 유명하였다. 그동안 조선 산수화에서는 막연하게 중국풍의 인물을 그렸으나, 조영석은 명확히 현실 속의 조선 인물을 표현했다.

시 가난하여 부모를 봉양할 음식을 자주 거르긴 했지만 일찍이 의(義)가 아닌 것으로 남에게 요구한 적은 없었다. 공이 또 경학(經學)에 깊이가 있어 『중용』과 『대학』을 논함에 처음과 끝까지 모두 꿰뚫어 마치 자신의 말을 외우듯이 하였다.

여기서 겸재가 경학에도 열심이었다는 증언은 겸재의 그림이 단순히 테크닉을 연마하여 이룬 것이 아니라 학문적인 탐구가 곁들어 있음을 말해주는 것이다.

겸재의 『주역』 연구

많은 사람들이 증언하기를 겸재는 『주역(周易)』에도 밝았다고 한다. 이에 대해서는 영조 때 문인인 근재(近齋) 박윤원(朴胤源, 1734~99)의 아들인 박종여(朴宗輿, 1766~1815)가 『냉천유고(冷泉遺稿)』에서 부친의 언행록을 쓰면서 다음과 같이 말한 바 있다. (「선고근재선생부군언행록(先考近齋先生府君言行錄)」, 『냉천유고』 권5)

> 우리 집이 예전에 백악산 아래에 있어 부군(박윤원)께서는 북리(北里)에서 나고 자라셨으니 겸재 정선과 거처가 서로 가까웠다. 남들은 겸재와 사귐에 그림을 구하지 않음이 없었지만, 부군께서는 홀로 그림을 구하지 않고 (그를) 좇아 『주역』을 배웠다. 비록 다 미치지는 못하셨으나, 상수(象數, 하도낙서)에 대한 이야기는 대략 들으셨다고 한다. 겸재는 『주역』에 정심하고 또 『중용』에 익숙하여 가히 박통한 선비라 할 만하였는데 그 산수화에 가려져 세상에서 아는 사람이 없다.

정선이 스스로 호를 겸재라 지은 것은 『주역』의 겸괘 중 '겸손하면 형통하나니 군자는 유종의 미가 있다〔謙亨君子有終〕'라는 뜻을 빌려 온 것이다. 『광주정씨세보』에서 겸재가 지었다고 언급한 『도설경해』는 『주역』의 원리를 풀이한 책으로 보이며, 그가 쓴 글을 모은 유고가 수십 권이 있었다고 한 것은 겸재가 그림에 전념하면서도 한편으로는 학문의 끈을 놓지 않았다는 것을 말해준다. 그런데 그 저술이 아직 발견되지 않고 있으니 안타깝기 그지없다.

이처럼 겸재는 삼연 김창흡의 문하에서 사천 이병연, 관아재 조영석 등의 벗들과 공부하며 자연스럽게 예원(藝苑)의 세계로 들어서게 되었다.

겸재의 회화 견문

겸재가 언제부터 어떤 계기로 그림에 입문하게 되었는지에 대해서는 아직 확실하게 알려진 바가 없다. 다만 장동 김씨 형제 중 노가재 김창업에게 배운 것이 아닐까 생각되고 있다. 김창업은 그림을 잘 그렸고, 훗날 겸재의 진경산수를 추종한 화가인 진재(眞宰) 김윤겸(金允謙, 1711~75)이 그의 서자이다.

본래 장동 김씨 집안은 서화 수장품을 많이 소장하고 있었고, 대대로 그림을 완상하고 또 그림을 그리는 취미가 있었다. 삼연 김창흡은 동생 김창업이 그린 〈송죽도(松竹圖)〉를 읊은 시에서 이렇게 말했다. (「영사제송죽양화(詠舍弟松竹兩畫)」, 『삼연집(三淵集)』 권2; 홍선표, 『조선시대 회화사론』, 문예출판사 1999에서 재인용)

> 우리 집안 형제들은 그림을 중시했다네
> 나 또한 어려서는 말 그림도 그렸으나 어른이 되어서는 그만두었네
> 我家雁行重繪事 少畫鞍馬長則棄

장동 김씨 집안에는 청음 김상헌 이래로 미술품을 수장한 것이 퍽 많았고, 또 그것을 즐기는 가풍이 있었다는 것은 우암(尤庵) 송

시열(宋時烈, 1607~89)이 그의 동문인 사우당(四友堂) 송국택(宋國澤, 1597~1659)에게 보낸 다음과 같은 편지에서 잘 알 수 있다. (송시열, 『송자대전(宋子大全)』 제72권)

석실(石室, 김상헌이 한강변 미호渼湖에 경영한 정사亭舍)의 자손들(김수증, 김수항 등)은 그의 할아버지께서 그림에 대한 벽(癖)이 대단하시고 그 품격을 깊이 아는 까닭에 모아둔 것이 많다고 이야기하였네. (…)

〈취성도(聚星圖)〉 족자를 보내주며, 아울러 꾸미지 않은 조그만 족자 그림 하나를 보내는데 이것도 석실에서 나온 것이네.

노가재 김창업은 형님 김창집이 사신으로 갈 때 자제군관으로 따라가 연경(燕京, 베이징)에서 중국 그림을 사 오기도 했다. 겸재는 자연스럽게 장동 김씨의 이런 서화 수장품을 보면서 그림 보는 눈을 익혔을 것임을 쉽게 짐작할 수 있다.

또한 사천 이병연도 그림 수집에 대단한 열정을 갖고 있었다. 이병연 집안에는 송나라 마원(馬遠, 1140~1225)의 〈산수〉, 원나라 조맹부(趙孟頫, 1254~1322)의 〈말 그림〉, 원나라 전선(錢選, 1239?~1300?)의 〈산수〉 같은 송·원 명작과 명나라 구영(仇英, 1494~1552)의 〈청명상하도(淸明上河圖)〉 같은 작품들이 많이 수장되어 있었다. 겸재뿐 아니라 관아재 조영석도 사천 집안에 소장된 명화들을 보면서 감상을 글로 짓기도 했다(박효은, 「조선 후기 문인들의 회화 수집 활동 연구」, 홍익대학교 석사논문, 1999).

사천 이병연은 그의 벗인 담헌(澹軒) 이하곤(李夏坤, 1677~1724), 서암(恕菴) 신정하(申靖夏, 1680~1715) 등과 서화를 같이 감상하던 미술애호가로서 그림을 볼 줄 아는 안목이 높았고, 훗날 겸재의 그림을 가장 많이 소장한 수장가가 되었다.

이런 분위기에서 겸재는 회화에 깊은 지식과 소양을 갖추어나가며 그림을 그리게 된 것으로 보인다. 이는 관아재 조영석이 「겸재 정동추 애사」에서 다음과 같이 증언한 것으로도 알 수 있다.

> 공이 그림으로 세상에 이름이 나 있었고 나도 좋은 그림에 빠져 있어서 그 삼매경(三昧境)을 대략 이해했다. 그러나 나는 거기에 매달리려 하지 않았고 공은 날마다 더욱 정진하고 익혀서 육요육법(六要六法)를 정밀하게 이해하지 않음이 없었다.
>
> 대개 우리나라의 화가들은 이것을 아는 이가 없었는데, 공에 이르러서 옛 그림을 널리 보고 공부 또한 독실히 하여 앞사람들이 이해하지 못했던 것들을 많이 내놓게 되었다. 이런 까닭으로 명성이 날마다 점점 두터워지자 그려달라는 비단도 날로 더욱 쌓여서 스스로 한가할 틈이 없었다. 또 예운림(倪雲林, 원나라 예찬倪瓚, 1301~74), 미남궁(米南宮, 미불), 동화정(董華亭, 명나라 동기창)을 배워 대혼점(大渾點, 큰 점을 섞어서 쓰는 묘사법)으로 신속하게 대응하는 화법을 사용하였다. 세상에 그림을 배우는 사람들은 다만 공의 중년 이후에 사용한 권필(倦筆)만을 보고 그림은 마땅히 이와 같아야 한다고 여기면서 다투어 서로 흉내만 내려 한다. 그러나 그의 그윽하고 윤택한 멋에는 세상 사람들이 미치지 못한다.

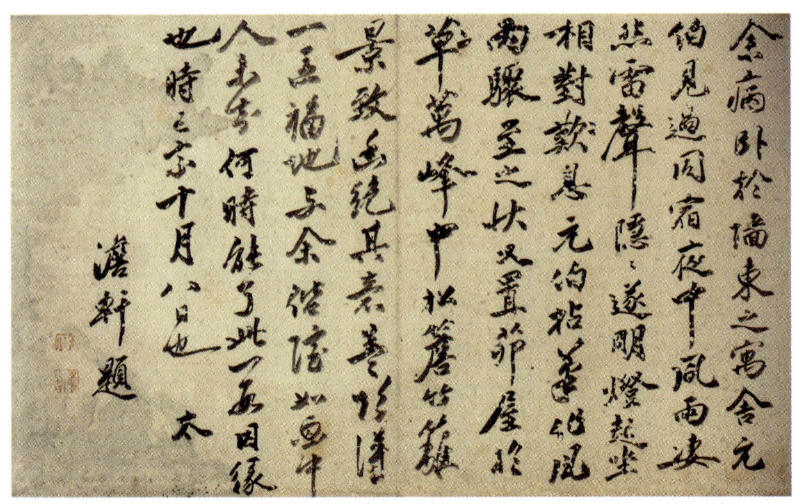

그림1-4. 이하곤 글씨 | 종이에 먹, 29.8×53.3cm, 1719년, 호림박물관 소장. 담헌 이하곤이 쓴 《사계산수화첩》 서문이다. 겸재는 1719년(44세) 기해년 10월 8일에 병든 담헌의 집을 찾아가 하룻밤을 함께 보내며 사계산수화 4폭을 그려주었다. 이것을 《사계산수화첩》이라 하고, 담헌은 이 화첩을 묶은 전말을 기록한 서문을 썼다.

이런 사실들로 보아 겸재는 테크닉만 뛰어난 화가가 아니라 화론(畫論)에 정통한 문인화가였음을 알 수 있다.

겸재의 초년 시절 이력과 화력

모든 사람에게는 이력(履歷)이 있고, 화가에게는 화력(畫歷)이 있다. 그러나 겸재의 초년 시절은 20대는 물론 30대 후반 중년에 들어가기 직전까지도 특별한 이력이나 화력이 보이지 않는다. 어느 때인가 주부 벼슬을 지낸 연안 송씨 송규병의 장녀와 결혼하여 29세 때 장남 만교(萬僑, 1704~?)를 낳았고, 35세 때 차남 만수(萬

遂, 1710~95)를 낳았다는 사실만을 『광주정씨세보』에서 확인할 수 있을 뿐이다.

겸재가 벼슬길에 들어선 것은 41세인 1716년에 관상감(觀象監)의 천문학겸교수(天文學兼教授)가 된 것이다. 겸재는 이후 여러 관직을 지냈으나 40세 이전에는 뚜렷한 행적이 보이지 않는다.

화력으로는 36세 때인 1711년(신묘년)에 처음 금강산을 유람하고 《신묘년 풍악도첩(辛卯年楓嶽圖帖)》을 그렸고 또 이듬해인 1712년(임진년)에 2차 금강산을 유람한 뒤 《해악전신첩(海嶽傳神帖)》을 그린 이후에야 나타난다. 그 이전에 그린 초년작으로 기년(紀年)이 밝혀져 있는 작품은 아직 발견되지 않았다. 1, 2차 금강산 유람 후 그린 작품 이후 현재 연도가 확실히 밝혀진 작품은 1716년에 그린 〈회방연도〉, 그리고 1719년 겸재 나이 44세 때 벗 이하곤에게 그려준 《사계산수화첩(四季山水畫帖)》이 있다.

호림박물관이 소장하고 있는 《사계산수화첩》에는 산수화 5폭, 화훼화 2폭 등 7폭의 그림이 실려 있는데 대부분 중국의 화본(畫本)에 나와 있는 그림을 방작(仿作)한 것이다.

중국 화본(畫本)의 수련

겸재 시절의 회화 수업은 일반적으로 선생으로부터 필법, 묵법, 묘사법 등을 배우는 것부터 시작된다. 겸재는 김창업으로부터 회화의 기본기를 배웠을 것으로 생각된다. 그리고 안동 김씨 집안과 사천 이병연의 수장품을 보면서 회화세계를 넓혔을 것으로 짐작된

그림1-5. 〈무송관산도〉 부분(좌) | 종이에 수묵, 간송미술관 소장. '소나무를 어루만지며 서성인다〔撫孤松而盤桓〕'는 소재는 도연명의 「귀거래사」에서 나온 것으로 전형적인 화본풍의 그림이다.

참고 그림4. 〈무고송이반환〉, 『개자원화전』(우) | 청나라 초기의 화보인 『개자원화전』 삽도이다. 겸재는 이런 화본풍의 관념산수도를 초년부터 말년까지 줄곧 그렸다.

다. 이 초년의 회화수련 과정에서 중국의 유명 화본을 교과서로 삼아 열심히 보고 베끼면서 그림세계를 구축해간 것이다.

겸재 당대에는 중국의 화본들이 많이 들어와 있었다. 남태응은 『청죽화사』에서 겸재보다 약 10년 연상인 공재 윤두서는 『고씨역대명공화보(顧氏歷代名公畫譜)』와 『당시화보(唐詩畫譜)』를 보고 익혔다고 증언하였는데, 겸재 또한 이를 보고 그린 그림들이 중년을 넘어 노년까지 계속 보인다. 특히 이런 화본들은 명나라의 문인화풍이 많이 소개되어 있어 겸재를 비롯하여 조선후기 정형산수화에 부드러운 필법의 문인화풍이 유행하는 계기가 되었다.

현재 전하는 겸재의 수많은 화본풍의 정형(定型) 산수화와 시를

참고 그림5. 『당시화보』의 〈주상오수(舟上午睡)〉(좌), 참고 그림6. 『해내기관』의 〈동정추월(洞庭秋月)〉(우) | 〈주상오수〉는 소나무 그늘 아래 배를 대고 낮잠을 즐기는 그림으로, 겸재는 이런 구도를 응용하여 정형산수를 그렸다. 또 가을밤 동정호에 뜬 달을 그린 〈동정추월〉의 파도 모양을 〈옹천〉 〈총석정〉 등의 그림에 적용한 것으로 보인다.

그림으로 옮긴 시의도(詩意圖), 고사인물도 등은 젊은 시절부터 그려왔을 것으로 추정된다. 예를 들어 〈무송관산도(撫松觀山圖)〉는 『개자원화전(芥子園畫傳)』에서 도연명(陶淵明)의 「귀거래사(歸去來辭)」의 한 구절인 "무고송이반환(撫孤松而盤桓)", 즉 '외로운 소나무를 어루만지며 서성인다'를 그린 화보의 이미지를 빌려온 것이다. 이를 방작이라고 한다.

방작이라고 하면 화가의 창의성이 없을 것으로 생각하기 쉽지만 방작이란 범본을 단순히 모방한 것이 아니라 이미지만 빌려서 자신의 필묵세계를 전개한 것이다. 그래서 범본을 본받아 그대로 그리는 것은 임모(臨模)라 하고 화가의 창의적인 재해석이 들어 있는 것은 방작이라고 한다.

겸재가 임모와 방작의 교본으로 삼은 화본은 대개 중국에서 간행된 목판본들인데 18세기 들어서면 중국과의 교류가 활발해지면서 다양한 중국화본들이 새로 들어오곤 했다. 그중 주목되는 것의 하나가 『해내기관(海內奇觀)』이다. 이는 중국의 절경을 그린 산수화 목판화집으로 김창흡이 이를 입수하여 그중 〈황산도(黃山圖)〉를 시로 읊기도 하였다. (고연희, 「정선의 진경산수화와 명청대 산수판화」, 『미술사논단』 9, 1999)

중년의 남종산수화《사계산수화첩》

겸재가 화본을 보고 열심히 방작하면서 그림을 익힌 것은 1719년, 겸재 나이 44세 때 그린 《사계산수화첩》에서 여실히 엿볼 수 있다. 겸재가 벗 이하곤에게 그려준 이 화첩은 춘하추동 사계산수 4폭과 겨울풍경의 〈설경산수도〉 등 다섯 폭의 산수화와 초충도 2폭 등 7폭의 그림으로 꾸며졌으며 화첩의 첫 장에는 이하곤의 서문과 그의 아들 이석표(李錫杓, 1704~51)가 이하곤의 글을 옮겨 써 놓은 발문이 있다. 그 서문은 다음과 같다.(이 글들은 이하곤의 『두타초(頭陀草)』에 「정선 원백의 화권에 제하다〔題鄭元伯畝畫卷〕」라는 제목으로 실려 있다.)

그림1-6. 《사계산수화첩》 중 〈설경산수도〉 | 비단에 수묵담채, 29.8×53.5cm, 1719년(44세), 호림박물관 소장. 겸재의 《사계산수화첩》 중 〈설경산수도〉는 남종문인화의 그윽한 분위기를 가장 잘 보여주고 있다.

내가 병이 들어 장동(墻東, 경복궁 담장 동쪽) 집에 누워 있었는데 겸재가 보고 가려고 들렀다가 같이 자게 되었다. 한밤중 비바람이 쓸쓸히 치고 천둥소리가 은은히 들렸다. 이윽고 (우리는) 등불을 밝히고 일어나 앉아 마주 보며 크게 한숨을 쉬었다. 겸재는 붓을 잡고 비바람 몰아치는 형상을 그리고는 또 첩첩 만봉 중에 초가집을 배치하고 솔가지 사립문과 대나무 울타리를 그리니 경치가 그윽하고 빼어났다. 그 그림의 뜻이란 한 곳에 복지(福地)를 얻어 그림 속의 사람처럼 나와 더불어 은거하고자 하는 것이리라. 그러나 어느 세월에나 이 일단의 인연을 마칠 수 있을는지 알 수 없구나.

때는 기해년(1719) 10월 8일이다. 담헌 이하곤이 제(題)하다.

그리고 이어지는 발문은 이 화첩에 대한 이하곤의 본격적인 미

그림1-7. 《사계산수화첩》 중 〈추경산수도〉(상) | 비단에 수묵담채, 29.8×53.5cm, 1719년(44세), 호림박물관 소장.

그림1-8. 《사계산수화첩》 중 〈하경산수도〉(하) | 비단에 수묵담채, 29.8×53.5cm, 1719년(44세), 호림박물관 소장. 겸재 중년의 그림은 이처럼 전형적인 화본풍의 그림이 많다. 이를 통해 그는 남종화풍을 익혔고 그것을 진경산수화법에 원용하기도 했다.

술평이다.

겸재의 이 화권은 비록 분방한 필체를 보이지만 자세히 살펴보면

그림1-9. 《사계산수화첩》 중 〈계관진와〉(상) | 비단에 수묵담채, 29.8×53.5cm, 1719년(44세), 호림박물관 소장. 맨드라미 꽃과 벌 한 마리, 그리고 개구리가 그려져 있다.

그림1-10. 《사계산수화첩》 중 〈국화용서〉(하) | 비단에 수묵담채, 29.8×53.5cm, 1719년(44세), 호림박물관 소장. 괴석과 흰색 국화, 여치 한 마리가 그려져 있다.

법도와 의태(意態, 마음 자세)가 여러 가지로 갖추어져 털끝만큼도 어긋난 곳이 없다. (남들이) 겸재를 따라가지 못하는 점은 바로 여기에 있다. 우리나라의 그림은 대체로 그 병폐가 두 가지 있으니 고루함

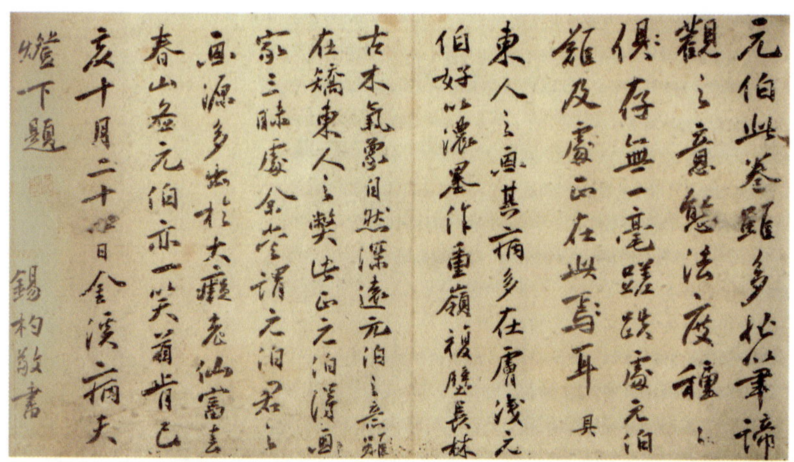

그림1-11. 이하곤의 《사계산수화첩》 발문 | 종이에 먹, 29.8×53.3cm, 1719년, 호림박물관 소장. 담헌 이하곤은 이 발문에서 겸재 그림의 근원은 황공망의 〈부춘산거도〉에 있다는 미술평을 하였다.

과 천박함이다. 겸재는 농묵으로 겹겹의 산마루와 뾰족한 산봉우리, 긴 숲과 해묵은 나무를 잘 그리는데 이들이 서로 가리고 비추니 기상이 자연 심원하다. 겸재의 뜻은 비록 우리나라 사람의 이런 병폐를 바로잡고자 한 것이나, 이 그림은 그 자체로도 참으로 화가의 삼매처(三昧處, 골똘히 마음 쓴 바)를 얻은 것이라 하겠다. 내가 일찍이 장난 삼아 겸재에게 말하기를 "자네 그림의 근원은 황공망(黃公望, 1269~1354)의 〈부춘산거도(富春山居圖)〉에서 나왔군" 하니 겸재도 웃으며 수긍했다.

금산병부(金山病夫)가 등불 아래서 또 제(題)하노라.

《사계산수화첩》의 의의

겸재의 《사계산수화첩》은 이하곤이 말했듯이 황공망의 〈부춘산거도〉—내가 보기에는 같은 원말4대가의 한 명인 예찬의 〈용슬재도(容膝齋圖)〉—같은 남종문인화풍을 방작한 것이다. 그래서 우리가 겸재의 개성으로 칭송하는 창의적인 화면 구성이나 강렬한 묵법의 대비와 웅혼한 필치는 전혀 보이지 않는다. 앞뒤 사정을 모른다면 이 화첩을 겸재의 솜씨로 보기 어려울 정도로 필치가 여리다.

특히 화폭으로 사용한 비단이 후대에 단원 김홍도가 사용하던 고급 화견(畫絹)과는 달리 올이 굵고 표면에 굴곡이 느껴질 정도로 면이 거칠어 붓이 잘 나가지 않아 고생깨나 했겠다 싶은 생각이 든다. 훗날 이동주 선생이 겸재가 단원에 비할 때 먹이 강하고 붓에 속도감이 붙은 데는 재료상의 조건도 무시할 수 없을 것이라고 말한 것에 절로 수긍이 간다.

그러나 겸재가 섣불리 자기 개성을 드러내지 않고 이처럼 고전을 차근차근 방작하는 중년의 겸손과 성실성을 거쳤기 때문에 훗날 자신의 개성에 힘과 자신감을 얻을 수 있었던 것이다. 이런 사실은 흔히 말하는 '영향'이 아니라 화가로서 수업기에 반드시 거쳐야 하는 장인적 수련과 연찬 과정을 의미한다. 고전으로 들어가 새것으로 나오는 입고출신(入古出新), 법고창신(法古創新), 온고지신(溫故知新)의 창작 자세이다. 겸재는 바로 이런 화본을 참고하며 중국 명화의 진수를 자득해갔다. 그 과정에서 겸재는 남종화법도 익히게 되었고, 무엇보다 화론(畫論)에 대한 이해를 높일 수 있었다.

그것은 기초가 되어 있는 사람과 아닌 사람, 국제적(보편적) 시각을 갖고 있는 사람과 아닌 사람, 고전을 통과한 사람과 아닌 사람의 차이 같은 것이다. 나이 40대 때 《사계산수화첩》 같은 작품을 그렸기에 겸재는 20년 뒤 〈금강전도〉 같은 불후의 명작을 낳을 수 있던 것이다. 그 점에서 겸재는 대기만성형의 대가였다.

겸재 중년의 득의산수

겸재는 이처럼 착실히 작가적 수련과 연찬을 거치면서 중년의 어느 시점에 이르면 이하곤이 말한 바대로 우리나라의 고루한 화풍을 일소하기에 이른다. 그 구체적인 예가 겸재 중년의 득의작(작가가 뜻한 대로 이루어진 명작)으로 평가되는 〈하경산수도〉(夏景山水圖, 여름 풍경)이다. 국립중앙박물관에 소장된 대폭(大幅)의 〈하경산수도〉는 훗날 표암(豹菴) 강세황(姜世晃, 1713~91)이 그림 상단에 평을 쓰면서 "겸재 중년의 최득의작〔最得意筆〕"이라고 하여 흔히는 '득의산수(得意山水)'라고 불리는 명작이다.

그림의 소재와 정신으로 말하자면 전형적인 정형산수로 관념성이 대단히 강하다. 그러나 자세히 살펴보면 이 작품에는 겸재가 중년에 예술적으로 추구하고 고뇌하던 모든 요소가 다 들어 있다.

겸재의 중년은 여느 화가와 마찬가지로 세 가지 조건에 놓여 있었다. 하나는 전통, 하나는 신사조, 하나는 개성이다. 산수화로 말

그림1-12. 득의산수 | 비단에 수묵담채, 179.7×97.3cm, 국립중앙박물관 소장. 〈하경산수도〉는 겸재의 남종화풍의 대표작으로 꼽히는 명작이자 거대한 산수화다. 관념산수이지만 이미 필치 곳곳에 겸재의 개성과 진경산수적 요소들이 드러나고 있다.

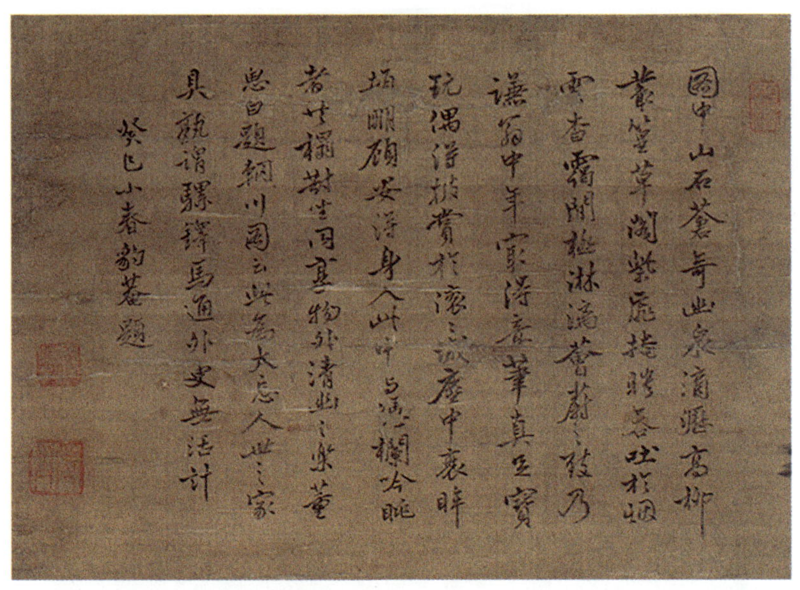

그림1-13. 강세황의 〈하경산수도〉 발문 | 표암 강세황이 "겸재 중년의 최득의작"이라 평한 찬사의 글이다.

하자면 인조·숙종 연간의 김명국·이징 등이 추구한 절파(浙派)풍의 전통, 그리고《고씨역대명공화보》《당시화보》등 중국의 화보를 통해 들어온 남종문인화법의 신풍, 여기에 그가 새롭게 추구하기 시작한 진경산수로의 개성이다.

겸재의 득의산수에서는 바로 이 세 가지 요소가 한 화면 속에 공존하는 것을 볼 수 있다. 화면 상단의 암봉과 먼 산은 인조·숙종 연간의 전통 산수화풍이고, 하단의 초가집과 안개 표현은 남종문인화풍이며 버드나무·전나무의 수지법과 냇가 암석의 표현에는 겸재가 진경산수에서 사용한 조선 산천의 분위기가 살아 있다. 그리고 이 이질적인 요소들이 어떤 괴리감 없이 혼연히 조화하고 있다.

모든 것을 떠나 하나의 회화 작품으로서 말한다 하더라도 가히 득의작이라 할 만하다. 그래서 표암 강세황은 이 작품에 다음과 같은 찬사의 글을 올렸던 것이다.

이 그림은 산과 돌이 창고(蒼古)하고 기이하다. 흐르는 물이 쏟아지고, 높은 버들, 우거진 (잔)대나무, 초가집 사립문이 흐릿한 구름과 안개 사이로 보이다 말다 하니, 색채가 진하고 수목이 울창한 필치는 겸재의 중년 작품 중에서 최득의작이다. 정말 소중하게 감상할 만하다.

이 복잡한 도성 안에서 우연히 펼쳐놓고 감상하게 되니 흐린 눈이 갑자기 밝아지는 듯하다. (…) 동기창은 〈망천도(輞川圖)〉에 쓰기를 "그림은 세상을 아주 잊어버리게 하는 일종의 가구(家具)"라 했다. 이 복잡한 세상을 떠나서 살 수 없다고 누가 말하던가.

예전에 중년이라고 하면 대개 30, 40대를 의미하지만 표암 강세황이 이 작품에서 굳이 '중년'이라는 말을 강조한 것은 생물학적 나이라기보다 '노년작'과 비교한 화풍상의 차이를 말한 면이 크므로 40, 50대 작품으로 볼 수 있다. 그 시기가 어찌 됐든 겸재는 이처럼 중년에 남종화법을 체득하면서 자신의 필법과 화법을 연마하여 진경산수 양식을 더욱 세련할 수 있는 기틀을 마련했던 것이다.

이런 정형산수를 그리면서 겸재는 그림의 구도를 잡는 법, 산세를 주름으로 표현하는 준법(皴法)과 바위를 그리는 암석법(巖石法),

물결을 그리는 수파묘(水波描), 나무를 그리는 수지법(樹枝法) 등을 익힌 후 금강산 유람을 떠났던 것이다.

2부

36세~45세

진경산수로의 길

신묘년 제1차 금강행

겸재의 1차 금강행은 1711년 8월, 삼연 김창흡이 그의 시제자(詩弟子)로 조카뻘 되는 청풍계 주인인 모주(茅洲) 김시보(金時保, 1659~1735), 백석(白石) 신태동(辛泰東, 1659~1729) 등과 함께 생애 여섯 번째 금강산 유람에 따라간 것이다(최완수, 『겸재 정선 진경산수화』, 범우사 1993). 이 사실은 1999년 일민미술관에서 열린 '몽유금강전'에 출품된 몽와 김창집의 시고(詩稿) 제목과 내용에서도 확인된다. 먼저 그 제목을 보면 다음과 같다.

> 사경(士敬, 김시보)과 계형(季亨, 신태동)이 뒤서거니 앞서거니 금강산에 들어가면서 모두 (내게) 송별의 말을 찾기에 사경의 운(韻)을 사용하여 계형에게 주며 사경에게 돌려보게 했다.
>
> 士敬季亨後先而入金剛 皆求別語用士敬韻贈季亨 仍要轉示士敬

여기서 사경은 김시보의 자이고, 계형은 신태동의 자이다. 그러고 7언율시를 썼는데 그 마지막 행과 관지(款識)는 다음과 같다.

> 다른 여러 벗들이 손 맞잡고 옷자락 펄럭이며 가는데
> 하물며 삼연 또한 따라가겠다면야 더 말하겠는가
> 신묘년(1711) 중추(8월) 상순에 몽와
>
> 他諸友聯翩翩去 況說三淵欲往從 辛卯 仲秋 上浣 夢窩

김창흡은 금강산 광(狂)이었다. 그는 바로 전해인 1710년에도

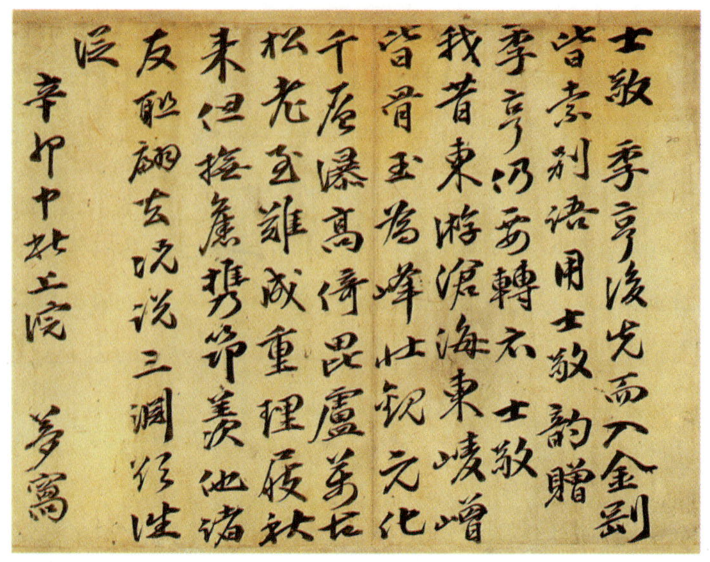

참고 그림7. 김창집의 「금강산 송별시」 | 종이에 수묵, 35.2×44.0cm, 1711년, 개인 소장. 몽와 김창집이 김시보, 신태동 등과 함께 가는 금강산 유람을 축하한 시다. 이들과 함께한 여행이 겸재에겐 1차 금강행이었다.

금강산에 다녀왔는데, 환갑을 바라보는 노령에 또다시 여섯 번째로 금강산을 찾아간 것이었다. 그때 마침 사천 이병연은 금강산 초입의 고을인 금화의 현감으로 있었다. 이병연은 1710년 5월부터 1714년 12월까지 약 5년간 금화현감을 지냈기 때문에 그의 많은 시우(詩友)들이 이처럼 금강산을 유람할 때 그를 찾곤 하였다.

겸재의 신묘년 1차 금강행에 대해서는 정확한 일정이나 주고받은 시를 아직 발견하지 못했다. 그러나 다행히도 국립중앙박물관에는 겸재의 금강산 그림 13폭이 들어 있는 《신묘년 풍악도첩》이 전해지고 있어 겸재의 진경산수를 연구하는 데 길잡이가 되고 있다. 이 화첩은 현재까지 알려진 겸재의 기년작 중 가장 앞선 것이기

그림2-1. 《신묘년 풍악도첩》 중 〈금강내산총도〉 | 비단에 수묵담채, 36.0×37.4cm, 1711년(36세), 국립중앙박물관 소장. 겸재 초년의 금강산 그림은 이처럼 회화식 지도에서 출발했지만 겸재는 마침내 진경산수라는 하나의 장르를 개척한 대기만성형의 화가였다. 이 금강산도를 20여 년 뒤에 그린 〈금강전도〉와 비교해보면 도저히 같은 화가의 작품으로 생각하기 어렵다.

도 하다. 이 화첩의 내력은 첩 말미에 붙어 있는 발문에 소상하게 밝혀져 있다.

이 비단 폭에 그린 풍악도 13폭은 나의 고조할아버지 백석공(白石公)께서 말년에 금강산 내외 명승을 다시 두루 다니시며 정 겸재로 하여금 마음대로 그림을 그리게 하고 폭마다 품평을 붙이며 또 당시 사우(詞友) 제공과 더불어 시를 주고받으신 것이다.

나는 어려서부터 이것이 광주리 속에 전해오는 것을 보았는데, 시는 시로만 보고 그림은 그림으로만 보았을 뿐 함께 보아야 의취가 살아난다는 것을 알지 못했다. 지금에 이르러 다시 완상하니 시 가운데 그림이 있고 그림 가운데 시가 있구나.

바야흐로 이를 합쳐 꾸밀 생각이 났으나 백석공의 시와 평문의 초본 및 제공들이 화답한 글들은 이미 선대(先代)에 꾸며놓은 『수창록(酬唱錄)』에 실려 있어 이제 다시 찾을 길이 없다. 이에 삼가 이를 별지에 베껴 써서 원그림 아래에 붙이고 그 제시(題詩)와 품평 기록은 해당 폭의 좌우에 옮겨 적어서 함께 보는 데 편하게 했다.

아! 삼가 햇수를 헤아려보니 일이 또한 두 번의 신묘년을 보냄이 있었으니 이제 97년이 되는구나.

때는 정묘(丁卯) 칠월 상순이다. 근방(芹坊) 별서(別墅)에 세장(世藏)하노라.

여기서 말하는 백석공은 용담현령을 지낸 신태동(辛泰東, 1659~1729)이고, 글쓴이는 그의 고손(高孫)인 신영(辛泳)이다(이경화, 「정선의《신묘년풍악도첩》: 1711년 금강산 여행과 진경산수화의 형성」, 『미술사와 시각문화』 제11호, 2012).

그러나 그가 옮겨 실었다는 제시와 품평은 전하지 않는다.

《신묘년 풍악도첩》에 들어 있는 13폭 그림은 〈금강내산총도(金剛內山總圖)〉 〈피금정(披襟亭)〉 〈단발령망금강산(斷髮嶺望金剛山)〉 〈장안사(長安寺)〉 〈불정대(佛頂臺)〉 〈보덕굴(普德窟)〉 〈백천교(百川

그림2-2. 《신묘년 풍악도첩》 중 〈옹천〉(좌상) | 비단에 수묵담채, 26.6×37.7cm, 1711년(36세), 국립중앙박물관 소장. 북한 통천읍 바닷가의 옹기 모양 절벽이다. 사람 한 명이 간신히 걸어갈 수 있는 벼랑길을 그렸다.

그림2-3. 《신묘년 풍악도첩》 중 〈삼일호〉(우상) | 비단에 수묵담채, 36.0×37.4cm, 1711년(36세), 국립중앙박물관 소장. 강원도 고성군에 위치한 호수로 관동팔경의 하나다. 마부와 선비들이 호수 한가운데 작은 섬에 있는 정자인 사선정에 갈 채비를 하고 있다.

그림2-4. 《신묘년 풍악도첩》 중 〈해산정〉(좌하) | 비단에 수묵담채, 26.8×37.7cm, 1711년(36세), 국립중앙박물관 소장. 금강산을 나와 처음으로 닿게 되는 해금강의 명소였다. 당시 유람객들에겐 관동지역의 명승을 돌아보는 것까지가 금강산 유람의 완성이었다.

그림2-5. 《신묘년 풍악도첩》 중 〈총석정〉(우하) | 비단에 수묵담채, 38.3×37.5cm, 1711년(36세), 국립중앙박물관 소장. 통천구 바닷가의 누정으로, 파도와 바람에 깎인 주상절리로 유명했다. 파도의 너울이 점차 희미해져 마침내 시선이 드넓은 바다로 나아간다.

橋)〉〈옹천(甕遷)〉〈문암 관일출(門岩觀日出)〉〈해산정(海山亭)〉〈총석정(叢石亭)〉〈삼일호(三日湖)〉〈시중대(侍中臺)〉이다.

초년작의 생리와 특징

《신묘년 풍악도첩》의 그림은 겸재의 노년작 금강산 그림과 비교할 때 구도와 필치가 매우 미숙하여 겸재의 대표작에 눈이 익은 사람에게는 예술적 감동이 덜할 것이다. 겸재 그림을 기년작 중심으로 볼 때 겸재다운 필치가 구사되는 것은 환갑 이후이다. 특히 64세 때 그린 〈청풍계도(淸風溪圖)〉와 65세 때 그린 〈서원소정도(西園小亭圖)〉, 그리고 이 즈음 그린 《경교명승첩(京郊名勝帖)》에 이르러야 겸재다운 멋이 흔연히 배어나며, 그의 노숙한 필치는 76세에 그린 〈인왕제색도〉에서 구사되었으니 그는 확실히 대기만성형이었다고 할 수 있다.

한 화가의 작품 세계에서 초년·중년·노년이 서로 다름은 동서고금의 일이며, 단원 김홍도의 그림도 40대 중년과 50대 노년이 완연히 다름에 비긴다면 이는 이상할 것이 없다. 그러나 아무리 그렇기로서니 겸재의 《신묘년 풍악도첩》에 실려 있는 〈금강내산총도〉를 그가 노년에 그린 〈금강전도〉와 비교하면 도저히 같은 화가의 그림이라고 생각되지 않을 정도로 필치에 많은 차이를 보인다. 왜 그럴까?

나는 그것이 새로운 시도의 초년작이 갖는 한계이자 특징이라고 생각한다. 겸재가 금강산 그림을 통해 이룩한 진경산수는 거의 그

그림2-6. 《신묘년 풍악도첩》 중 〈문암 관일출〉(좌상) | 비단에 수묵담채, 26.6×36.6cm, 1711년(36세), 국립중앙박물관 소장. 동해바다에서 떠오르는 해를 감상하는 모습을 담았다. 이들의 시선 방향으로 반쯤 올라온 붉은 해와 그에 물든 하늘이 표현되어 있다.

그림2-7. 《신묘년 풍악도첩》 중 〈단발령망금강산〉(우상) | 비단에 수묵담채, 36.0×37.4cm, 1711년, 국립중앙박물관 소장. 겸재의 초기 진경산수는 필치에서 아직 경직된 면을 보여주고 있지만 화면 구성에서는 종래의 화가들이 따를 수 없는 극적인 구도를 보여주고 있다. 특히 이 그림은 구도의 묘가 아주 잘 살아 있다.

그림2-8. 《신묘년 풍악도첩》 중 〈보덕굴〉(좌하) | 비단에 수묵담채, 36.2×26.2cm, 1711년(36세), 국립중앙박물관 소장. 오른쪽에 높이 솟은 절벽들 중간에 형성된 동굴이 보덕굴이다. 반대편에는 층층이 쌓인 바위 절벽인 금강대와 삼각형 모양의 대향로봉, 소향로봉을 일목요연하게 표현해놓았다.

그림2-9. 《신묘년 풍악도첩》 중 〈시중대〉(우하) | 비단에 수묵담채, 36.6×26.6cm, 1711년(36세), 국립중앙박물관 소장. 관동 지역 최북단의 흡곡에 있는 시중호(侍中湖) 일대를 그렸다. 이 장소의 특징인 여러 개의 섬이 자세히 그려져 있다.

가 창시했다고 해도 좋을 정도로 빈약한 전통에서 시작되었다. 말하자면 그는 진경산수의 창안자이자 완성자인 셈이다.

물론 겸재 이전에 사생화(寫生畫)의 전통이 없었던 것은 아니다. 비근한 예로 월사(月沙) 이정구(李廷龜, 1564~1635)는 금강산에 갈 때 피리꾼〔簫工〕인 함무금(咸武金)과 화공(畫工) 표응현(表應賢)을 데리고 가서 경치 좋은 곳을 만나면 적공에게 피리를 불게 하고 화공에게는 그림을 그리게 하고 자신은 시를 읊는 낭만의 유람을 했다(「유금강산기」, 『월사집』 권38). 또 공재 윤두서가 그렇게 보고 싶어 했다는 연담(蓮潭) 김명국(金明國)의 족자로 된 〈금강산도〉 이야기도 있다. 그러나 설령 있다 해도 겸재의 진경산수 같은 양식이었으리라고 생각되지 않는다.

사생풍경화의 전통이라면 오히려 '회화식 지도'에서 엿볼 수 있다. 조선시대에는 끊임없이 지도가 제작되었다. 특히 행정에 필요한 군현도(郡縣圖)와 도성도(都城圖), 그리고 국방에 필요한 관방도(關防圖)가 많이 제작되었는데, 그중에서 관방도는 군사지도인 만큼 산세와 계곡, 도로가 자세히 표현되어 있었다. 더욱이 인조 대에는 북진정책으로 인해 관방도를 더욱 많이, 세밀하게 그리게 했다.

이러한 지도들 중에는 도면식으로 그린 것도 있지만 지형을 일목요연하게 표현한 회화식 지도도 많았다. 특히 도성도와 관방도가 그러했다. 또 이런 회화식 지도를 그릴 때는 당연히 산세의 주름을 잡는 준법이나 나무·성곽의 표현에서 산수화풍이 나타나곤 하였으니 지도와 회화의 관계는 대단히 밀접했다고 할 수 있다(안휘준, 「옛 지도와 회화」, 『우리 옛 지도와 그 아름다움』, 효형출판 1999).

지금 《신묘년 풍악도첩》에 실린 〈금강내산총도〉에 산봉우리마다 이름을 적어놓고 길을 뚜렷이 그려놓은 것을 보면, 이것은 완연히 회화식 지도의 영향이라 하지 않을 수 없다. 그래서 안휘준은 〈금강내산총도〉를 진경산수화로서만이 아니라 회화식 지도로 간주할 수 있다고까지 말했다.

본래 정통 산수화론에 의하면 산수화를 그리면서 기피해야 할 점 16가지가 있는데, 그중에 '길을 드러내서는 안 된다'는 것이 있으니, 이를 모를 리 없는 겸재가 이와 같이 그렸다는 것은 지도의 구도를 참고하여 그렸다는 방증이기도 하다.

결국 겸재는 앞 시대의 미미한 사경산수의 전통, 그리고 회화식 지도의 전통에 근거하여 자신이 추구하는 진경산수화라는 새로운 양식을 개척해나갔던 것이다. 여기서 겸재는 이제까지 익혔던 남종화법의 다양한 필법을 구사하면서 산세와 집과 인물과 나무, 바위 표현에서 종래의 사경산수나 회화식 지도에서는 볼 수 없었던 다양하고 효과적인 표현을 이룩하게 되었다.

대개 선구적으로 새로운 장르에 도전한 사람은 그 가능성만을 활짝 열어두고 그 결실은 다음 세대에 의해 발전되고 꽃피우게 되는데, 겸재는 중년에 새로운 문호를 열어놓고 노년에 스스로 그 결실을 맺었던 것이다. 그래서 그의 초년작에는 새로운 양식을 시도할 때 불가불 나타나는 어색함과 무리함이 보이지만, 노년작에서는 이 모든 문제들이 해결되는 원숙함을 보이는 것이다. 그 점에서 《신묘년 풍악도첩》은 하나의 양식이 탄생하는 과정에서 초기 작품이 보여주는 고뇌가 담긴 기념비적 화첩이다.

《신묘년 풍악도첩》의 특징 1. 부감법

겸재의 《신묘년 풍악도첩》은 비록 훗날 그 자신이 보여줄 원숙한 필치의 금강산 그림에 비할 때 필법과 묵법 모두가 서툴고 어리다고 할지라도, 장르를 개척하기 위해 처음 시도한 작품으로서는 놀라운 성과라고 평하지 않을 수 없다. 어떤 면에서는 그가 대가로 대성할 수 있는 가능성을 유감없이 보여준 작품이다. 그 형식의 요체는 최소한 다음 세 가지 사항으로 살펴볼 수 있다.

첫째, 부감법(俯瞰法)에 의한 시각 구성으로 금강산의 아름다움을 효과적으로 잡아낼 수 있는 구도의 틀을 만들어낸 점이다. 겸재가 금강산 그림에서 사용한 시각은 대관적(大觀的) 구도를 위한 부감법이다. 그는 낱낱의 대상을 눈앞에 보이는 대로 정직하게 사생하는 것이 아니라 마치 새가 날면서 공중에서 내려다본 듯한 부감법을 사용했다. 그리하여 어느 그림이든 마치 텔레비전에서 축구중계를 하듯 전체를 관망할 수 있는 화면을 전개시키고 있다. 즉 현장 스케치에 얽매인 것이 아니다.

실제로 나는 금강산에 가서 겸재가 그린 내금강 경치를 그의 그림과 똑같이 사진으로 담아보려고 무던히 시도했지만 번번이 실패했다. 겸재는 현장에서 눈으로 본 것을 가슴에 담아 화실에서 화폭에 옮겼던 것이다. 이는 사천 이병연의 시집 『사천시초』에 있는 「겸재에게 드림〔贈元伯〕」이라는 시를 통해서도 그 사실을 알 수 있다.

빛나는 필력 갖추고 관동에 왔건만 蒼蒼筆力入關東
구름과 계곡은 아득하여 종이는 비었네 雲水微茫白紙空
술 취한 화가는 거둔 것 없이 말 타고 갔으나 醉墨不收騎馬去
바다와 산의 참모습은 가슴속에 있으리 海山眞本在胸中

특징 2. 수지법과 점경인물

둘째는 수지법과 점경인물(點景人物, 그림 속에 작게 묘사된 인물)에서 조선 산수화의 가능성을 열었다는 점이다. 중국에서 간행된 화보에는 나무를 그리는 수지법, 인물을 그리는 점경인물법이 나와 있는데, 겸재는 이를 그대로 따르지 않고 우리 산천의 특징을 살려 줄기가 굽어 오른 조선 소나무와 무리 지은 솔밭을 그려 넣었다. 이 표현은 가히 '겸재의 소나무 표현법'이라 할 만하다.《신묘년 풍악도첩》13폭은 어느 그림 할 것 없이 이 조선 소나무로 인하여 우리에게 더없이 향토적(조선적)인 정취를 일으킨다.

점경인물 표현은 조선 산수화의 분위기를 더욱 자아낸다. 본래 산수화에서 점경인물이 갖는 중요성은 바로 그 인물이 있어야 현장감이 살아나고 또 산수의 스케일이 올바로 느껴진다는 점에 있다. 그래서 화본에는 여러 모습의 점경인물법이 나와 있는데, 겸재는 금강산 그림에서 갓 쓰고 도포 입은 여지없는 조선의 선비가 동자를 데리고 여유롭게 유람하는 모습으로 표현하였다. 〈단발령망금강〉에는 단발령 고갯마루에서 쉬고 있는 검은 갓에 흰 도포를 입

그림2-10. 〈단발령망금강산〉의 점경인물(좌상)
그림2-11. 〈불정대〉에서 상악준법으로 표현한 봉우리(우상)
그림2-12. 〈피금정〉에서 미점법으로 표현한 산수(좌하)
그림2-13. 〈문암 관일출〉의 원산 표현(우하)

은 선비들이 그려져 있고, 〈문암 관일출〉에는 바위에 올라 일출을 바라보는 선비가, 〈옹천〉에는 좁은 비탈길 위의 선비가 현장감 있게 표현되어 있다. 그림 속에 개미만 한 크기의 인물을 그렇게 실감나게 몸동작까지 표현한다는 것은 보통 솜씨가 아니다. 특히 점경인물은 점경인물로 그쳐야지 더 자세하면 '튀기' 때문에 오히려 그림에 속기(俗氣)가 드러난다. 그런데 겸재는 더할 것도 덜할 것도 없이 적당한 몸동작을, 그것도 여지없는 조선의 선비로 표현해낸 것이다.

그렇다고 조선적인 표현에만 매달린 것은 아니다. 겸재는 남종산수화법을 능숙히 구사하여 회화미를 높이고 이른바 속기를 떨쳐버렸다. 비근한 예로 〈금강내산총도〉 〈단발령망금강산〉 〈불정대〉 등에 나오는 금강산 봉우리들은 화본에서 '서릿발 준법'이라 이르는 상악준법(霜鍔皴法)으로 표현되어 있다. 또 〈단발령망금강산〉과 〈피금정〉에 나오는 육산의 표현은 두말할 것도 없는 미점법이다. 그런가 하면 삼베 올을 널어놓은 듯한 피마준(披麻皴), 도끼로 암벽을 쳐낸 듯한 부벽준(斧劈皴)도 사용했고, 〈문암 관일출〉의 원산 표현은 남종산수화의 한 부분을 따온 것도 같다. 그래서 사천 이병연은 겸재를 일러 "빛나는 필력 갖추고 왔다"고 했던 것이다.

특징 3. 유머와 서사성

셋째, 화면상에서의 유머와 서사성이다. 겸재 그림에는 이따금 바위의 표현에 슬쩍 유머가 들어가 있곤 한다. 내금강 향로봉의 사자바위, 법기봉의 부처바위, 〈해산정〉에서 거북바위 등을 재미있게 표현했다. 그것은 화면 속에서의 '농담', 즉 유머다. 유머가 없으면 재미없고 지나치면 본론이 죽는데, 겸재는 이것을 보일듯 말듯 집어넣는 뛰어난 유머 감각이 있었다.

그런 유머가 가장 잘 나타난 작품은 〈옹천〉이다. 〈옹천〉을 보면

그림2-14. 《신묘년 풍악도첩》 중 〈옹천〉 부분(좌) | 모퉁이로 돌아선 나귀의 뒷다리와 꼬리만 표현한 화면 속에 유머가 들어 있다.

그림2-15. 《신묘년 풍악도첩》 중 〈백천교〉 부분(우) | 나귀를 데리고 출발을 기다리는 마부와 승려들의 모습에서 유머와 서사적 설명을 읽을 수 있다.

화면 아래쪽 솔밭 언덕 아래로 나귀 타고 가는 선비에서 시작하여 옹천 '독벼루' 벼랑길을 오르는 사람이 군데군데 점경인물로 그려져 있다. 그리고 벼랑 끝 모퉁이를 돌아가는 길에는 까만 점선 세 가닥이 아주 작게 그려져 있는데 이는 막 고갯길을 돌아선 나귀의 뒷다리와 꼬랑지가 허리춤 뒤로만 보이는 모습이다. 산수화 속에 이런 유머를 구사한 이는 겸재 말고는 찾아보기 힘들다.

그런가 하면 서사적 설명을 곁들인 것도 있다. 〈백천교(百川橋)〉는 외금강 유점사 아래쪽 다리를 그린 것이다. 여기는 유람객들이 가마꾼이 메고 다니는 가마를 타고 금강산을 유람한 다음에 다시 나귀를 타고 금강산을 빠져나가는, 요즘으로 치면 '환승 구역'이다. 겸재는 이 가마꾼과 나귀꾼의 고단함을 〈백천교〉 그림의 주제로 바꾸어버렸다. 그래서 《신묘년 풍악도첩》 이듬해에 그린 《해악전신첩》에서는 아예 〈백천교 출산도(出山圖)〉라 했고, 함께 간 사천 이병연의 동생인 이병성(李秉成, 1675~1735)은 그 그림에 부쳐 다음과 같은 시를 읊었다.

산승은 되돌아가고 머슴이 맞이하니	山僧送返僕夫迎
가마에서 내려 말 울음소리 듣네	卸下籃輿聽馬聲
계곡 어귀에선 섭섭한 정 일어나는데	流水洞門情楚楚
솔바람 무수히 불어대고 매미 소리 어지럽네	風松無數亂蟬鳴

겸재의 〈백천교〉를 자세히 살펴보면 화면 왼쪽 솔밭엔 가마를 매고 갈 승려들이 모여서 쉬고 있고, 오른쪽 아래 솔밭에는 나귀를 데리고 출발을 기다리는 마부의 모습이 대조적으로 그려져 있다. 겸재 그림에는 이런 유머와 서사적 설명이 곁들여져 있어 간혹 '숨은그림찾기' 하듯 면밀히 살피지 않으면 그림 속의 에피소드를 놓치기 십상이다. 사실 유머를 구사한다는 것은 대가만이 할 수 있는 창작의 여유인데 겸재는 30대에 이미 이런 솜씨를 화면상에서 유감없이 구사했다.

임진년 제2차 금강행

겸재는 신묘년 유람 이후 금강산에 매우 심취했던 모양이다. 화가로서 자신의 기량과 취향을 맘껏 발휘할 수 있는 대상을 찾으면 그보다 더 신나는 일은 없을 것이다. 겸재는 신묘년 제1차 금강산 유람에서 돌아온 지 1년 뒤인 임진년(1712) 8월에 다시 가을 금강산 유람을 떠났다.

이번 일행은 사천 이병연의 부친인 수암(樹庵) 이속(李涑, 1647~1720), 동생인 순암(順菴) 이병성 그리고 후배 시인인 국계(菊溪) 장응두(張應斗, 1670~1729) 등 4인이었다. 그러니까 금화현감 이병연이 부친과 동생, 그리고 사랑하는 후배 한 명을 초청한 것이었다.

겸재의 2차 금강산 유람은 이병성이 「동유록(東遊錄)」에서 출발에서 귀경할 때까지를 20여 편의 시로 읊어 대략 그 코스를 짐작할 수 있다. 서울에서 출발하여 포천을 지나 철원 삼부연폭포를 보고 금화에 도착하여 금화현감인 사천 이병연이 합류하였고 내금강의 단발령, 장안사, 만폭동 입구, 정양사, 천일대, 표훈사, 만폭동, 보덕굴, 마하연, 불정대, 백천교 등을 유람하고 해금강의 문암, 통천(通川), 시중대 등 동해안 명승지를 돌아본 뒤 흡곡(翕谷)에서 현령을 지내고 있는 숙부 이집(李潗, 1670~1727)을 만나 시중대에서 함께 뱃놀이를 한 뒤 회양을 거쳐 돌아왔다.

귀경 후 겸재는 금강산 명승을 담은《해악전신첩》을 그렸다. 이병연은 겸재로부터 받은 이 그림들을 하나의 첩으로 만들면서 각 폭마다 제화시(題畫詩)를 써 붙이고, 스승인 삼연 김창흡도 여기에 제화시를 써서《금강산 시화합벽첩(詩畫合壁帖)》으로 꾸몄다. 이때 이병연과 김창흡이 지은 시들은 그들의 문집인 『사천시초』와 『삼연집』에도 실려 있다. 그러나 불행하게도 이 화첩은 현재 전해지지 않고 있다. 다만 이로부터 35년이 지난 1747년(정묘년), 72세 때 다

그림2-16. 《정묘년 해악전신첩》 중 〈금강내산〉 | 비단에 수묵담채, 32.6×49.6cm, 1747년(72세), 간송미술문화재단 소장. 36세 때 그린 그림들을 완숙한 노년의 필치로 72세에 새로 그린 화첩이 《해악전신첩》이다. 화가의 시각은 더 이상 금강산을 세밀하게 포착하는 데 있지 않고 가슴에 담은 금강산의 전경을 자유자재로 풀어내는 경지에 이르렀다.

시 그린 것이 있어 《해악전신첩》에 실려 있던 그림의 소재를 알아볼 수 있다.

72세에 그린 《정묘년 해악전신첩》에는 총 21폭의 그림이 실려 있는데 금강산뿐 아니라 금강산을 오가면서 들른 여러 명승지들도 들어 있다. 삼연 김창흡의 연고지인 철원의 〈삼부연도〉, 사천 이병연이 원님으로 있는 금성의 〈피금정〉부터 〈단발령망금강산〉 〈금강

그림2-17. 《정묘년 해악전신첩》 중 〈정양사〉(좌상) | 비단에 수묵담채, 31.36×24.2cm, 1747년, 간송미술문화재단 소장.

그림2-18. 《정묘년 해악전신첩》 중 〈용공동구〉(우상) | 비단에 수묵담채, 33.2×24.5cm, 1747년, 간송미술문화재단 소장.

그림2-19. 《정묘년 해악전신첩》 중 〈사선정〉(좌하) | 비단에 수묵담채, 32.5×25.1cm, 1747년, 간송미술문화재단 소장.

그림2-20. 《정묘년 해악전신첩》 중 〈총석정〉(우하) | 비단에 수묵담채, 32.1×24.3cm, 1747년, 간송미술문화재단 소장.

내산〉〈정양사〉 등 내금강 그림과 〈삼일호〉〈옹천〉〈총석정〉 등 해금강 그림들이 들어 있다.

이《정묘년 해악전신첩》에 겸재의 원숙한 노년 필치가 들어 있음을 감안하더라도 그 구도만은 임진년 2차 금강행 때 그린 작품에 의거한 것이라고 생각한다면, 같은 소재인 〈불정대〉〈총석정〉 등을 비교해볼 때《신묘년 풍악도첩》과 많이 다르다는 것을 알 수 있다.《신묘년 풍악도첩》은 금강산을 사생한 첫 작품인 만큼 화가의 시각이 대상의 성격을 포착하는 데 주력하여 붓끝이 아직 풀리지 않은 인상을 준다. 이에 반하여《해악전신첩》은 대상의 포착보다 회화적 재구성에 더욱 힘쓴 것을 확연히 볼 수 있다. 이는 그림의 일반 원리 내지 화가의 생리에 비춰 보아도 당연한 결과라고 할 수 있다. 겸재는 불과 1년 사이에 이처럼 화풍상으로 뛰어난 진전을 보여주었던 것이다. 그리고 이내 '손이 풀린 듯' 많은 금강산 그림을 그리게 된다.

조유수와 신정하의 겸재 평

제2차 금강행을 마친 겸재는 이병연의 금화현감 관사에 머물면서 이병연을 위하여《해악전신첩》과 함께 〈망천12경도(輞川十二景圖)〉를 그려주고 떠났다. 이병연은 겸재의 이 그림들을 애장하면서 그를 찾아오는 이들에게 보여주는 자랑으로 삼았던 모양이다. 겸재가 그림을 그려주고 떠난 이듬해(1713) 3월, 당대의 문사이던 후계(後溪) 조유수(趙裕壽, 1663~1741)가 금성 위 고을인 흡곡현령으로 부임하는 길에 금성에 들렀을 때 이병연이 이《해악전신첩》을 보여주며 글을 요구하자 조유수는 이렇게 써주었다.

> 이 시화권(詩畫卷)에 삼연 김창흡이 지은 제화시들이 있어 이미 명산(名山), 명화(名畫)와 더불어 삼절(三絶)을 이루었거늘 그래도 나에게 사족을 그리라고 하니 어째서인가. (…) 드디어 사양하지 않고 흡곡현 서재에서 쓰노라.

조유수가 다녀간 그 이듬해(1714)에는 서암 신정하와 담헌 이하곤이 함께 찾아왔다. 이하곤과 신정하는 모두 김창협(金昌協)의 문인이기 때문에 특히 이하곤과는 본래 친한 사이로 당대의 안목이었다. 이병연이 겸재의 화첩들을 보여주면서 감상평을 청하자 먼저 신정하는《해악전신첩》에 다음과 같은 제발(題跋)을 붙였다(신정하의 글은 이하곤의 문집인 『두타초(頭陀草)』에 실려 있다).

> 사천이 금화를 다스림에 두 가지 좋은 인연이 있었으니 금강산의 진면목을 본 것이 하나요, 겸재의 이 화첩을 얻은 것이 하나다. (…) 삼연(김창흡)이 말하기를, 요즘 시 잘 짓는 사람들은 많이들 예전의 첫째가는 선배들보다 훨씬 뛰어나다고 하는데 그림 그리는 사람도 또한 그러하다고 하겠다. 겸재의 이 화첩 같은 것을 어찌 나옹(懶翁) 이정(李楨, 1578~1607)이나 허주(虛舟) 이징(李澄, 1581~1667) 같은 이들이 꿈속에선들 본 바이랴.
>
> 나는 어려서부터 그림 좋아하는 병이 있어 남의 집 소장이라도 반

드시 가져다 쌓아놓고야 말았는데, 요즘에는 자못 그러지 못해 속으로 좋아하는 것이 시들해졌나 보다 했더니 이제 이 화첩을 봄에 심히 사람으로 하여금 욕심을 내게 한다. (…) 내가 이 화첩을 보니 용필이 지극히 속되지 않아 마땅히 보배롭게 간직할 만하도다. 사천은 그림을 잘 모르는 사람이라 이 화첩을 갖는 것이 합당치 않으니 그의 절묘한 시로나 이 그림에 짝해놓아야 하리오.

이 글에서 사천 이병연은 그림을 잘 모르는 사람이라고 한 것은 스스럼없는 사이이기 때문에 농담으로 한 말로 들린다.

당대의 안목, 이하곤의 겸재 평

이하곤은 본관이 경주로 익재(益齋) 이제현(李齊賢)의 14대손인 명문 출신이었다. 자는 재대(載大), 호는 담헌이라 하고 충북 진천 초평(草坪)에서 살았다. 그의 집안은 당색이 소론이었으나 부친의 권유로 1697년, 21세 때 골수 노론인 농암(農巖) 김창협의 문하생으로 들어가 공부하고 1708년에 진사에 합격했다. 그러나 그는 벼슬길을 버리고 고향에 내려와 학문과 한묵으로 세월을 보냈다. 몇 차례 벼슬이 주어졌지만 모두 사양하고 평생 처사로 지냈다(이선옥, 「담헌 이하곤의 회화관」, 서울대학교 석사논문, 1987).

이하곤은 대단한 수장가이고 감식가였다. 그가 고향에 지은 별서는 서재에 책이 하도 많아 만권루(萬卷樓)라 불리기도 했다. 그가 책, 서화, 골동을 얼마나 즐겼는가는 동계(東谿) 조귀명(趙龜命,

1693~1737)이 쓴 다음 글에서 여실히 알 수 있다.

안으로는 베갯머리에도 책이 있고 오른편에는 글씨요 왼편에는 그림이며, 상나라 청동기 이(彝)와 주나라 청동기 정(鼎)이며, 진나라 서첩과 당나라 모사품까지 '천가만축(千架萬軸, 천 개의 책꽂이와 만 권의 책)'이라고 했을 정도로 책과 그림이 집 안에 차고 넘쳤다. 그리고 담헌이 거기에 쓴 제발은 '화룡점정(畫龍點睛)'에 비유할 만한 일이다.

남태응(南泰膺, 1687~1740)의 『청죽화사(聽竹畫史)』에 의하면, 이하곤은 특히 공재 윤두서와 친했고 그의 그림을 많이 수장하고 있었다고 한다. 그래서 사람들은 당색이 남인인 윤두서와 가깝다고 험담을 하곤 했는데 그래도 그는 개의치 않았다고 한다.

이하곤은 이병연과 학통으로는 동문(同門)이고 풍류로는 짝이 되어 매우 가깝게 지냈다. 그런 벗이기에 이병연은 금화현감으로 있으면서 이하곤을 초청하였던 것이다. 이하곤은 겸재의《해악전신첩》이 마음에 꼭 들어 아예 이 화첩을 갖고 싶다며 이렇게 말했다.

사천이 금화를 다스릴 때 겸재와 함께 동쪽에 가 놀면서 해산(海山, 금강산)의 기이한 곳을 만나면 문득 붓을 들어 모사케 하여 무릇 30여 폭을 얻었다. 이윽고 김창흡과 조유수에게 부탁하여 각 폭마다 발문을 짓게 하고 또 내게도 이어 부치게 하니 사양하지 못하고 드디어 여기에 써서 공간을 메운다. (…) 흉중에 모름지기 하나의 금강산이 따로 있어서 입과 가슴이 모두 구름과 언덕과 나무와 바위가 된 후에 가히 금강산을 잘 보았다고 할 수 있다. 그러니 이런 그림이나 문자들은 모두 사족에 속하는 것이다. 사천이 안목 있는 사람이 되고자 한다면 마땅히 이 그림을 나에게 주어야 한다. 한 번 크게 웃으며 담헌거사는 또 재미 삼아 제(題)하노라.

그러고 나서 담헌 이하곤은 겸재 그림에 본격적인 평을 가하여 《해악전신첩》 중 〈금강내산〉이 회화적으로 뛰어난 점을 이렇게 말했다.

내가 겸재와 더불어 한 번도 사귀지 않았는데, 이번에 이 그림으로 인하여 홀로 그 화법만 얻은 것이 아니라 겸해서 그 사람됨을 얻었다. 실경을 그리면서 채색한 '사경설색(寫景設色)'의 교묘함이 진실로 기뻐할 만하고, 살릴 것 살리고 뺄 것은 빼는 '조종살활(操縱殺活)'의 솜씨는 정말로 스스로 미치기 어려운 것이었다. 만약 정양사 앞에 일만이천 봉을 배치했다면 한 폭의 '분경도(盆景圖)'에 불과했을 것이나 구름안개로 가려진 모습을 그려서 도리어 공계(空界, 허공의 세계)와 다르게 하였다. 특히 이 대목에서 화가는 마음으로 포치하여 무한한 옥부용(玉芙蓉)을 환상적으로 나타냈고 그 굳세고 빼어난 필법을 다 드러냈다. 이것은 바로 겸재가 의도적으로 넣고 보태고 강조하고 약화시킨 조종살활이니 오직 아는 자만이 이를 알리라.

이하곤의 이 평은 겸재 회화 세계의 핵심을 꿰뚫은 것이다. 겸재 당년에 이처럼 화론을 갖춘 비평적 안목이 있었다는 사실은 당시 사회 전반의 문화 능력을 말해준다. 한 시대 미술의 수준은 그 시대 비평의 수준과 궤도를 같이한다는 사실을 절감케 하는 대목이다.

사생산수와 진경산수

담헌 이하곤은 겸재는 사생력(데생력)도 사생력이지만, 형사(形似)가 아니라 전신(傳神)으로 보여주고 있다고 했는데, 이는 이 화첩의 이름을《해악'사생'첩》이 아니라《해악'전신'첩》이라 한 것과 의미가 통하는 것이다. 동양화론에서 형사는 겉으로 보이는 형태를 그대로 그려내는 것을 말하며, 전신은 대상의 외형뿐 아니라 그 정신까지 담아 그려내는 것을 뜻한다. 본래 전신 수법은 초상화를 그리는 데서 나온 개념인데 이것이 회화 일반을 관통하는 미학이 되었다. 겸재의 금강산 그림을 사경(寫景)산수, 또는 실경(實景)산수라고 하지 않고 진경(眞景)산수라고 말하는 것은 이 때문이다.

이 전신의 미학은 시의 세계에서도 그대로 원용되었다. 이는 겸재의 스승인 삼연 김창흡이 시를 논하면서 다음과 같이 말한 데에 명확히 드러난다. (「답사경별지(答士敬別紙)」, 『삼연집』)

> 진영(眞影, 초상)을 그릴 때는 그 신정(神情, 안색과 인품)을 얻음을 귀하게 여긴다. 다만 형골(形骨)에 그치면 그 사람이 아니다. 시를 짓는 것도 이와 같다. 형체만 그리고 정신을 놓치기보다는 색채를 간략히 하고 신(神)을 살리는 것이 낫다.

이런 이유로 삼연 김창흡의 시를 '진경시'라고 한다. 겸재 이전에도 금강산 그림이 있었듯이 김창흡 이전에도 여러 문인들이 금강산을 유람하고 많은 기행문과 기행시를 남겼다. 그러나 대개는 금강산 자체의 아름다움을 박진감 있게 읊은 진경시는 아니었다. 대부분 관념적 이상을 금강산에 빗대어 읊었기 때문에 심지어는 꼭 금강산에 대한 시라는 생각이 들지 않는 경우도 있고, 무엇보다 마지막 결구(結句)가 항시 관념적으로 흐르곤 했다. 그러나 김창흡은 스스로 기존의 시가 대상의 진실성에서 출발하여 천기를 발현하지 못하고 법칙과 인용에 얽매이는 '조선 300년의 폐습'을 벗어던지고 곧바로 '진기(眞機)의 활용'으로 들어갔다고 했다(유홍준, 『조선시대 화론 연구』, 학고재 1998).

바로 이런 문학적 성과를 겸재는 미술에서 시도하고 이룩한 것이다. 이하곤은 겸재의 《해악전신첩》 중 통천의 용공사(龍貢寺) 입구를 그린 〈용공동구(龍貢洞口)〉에 다음과 같은 글을 부친다.

> 겸재의 이 그림은 흡사 시(詩)와 같구나. 예부터 시에 능한 자는 그림도 매우 잘 그렸으니, 대개 시정(詩情)과 화의(畫意)는 서로 통하는 것이다. 품격이 순수하고 맑고 높고 뜻있는 자이니 겸재는 역시 시에도 능하리라.

그리하여 진암(晉菴) 이천보(李天輔, 1698~1761)는 다음과 같이 말하기에 이르렀다(「정원백화첩발(鄭元伯畫帖跋)」, 『진암집』).

세상에서 그림을 논하는 자들은 반드시 겸재의 그림을 삼연 김창흡의 시에 맞춘다.

《해악전신첩》에 실린 「겸재가 비안개 속에서 비로봉 그리는 것을 보고〔觀鄭元伯霧中畫毘盧峰〕」라는 이병연의 제화시에는 이런 진경산수를 창작하는 자세 내지 분위기를 은연중 말해준다.

내 친구 겸재는 吾友鄭元伯
주머니 속에 화필도 없어 囊中無畫筆
때때로 그림 그릴 흥이 일어나면 時時畫興發
내 손에서 빼앗아 간다네 就我手中奪
(…)
먹 쓰는 데 대충대충 물을 타더니 用墨略和水
모습은 더욱 기묘하게 빼어나고 傳神更奇絶
엷은 구름이 달을 가린 달을 가린 듯하네 薄雲如蔽月
흥이 한창 오르자 붓을 던지고 일어나 興闌投筆起
산과 즐기며 與山聊戲爾
나더러 또 가져가라고 하여 顧我且收去
관아 서재 창 안에 놓아두었다네 郡齋窓中置

겸재의 〈망천12경도〉

이병연은 이하곤이 방문하였을 때 《해악전신첩》 이외에 겸재의 그림이 들어 있는 화첩 하나와 〈망천12경도〉도 보여주었다. 그런데 이하곤은 이 화첩 속의 겸재 그림에 대해서는 좋은 평을 내리지 않았다.

> 3월 28일, 사천 이병연이 소장하고 있는 화권을 보여주는데 그중 겸재의 산수화가 있은즉, 필법이 중국 사람을 모방하여 골기(骨氣)가 없고 먹을 구사한 것이 메마르고 빽빽해서 윤두서만 훨씬 못했다.

이때 이하곤이 본 겸재 산수화는 화본풍의 그림이었던 모양이다. 그러나 〈망천12경도〉를 보고는 겸재에 대한 생각이 달라졌다. 겸재의 〈망천12경도〉는 남종화의 조종(祖宗)으로 떠받들어지는 당나라 왕유(王維)의 〈망천도(輞川圖)〉를 본떠서 그린 것인데, 이하곤은 겸재의 〈망천12경도〉가 하도 좋아서 이를 빌려 와 보고는 일 년 뒤 그 감상평으로 다음과 같은 발문을 써주었다.

> 이 화권(畫卷)은 겸재의 극진한 득의작으로 크게 명나라 문징명(文徵明, 1470~1559)과 동기창의 분위기가 있으니 《해악전신첩》의 여러 그림에 비해 더욱 뛰어나고 전아함을 깨닫겠다. 요즘 시와 그림은 김창흡과 신정하가 말한 바대로 선배들보다 나은 곳이 있는 것 같다. 다만 깎고 새김이 너무 심하여 선배들의 진실되고 소박한 맛이 결핍되는 듯하니, 이 뜻을 신정하와 겸재는 알지 않으면 안 된다.

참고 그림8. 곽충서 〈망천도〉 | 비단에 수묵담채, 29×490.4cm, 북송 초기, 대만 국립고궁박물원 소장. 송나라 화가 곽충서가 왕유의 〈망천도〉를 본떠 그린 그림이다. 왕유의 별장 '망천'은 문인들의 이상향이자 산수화의 주제로 각광받았는데, 겸재 또한 이를 자기화하여 벗들에게 보냈다.

신정하의 발문 중에 이병연은 그림을 모르니 이 화권을 갖고 있는 것이 합당치 않다고 한 말은 지극히 절묘하다. 나와 신정하는 능히 알 수 있는데 알지도 못하는 이병연이 가지고 있으니 이는 어진 이는 풍부하지 않다는 말과 같구나. 생각건대 이병연이 이 글을 보면 다시 까무러치리라. 을미년(1715) 한여름 빗속에서 담헌 이하곤이 원지당(遠志堂)에서 쓰다.

두 사람이 너무도 친하여 글 속에 진한 농담이 들어 있다. 겸재의 이 〈망천12경도〉는 현재 전하지 않는다. 다만 석농(石農) 김광국(金光國, 1727~97)의 《석농화원(石農畫苑)》 컬렉션에서 보유(補遺) 편으로 순전히 겸재 그림으로만 구성된 《겸재 순첩(純帖)》에 실려 있는 〈망천도〉가 바로 이 그림으로 보인다. 김광국이 이 화첩에 붙인 발문인 「서겸재화권후(書謙齋畫卷後)」에는 이렇게 쓰여 있다.

겸재 옹은 평생 그림을 그리면서 왕유의 시를 화제(畫題)로 쓰기 좋아했는데, 망천장(輞川莊)을 읊은 20수가 더욱 빼어났으므로 겸재 옹이 이를 쓴 것이 더욱 많았다. 이는 겸재 옹이 왕유의 시를 사모하여 그림에 그려 넣은 것이리라. (…)

갑인년(1794) 봄에 우연히 정존(靜存) 김상서(金尙書)가 소장한 겸재의 8폭 그림을 얻었으니, 이것이 세상에서 말하는 〈망천장도(輞川莊圖)〉이다. 나는 입이 간지러운 것을 참지 못하고서 다 말해버렸다. 겸재 옹이 지각이 있다면 내가 말이 많음을 미워하여 여설옥(犂舌獄, 혀를 빼서 따비를 만들어 밭을 간다는 지옥)에 처넣고 싶어 할 것이다.

일찍이 동계 조귀명이 사천 이병연이 소장한 〈해악도(海嶽圖)〉에 화제를 쓰기를 "사천이 소장한 금강첩(金剛帖)은 모두 겸재의 그림으로, 삼연 김창흡이 폭마다 화제를 남겼는데 백하(白下) 윤순(尹淳, 1680~1741)을 시켜 글씨를 써서 삼절을 구비하지 못한 것이 애석하다"라고 하였는데, 이 화폭은 겸재의 그림에 백하의 글씨로 왕유의 시를 썼으니 삼절이라 일컬을 만하다.

이 《석농화원》에 실려 있는 겸재의 〈망천도〉에서 백하 윤순이 화제로 쓴 왕유의 시는 「춘일전가」(春日田家, 봄날 농촌 풍경), 「망천적우」(輞川積雨, 망천의 장맛비), 「추야독좌」(秋夜獨坐, 가을밤 홀로 앉아), 「전원락」(田園樂, 전원생활의 즐거움) 등 8수이다. 이 시의 주제로 미루어 볼 때 겸재가 그린 〈망천도〉 그림들은 비록 전하고 있지 않지만 담백한 남종문인화(南宗文人畫)였음을 능히 짐작할 수 있다.

청나라 마유병의 겸재 그림 평

겸재가 두 번째로 금강산을 다녀와 사천 이병연에게《해악전신첩》과 〈망천12경도〉를 그려준 1712년, 바로 그해에 장동 김씨의 맏형 김창집이 동지정사(冬至正使)로 임명되어 연경으로 떠나게 되었다. 이때 겸재의 그림 스승인 김창업도 자제군관 자격으로 형님을 따라 연경에 가게 되었는데, 김창업은 상례에 따라 여러 화가들의 그림을 선물로 준비하면서 겸재에게도 산수화를 받아 갔다.

연경에 도착한 김창업은 이때 가져간 그림들을 중국의 안목 높은 문사인 마유병(馬維屛)에게 보여주며 품평을 받았던 모양이다. 이때의 일은 김창업이 연경에 다녀오는 전 과정을 일기체로 쓴 기행문인 『노가재연행록』에 자세히 기록되어 있다. 『노가재연행록』 1713년 2월 8일 자에는 다음과 같이 쓰여 있다.

> 정선, 조영석, 화원 이치(李穉)의 산수화와 진사(進士) 윤두서의 인물화를 가지고 온 것이 있어 이윽고 모두 내보이니 마유병은 정선의 그림이 뛰어나다고 평하여 이를 그에게 주었다. 윤두서의 그림은 종이에 한 사람의 승려를 그린 것인데 마유병은 이 그림의 옷에 무늬가 있는 것을 단점으로 보았다.

이런 이야기는 당연히 귀국 후 사대부 사회에 전해졌을 것이다. 그런 평가 속에 겸재는 더욱 자신감을 얻게 되었을 것이고, 그의 화명(畵名)은 더욱 높아져갔다.

겸재는 30대와 40대, 중년을 보내면서 금강산을 여전히 많이 그린 것으로 보인다. 신묘년 첫 금강행에 함께 갔던 청풍계 주인 김시보가 1719년 다시 금강산을 다녀와서 이를 기념하기 위해 겸재에게 〈금강도〉를 그려 받고는 기뻐서 이에 부치는 시를 읊었다.

그러나 겸재가 진경산수 외에 화보풍의 정형산수도 많이 그렸다는 사실은 〈망천12경도〉의 예를 비롯하여 기록상으로도 확인되며 앞서 본 바와 같이 44세 때 벗 이하곤에게 그려준 《사계산수화첩》이 말해주고 있다.

〈회방연도〉

겸재는 41세 때인 1716년에 은암(隱巖) 이광적(李光迪, 1628~1717)의 회방연(回榜宴)을 기리는 기념화를 그린 적이 있다. 회방연이란 과거 급제 60주년을 기념하는 잔치로 보통 90세 이상 장수하지 않고는 누릴 수 없다. 그래서 이광적이 회방연을 갖게 되었을 때는 영조가 축하를 보낼 정도였다. 이광적은 1656년 문과에 급제하였는데 남구만(南九萬, 1630~1711)이 그 동방(同榜)이었다. 이후 여러 벼슬을 거쳐 80세에 지중추부사가 되고, 89세에 회방연을 갖고 90세에 숭정대부가 되었으며, 91세에 세상을 떠난 인물이다.

이 〈회방연도〉에는 그의 증손자로 단원 김홍도와도 가까웠던 경산(京山) 이한진(李漢鎭, 1732~1815)이 잔치에 참석했던 첨정 박몽경(朴夢卿)의 축하시를 단정한 전서체로 정중하게 쓴 것이 별지로 붙어 있다. 그리고 그림 오른쪽 아래편에는 "정선이 (…) 가을날 그

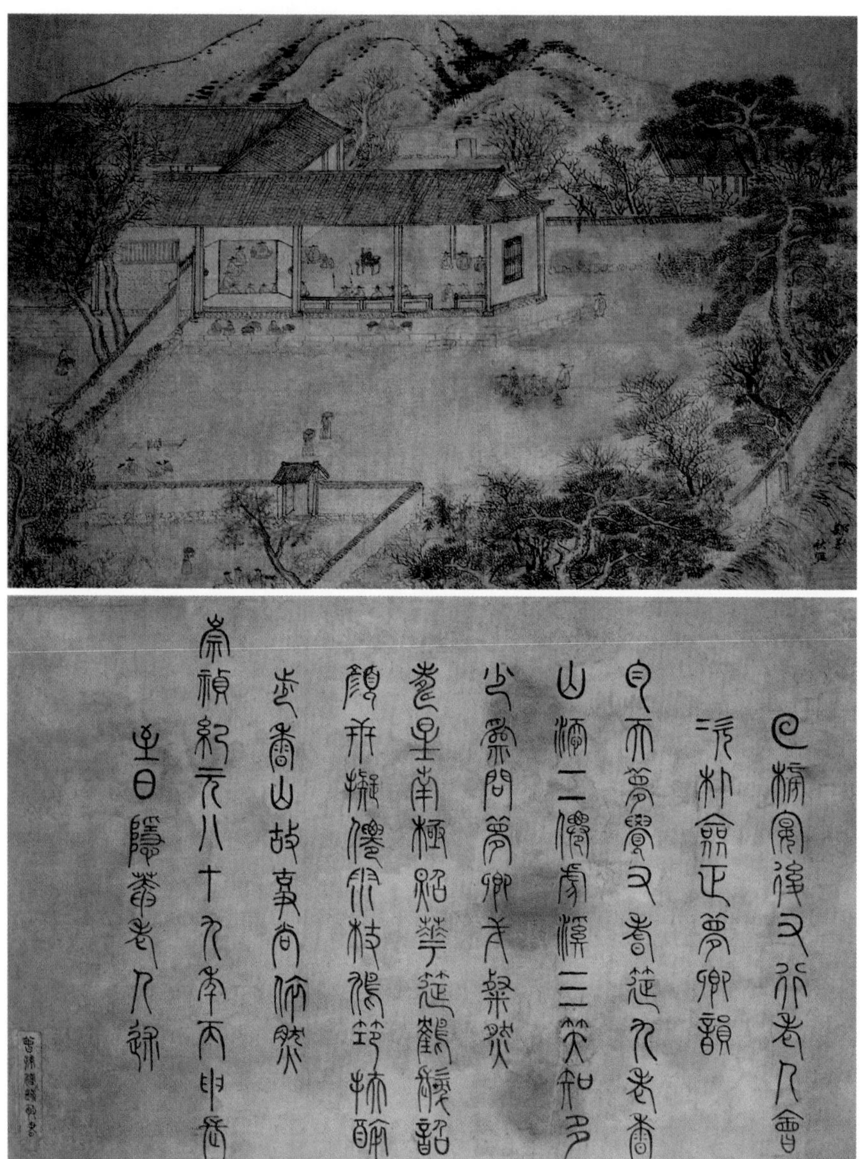

그림2-21. 〈회방연도〉 및 발문 | 종이에 수묵, 57.0×75.0cm, 1716년(41세), 개인 소장. 이광적의 과거 급제 60주년을 기리는 회방연의 기록화이다. 겸재는 이런 기록화의 주문도 마다하지 않고 자신의 화풍대로 그렸다. 그 점에서 겸재는 기록화에도 능했다.

리다〔鄭敾 (…) 秋寫〕"라고 쓰여 있다(유홍준, 「진경산수의 개막을 알리는 잔치 그림」, 『가나아트』 1990년 7·8월호).

〈회방연도〉 그림을 살펴보면 참여 인원수에 맞추어 11명의 갓 쓰고 도포 입은 정장의 노인들이 둘러앉아 있고 한가운데에는 개다리소반에 축하 꽃병이 놓여 있다. 그리고 주변 인물 묘사에서는 잔칫집 분위기를 나타내기 위해 댓돌에는 아낙네들이 소반을 곁에 두고 대기하고 있고, 사랑채 앞마당과 안채 쪽에서도 머리에 먹을 것을 이고 들어오는데 여인들의 옷은 모두 분홍 저고리에 옥색 치마로 은은하게 처리하여 화사한 분위기를 더한다.

사랑채 솟을대문 바깥 우물가의 나무 밑에는 나귀 세 마리와 마부 세 명이 대기하고 있고, 안쪽 뜰에는 사인교(四人轎)와 가마꾼 네 명이 앉아 있어 마치 오늘날 자가용 운전기사의 대기 장면을 연상케 한다. 그리고 사랑채 뜰 오른쪽에는 갓 쓰고 도포 입은 사람들이 모여 무언가 이야기를 나누고 있다. 이런 상황 묘사는 그 자체로서 훌륭한 풍속화라 할 만하다.

그리하여 이 그림은 한 폭의 기록화이면서도 한 폭의 풍속화, 한 폭의 감상화로 발전시켰다는 점에서 화인으로서 겸재의 능력을 여실히 엿볼 수 있다. 특히 사랑채 좌우로 멋진 소나무와 꽃나무를 그린 것, 뒷배경으로 우리나라 동산의 부드러우면서 강한 모습을 무리 지어 있는 잔솔나무로 표현한 것은 그 자체로서 진경산수의 맛을 느끼게 한다. 겸재는 이처럼 〈회방연도〉 같은 기념화에서도 전통을 개조하며 진경풍속화로 발전시켰다.

〈회방연도〉의 확장, 〈북원수회도〉

겸재는 이광적의 〈회방연도〉를 그린 지 2년 뒤인 1718년, 43세 때 〈북원수회도(北園壽會圖)〉라는 아름다운 계회도를 그렸다. 이

그림2-22. 〈북원수회도〉 | 비단에 수묵담채, 39.3×54.4cm, 1718년(43세) 추정, 국립중앙박물관 소장. 이광적 등 일흔이 넘은 열다섯 명의 퇴직 고관들과 벌인 잔치를 그렸다. 건물 안에 모여 앉은 노인들과 옹기종기 모인 가마꾼, 아낙네들의 모습에서 아기자기한 분위기가 일어난다.

작품은 같은 장소인 이광적의 은암에서 순화방 장동에 살고 있는 일흔 넘은 퇴직 고관들의 잔치를 그린 그림이다. (최완수, 『겸재 정선』 1)

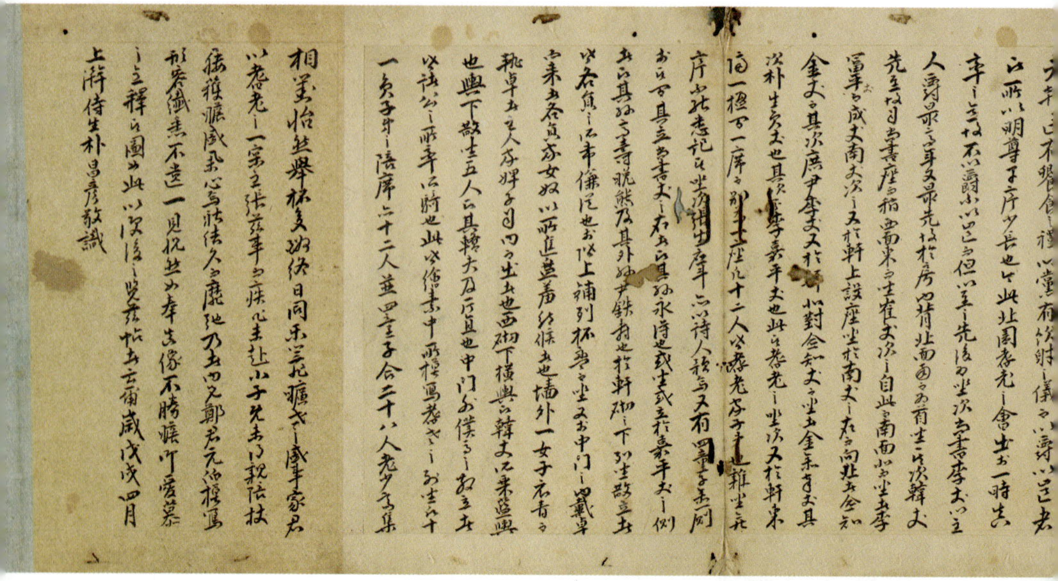

그림2-23. 박현성의 〈북원수회도〉 발문 | 종이에 먹, 51.2×34.6cm, 30.4×41.5cm, 1718년, 국립중앙박물관 소장. 겸재의 큰외삼촌인 박현성이 쓴 발문이다. 장동 노인들이 모인 잔치의 내력과 의미를 밝히고 있다.

참석인원이 쓰여 있는 좌목(座目)을 보면 15명에 딸린 인원 여러 명이 들어있는데 그림의 발문을 쓴 박현성(朴見聖)은 겸재의 큰 외삼촌(겸재 외할아버지 박자진의 아들)이다. 이때 박현성은 모임을 계획하고도 당일에 몸이 아파 참석하지 못했다고 하여 실제 참석한 사람은 11인이었던 것으로 보인다.

2년 전에 그린 〈회방연도〉와 같은 건물에서 열린 연회의 장면을 그린 것인데 그림이 훨씬 밝고 건물 안의 노인들 앉은 자세가 의연한데 반하여, 마당에 딸린 인원들과 가마꾼이 옹기종기 모여 앉아 있는 모습과 머리에 음식을 이고 나르는 아낙네의 모습이 들어 있어 화면 전체에 아기자기한 분위기가 일어난다. 그리고 그림 왼쪽 하단에 '북장동인 정선 원백 경사(北壯洞人鄭敾元伯敬寫)'라고 북장동에 사는 겸재가 삼가 공경하는 마음으로 그린다고 쓰여 있다. 이 〈북원수회도〉는 훗날 단원 김홍도가 개성의 60세 이상 어른의 경로잔치를 그린 〈기로세련계도(耆老世聯契圖)〉(일명 '만월대계회도')의 선구로 삼을 만한 기념비적인 계회도이다.

겸재 정선의 벼슬살이

겸재는 이렇게 문인 사회에서 이미 높은 화명을 가진 명사가 되었지만, 그 실상은 무관(無官)의 초라한 선비일 뿐이었다. 이렇다 할 재산 없이 외가댁 신세를 지며 근근이 끼니를 이어가는 겸재에게는 노모와 부인 연안 송씨, 그리고 29세에 낳은 장남 만교와 35세에 낳은 둘째 아들 만수 등 딸린 식구가 넷이나 되었다. 게다가 노모는 항시 겸재가 나이 40이 다 되도록 관직에 나아가지 못하는 것을 안타까워했다.

그리하여 겸재는 장동 김씨 중 당시 좌의정을 지내고 있던 김창집에게 부탁드려 마침내 벼슬자리를 얻게 되었다. 이런 사실은 김창집의 4대손인 풍고 김조순의 「《겸재화첩》에 부친 글(題謙齋畫帖)」에 나와 있다.

> 겸재는 우리 선세(先世)의 오랜 이웃이었다. 젊어서부터 그림을 잘 그렸으나 집이 가난하고 부모님이 늙어 우리 선고조(先高祖)이신

충헌공(忠獻公) 김창집에게 작은 녹봉을 부탁하니 충헌공이 도화서에 들어가도록 권했다. 그리고 조금 있다가 벼슬에 나아가게 되어 관직이 현감에 이르렀다.

여기서 도화서로 들어갔다는 것은 김조순이 잘못 안 것으로 이 글 때문에 겸재는 오랫동안 도화서 화원 출신으로 잘못 인식되어 왔다. 게다가 겸재는 여러 관직을 거치는 동안 천한 기술로 이름을 드러냈다는 '천기발신(賤技拔身)' 네 글자가 꼬리표처럼 붙어 다녔다. 그 천한 기술이란 중인 신분이 담당하는 잡직(雜職)으로 환로(宦路, 벼슬길)에 들어섰다는 것이었는데 훗날 김조순도 착각할 정도로 그 잡직을 도화서 화원으로 생각게 한 것이었다.

이런 오해와 의심은 『광주정씨세보』를 통해 겸재가 몰락했을지언정 양반 출신임이 밝혀진 이후에도 말끔히 사라지지 않았는데 이 잘못된 정보를 완벽하게 규명한 것은 강관식의 「겸재 정선의 사환(仕宦) 경력과 애환(哀歡)」(『미술사학보』 29, 2007)이라는 논문이다.

이 논문은 『승정원일기(承政院日記)』의 기사를 바탕으로 겸재가 벼슬길에 들어선 과정부터 하양현감, 의금부(義禁府) 도사(都事), 청하현감, 양천(陽川)현령을 거쳐 말년에 동지중추부사에 이르기까지 전 이력을 부임 일자와 퇴임 일자까지 명확히 밝혀냈다. 뿐만 아니라 관직이 주어지는 인사 과정의 배경과 임무 수행의 내용까지 많은 사실을 드러냈다. 특히 그 과정에서 영조의 지우를 얻어 영조가 겸재를 끝까지 보호해준 사실까지 알 수 있게 해주었다. 이 논문으로 인해 우리는 그동안 갖고 있던 겸재 정선의 인간상을 다시 그려보지 않으면 안 되게 되었다. 이 논문을 본 뒤 나는 기왕에 펴낸 『화인열전』에 실린 「겸재 정선의 삶과 예술」의 많은 오류가 부끄러웠다. 그래서 『화인열전』을 새로 쓰게 되었다.

40대 전반: 서울에서의 관직 생활

겸재가 양반이면서 왜 사마시에 오르지 못했는지에 대해서는 아직 밝혀진 것이 없다. 다만 나이 40까지 무직으로 가정을 꾸려가야 했기 때문에 생활이 어려웠던 것만은 사실이다. 이에 겸재는 장동 김씨 김창집에게 작은 벼슬자리를 부탁했던 것이다. 이는 벼슬이라기보다 월급을 받는 '취직'의 의미가 강했다.

아무튼 겸재는 김창집의 추천으로 41세 되는 1716년 봄, 관상감의 종9품의 말단직인 천문학겸교수가 되었다. 할아버지 정륜(鄭綸, 1600~68)이 관리로서 나라에 공이 있었다는 명분으로 얻은 음직(蔭職)이었다. 당시 김창집이 좌의정으로 관상감의 제조(提調)를 겸하고 있었기 때문에 가능했던 일이다.

관상감은 본래 중인들이 맡는 잡직이지만 종종 한미한 양반들이 맡기도 했다. 특히 관상감은 같은 잡직이라도 도화서의 화원이나 장악원의 악공(樂工)처럼 이른바 잡기(雜技)로 봉사하는 것이 아니라 천문(天文)과 역법(曆法)을 다루기 때문에 음양오행과 『주역』에 밝은 사람이 많았고, 중인 중에서도 나름의 자부심이 있었다고 한다. 겸재가 어차피 잡직으로 취직하는 바에 그의 그림 실력을 발휘하여 도화서로 들어가지 않고 관상감 자리를 얻은 것은 이런 사회적 분위기 때문이 아니었나 생각된다.

겸재는 2년 반에 걸친 관상감의 천문학겸교수 임기를 무사히 마친 뒤, 43세 되던 1718년 윤8월에 조지서(造紙署)의 종6품 지위인 별제(別提)를 제수받았다. 겸재는 조지서 별제로 근무한 지 1년 반이 지나 45세 되던 1720년 2월에는 정6품 지위인 사헌부(司憲府) 감찰(監察)로 승진했다. 이 또한 김창집이 영의정으로 있으면서 좌의정 권상하(權尙夏), 이건명(李健命), 이조판서 이관명(李觀命) 등이 모두 노론계 측근들이었기 때문에 가능했던 것이다. 그런데 사헌부 감찰이 된 지 10개월 지난 1720년 12월, 겸재는 하양현감이 되어 고을 원님으로 나아가게 되었다.

이처럼 겸재는 40대 전반기를 미관말직이나마 서울에서 벼슬살이를 하였는데 이때 화가로서 어떤 그림을 그렸는지 아직 알려진 것이 없다. 생활 형편이 나아졌을 것은 분명한데 벗들과의 교류 자취도 특별히 남아 있는 것이 없다.

그런데 겸재가 하양현감으로 부임하게 되자 서울의 지인들은 겸재와의 석별을 아쉬워하면서도 다투어 축하의 뜻을 실은 전별시(餞別詩)를 지어주었다. 이 전별시들을 보면 한결같이 겸재가 이제 살림 형편이 좀 나아져 늙은 어머니를 제대로 봉양할 수 있게 된 것과 영남의 산수 속에 파묻혀 그의 그림이 더욱 성장할 것이라는 내용이다.

본래 지방관으로 부임하는 것에 대한 송별시라면 정사를 보게 됨에 그의 덕성이 발현될 것을 기대하는 내용으로 채워지게 마련인데 고작해서 "시골 백성들은 순박하여 다스림이 편할 것"이고

"자네는 자상하여 일을 잘해낼 것"이라는 정도로 그치고, 노모 봉양과 그림 얘기로 송별을 노래한 것을 보면 겸재는 어떤 벼슬에 오르든 간에 역시 화인(畫人)이었다. 그중 담헌 이하곤의 「겸재가 하양현감에 부임하는 것을 송별한 시〔送元伯之任河陽〕」 5수에는 벗으로서의 우정과 예술적 지지자로서의 믿음이 가득하다. 그중 두 번째 시는 다음과 같다.

정월 동풍에 눈은 수레에 가득 차고　　正月東風雪滿車
용추 남쪽에 산마루 구름은 아득하겠지　　龍湫南畔嶺雲賒
그대는 지금 가면 맑은 정취 넘쳐나서　　知君此去饒淸趣
하양 온 고을 꽃을 거느릴 것을 알겠네　　管領河陽一縣花

그리고 마지막 다섯 번째 시에서는 다음과 같은 부탁의 말을 잊지 않았다.

조만간 자네는 가서 그림을 그릴 터　　早晚君行應縱筆
먼저 한 장 그려서 내게 부쳐주게나　　先將一紙寄於余

겸재는 이하곤을 위해 〈사시병풍(四時屛風)〉을 그려주었다. 그런데 이 송별시와 〈사시병풍〉이 이하곤과 겸재가 마지막으로 정을 나눈 이별의 정표가 되고 말았다. 이하곤은 담화병이 도져서 겸재가 하양현감으로 재직하고 있던 1724년, 48세의 한창 나이에 세상을 떠났다.

3부

45세~60세

하양현감
의금부도사
청하현감

하양현감, 겸재 정선

겸재가 하양현감에 제수된 것은 45세 되는 1720년 12월 12일이었다. 조선왕조에서 지방 수령으로 내려가는 현감은 임금에게 하직 인사를 드리고 떠나게 되어 있다. 겸재는 한 달 뒤인 이듬해(1721) 1월 12일 영조에게 하직 인사를 드리고 하양으로 떠났다. 하양 관아는 오늘날 경상북도 경산시 하양읍 도리리 하양포교당이 있는 자리로, 여기에 하양 객사 터가 남아 있다. 겸재는 여기서 1726년 4월까지 5년 3개월 간 하양현감으로 근무했다. 당시 현감의 임기는 대개 2년 반이었으니 한 차례 연임하고 다음 현감이 올 때까지 3개월 더 머물렀던 것이다.

그런데 겸재의 하양현감 5년여간의 삶을 증언한 글은 아직 하나도 발견되지 않고 있다. 사천 이병연을 비롯한 서울의 벗 그 누구도 하양으로 겸재를 찾아간 흔적이 보이지 않는다. 사실 그때는 무서운 정쟁(政爭)의 회오리바람이 일어나 장동 김씨를 비롯한 겸재의 측근들이 무참히 죽임을 당하던 살벌한 시기여서 누가 누구를 찾아갈 수 있는 상황이 아니었다.

신임사화와 장동 김씨의 수난

겸재가 하양현감으로 부임한 1721년 신축(辛丑)년은 경종 원년이었다. 바로 이해 서울 조정에서는 노론과 소론 간에 격렬한 정쟁이 벌어져 이듬해 임인(壬寅)년까지 대사화가 일어났다. 이것이 신축·임인의 사화, 줄여서 '신임사화'라고 부른다.

숙종의 뒤를 이어 즉위한 경종은 무자다병(無子多病)했다. 그래서 이른바 노론4대신이라 불리던 영의정 김창집, 좌의정 이건명, 영중추부사 이이명(李頤命, 1658~1722), 판중추부사 조태채(趙泰采, 1660~1722) 등은 경종의 동생인 연잉군(延礽君, 훗날 영조)을 왕세제(王世弟)로 책봉해야 한다고 주장하여 이를 관철시켰다. 그리고 이어서 소론의 격렬한 반대를 무릅쓰고 왕세제가 정무를 대리하도록 했다.

이에 소론의 영수인 조태구(趙泰耉, 1660~1723)는 경종을 배알하고 왕세제 대리청정의 왕명을 거둘 것을 요구했다. 그리고 김일경(金一鏡, 1662~1724) 등 소론 과격파인 이른바 준소(峻少)들은 노론 4대신이 왕세제로 하여금 대리청정하게 한 일은 역모(逆謀)를 꾀한 4흉(四凶)이라 하여 탄핵하고 마침내 정변에 성공했다. 결국 12월 17일 김창집은 거제도로, 이이명은 남해로, 조태채는 진도로 유배되었다. 그렇게 하고도 소론의 공격은 계속되었다. 이들은 이듬해 3월 노론의 한 사람인 목호룡(睦虎龍, 1684~1724)을 매수하여 노론 측이 왕세자 시절의 경종을 시해하려고 청나라에서 독약을 사들였다고 무고하였고, 그로 인해 경상도 성주(星州)로 이배(移配)되었던 김창집은 사약을 받아 죽게 되었다. 또한 김창집의 장남 김제겸, 장손 김성행은 곤장을 맞아 죽는 장살(杖殺)을 당했다.

장동 김씨의 수난은 여기에 그치지 않았다. 김창집이 거제도로 유배 갈 때 그의 아우이자 겸재의 그림 스승인 노가재 김창업이 화병으로 세상을 떠났고, 스승인 삼연 김창흡도 집안의 참상을 이기지 못하고 김창집 형님의 뒤를 따라 70세 나이로 세상을 떠났다.

결국 장동 김씨 집안은 2년 사이에 김창집·김창흡·김창업 3형제와 장남 김제겸, 장손 김성행 등 5명이 연달아 죽는 참상이 이어졌다. 한 집안에 그것도 당대의 명문 집안에 이보다 더한 수난이 있을 수 있을까 싶을 정도다.

겸재는 이 무시무시한 상황을 천리 먼 곳 하양에서 전해 듣고 망연자실하면서도 한편으로는 그 불똥이 행여 자신에게까지 날아오지 않을까 마음 졸이고 있었을 것이다. 그런 와중에 무슨 오해와 모함을 받으려고 벗들이 오갈 수 있었겠는가.

그러나 소론의 득세는 오래가지 못했다. 신임사화가 끝난 지 불과 2년 뒤 병약한 경종이 갑자기 세상을 떠났고 이어 왕세제 영조가 즉위하게 되자 '경호(鏡虎)'라 불리던 김일경과 목호룡은 죽임을 당했고 소론은 실각했으며, 노론이 다시 득세하게 되었다. 영조 즉위 이듬해인 1725년 3월에는 노론4대신의 복작(復爵)이 이루어졌고, 김창집에게는 충헌공이라는 시호를 내려 명예를 회복시켜주었다. 이리하여 당쟁의 회오리바람은 가라앉았다.

〈선면 누각산수도〉

현감으로서 겸재의 행적은 특별하게 전하는 것은 없지만 화인으로서 겸재의 자취는 그의 작품과 지인들의 문집에 전하는 것이 몇 있다. 겸재는 하양현감 시절에도 즐겨 그림을 그렸을 것으로 생각되지만 이 시기 기년이 밝혀진 작품은 아주 드물다. 그런 중 겸재가 1724년 49세 때인 갑진년 4월에 그렸다는 "갑진 4월 겸재 초

그림3-1. 〈선면 누각산수도〉 | 비단에 수묵담채, 39.3×54.4cm, 1718년(43세), 개인 소장. 겸재가 하양현감 시절 그린 작품 중 드물게 기년이 밝혀진 작품이다. 배경을 이루는 뒷산의 벼랑과 폭포, 먼 산의 표현에서 겸재의 자연스러운 필묵 구사를 느낄 수 있다.

(甲辰 四月 謙齋 艸)"라는 관지가 쓰여 있는 〈선면 누각산수도〉(개인 소장)가 새로 알려져 하양현감 시절 겸재의 화풍을 확인할 수 있게 되었다.

먼 산에는 안개가 옅게 드리운 가운데 넓은 강에는 뱃사공이 힘껏 노를 저어가고, 누각에서는 두 선비가 한가한 때를 즐기고 있는데 어깨에 짐을 진 한 인물이 다리를 건너오고 있다. 이런 도상은 남종문인화에서 가장 많이 나오는 화재(畫材)의 하나이므로 겸재의 개성을 찾아보기는 힘들다. 그러나 바위 위의 나무들과 뒷산의 벼랑과 폭포, 연이어진 먼 산의 표현에 먹의 쓰임이 자연스럽고 능숙하다. 5년 전에 그린 《사계산수화첩》(1719년 작)의 〈추경산수〉와 비교해보면 필묵 구사의 자연스러움이 확연히 느껴진다. 겸재는 이런 필력으로 벗들의 요구에 응해 열심히 그림을 그렸다.

조유수를 위한《금강산 4첩소병》

화인 겸재에게는 다시 그림 주문이 잇따랐다. 주문은 대개 서울의 벗 사천 이병연을 통해서 들어왔다. 겸재가 2차 금강산 유람 때 이병연에게 그려준 〈망천12경도〉와《해악전신첩》은 문인들 사회에서 부러움의 대상이었던 듯 너도나도 겸재에게 그런 그림을 그려달라고 졸랐다.

겸재는 조유수를 위해 금강산 그림 4폭을 그렸다. 금강산의 고을 흡곡의 현령으로 가는 길에 금화현감 이병연을 만나 겸재의《해악전신첩》을 빌려다 보고 폭마다 시를 지은 바 있는 조유수는 몇 년 후 다시 금강산을 유람하다가 겸재의 금강산 그림을 얻고 싶어져 이병연에게 그림을 구하게 해달라고 졸랐다. 이때 조유수가 이병연에게 보낸 편지는 간곡하기 그지없다.

> 그대가 가지고 있는 귀한 화첩 중에서 매양 겸재의 득의작에 이르면 문득 오려 가져 풍류의 죄를 달게 범하려 했으나 (겸재에게) 부탁하여 보내주신다는 허락으로 잠시 미루고 있었습니다. 이에 4폭 작은 병풍을 갖추어 보내며 겸하여 적은 술과 전복을 준비하여 부쳐드리오니, 벗어부치고 그리실 때 한 번 취하게 하십시오. 감히 무슨 제목을 말씀드리지는 못하겠사오나, 여러 보좌인들이 잘 가려낸 대로 금강산 가운데서도 가장 좋은 네 곳을 그리시되, 다만 시중호(侍中

湖)는 빠뜨리지 않으시기를 비올 뿐입니다. (…)

처음부터 고심한 것은 겸재가 화공이 아니라는 것이었습니다. 그러나 어릴 때 조지운(趙之耘, 1637~91) 어른께서 묵매(墨梅) 치시는 것을 본 적이 있는데, 처음에는 그림에 관한 일을 말하지 않고 다만 술과 안주, 비단과 종이를 벌려놓고 부추기면 시초에는 굳세게 삼가시다가도 끝내 술에 취하시어 붓 휘두르는 것을 면치 못하셨으니, 형께서 겸재를 조정하심이 또한 이 방법과 같으시면 어떻겠습니까.

조유수가 시중호만은 꼭 그려달라고 한 것은 시중호가 흡곡현에 있기 때문이었을 것이다. 그리하여 겸재는 결국 〈삼부연(三釜淵)〉 〈불정대〉 〈삼일호〉 〈시중대〉 4폭을 그려서 조유수에게 보내주었고, 이듬해(1725) 조유수는 흡곡현령을 사임하고 서울로 돌아왔을 때 이 그림을 받고는 너무도 기뻐서 그림마다 시를 지어 부친 것이 그의 문집 『후계집(后溪集)』에 전해지고 있다. 그러나 조유수를 위해 그린 《금강산 4첩소병(四帖小屛)》은 현재 전해지지 않고 있다.

김광수를 위한 〈망천도〉

영조 시대 최고의 수장가이자 감식가인 상고당(尙古堂) 김광수(金光遂, 1699~1770)는 사천 이병연에게 〈망천도〉 하나를 얻게 해달라고 졸랐다. 김광수는 사천 이병연의 이종사촌 동생이었다. 그리하여 겸재가 김광수를 위해 왕유의 〈망천도〉를 자기화하여 그려 보내니, 김광수는 이를 담헌 이하곤에게 보여주고는 다음과 같은

참고 그림9. 이방운 〈망천10경도〉 | 종이에 수묵담채, 27.3×30.5cm, 홍익대학교박물관 소장. 정선의 뒤를 이어 많은 조선의 화가들이 왕유의 〈망천도〉를 본떠 그렸다. 정황, 이방운, 김홍도 등의 작품은 현재까지 남아 있다.

발문을 받았다.

정선은 〈망천도〉를 둘 그렸는데 하나는 이병연을 위한 것이고, 또 하나는 김광수를 위해 그린 것이다. 모두 득의작은 아니어서 이병연이 소장한 것은 지나치게 정세하고, 김광수의 화권은 지나치게 난숙하다. 그러나 (북송의 산수화가인) 곽희와 이성의 뜻을 답습하지 않고 (당나라) 왕유의 시를 취하여 자신의 가슴속에서 법(法)을 이루어 그려서 소경(小景)에 포치(布置), 설색(設色), 필의(筆意)가 원기 넘쳐흐른다. (…) 내가 다른 날 겸재에게 또 다른 〈망천도〉를 그려달라고 요구한다면 아마도 (왕유의 시에 담긴 정신을) 더 보태어 그려달라 할 것이다.

겸재의 필치가 아직 시의(詩意)까지는 담아내지 못했다는 것이 이하곤의 평인데, 이 글을 보면 화첩 뒤에 붙이는 의례적인 찬사가 아니라 본격적인 평론에 가까워 이하곤의 안목이 얼마나 대단했는지 알 수 있다. 그러나 이하곤은 겸재에게 자신을 위한 〈망천도〉를 요구하지도 못하고 이듬해(1724) 48세의 한창 나이에 세상을 떠났다. 그리고 김광수를 위해 그린 겸재의 〈망천도〉는 전하지 않고 있다.

《영남첩》

겸재는 하양현감을 지내는 동안 《영남첩(嶺南帖)》과 《구학첩》을 그렸다. 《영남첩》은 현재 전하지 않는다. 한때 간송미술관에 소장된 《교남명승첩(嶠南名勝帖)》을 《영남첩》으로 생각한 적이 있었다. 교남은 영남의 별칭이다. 그러나 《교남명승첩》은 많은 학자가 동의하고 있듯이 겸재의 작품이 아니라 손자인 손암(巽庵) 정황(鄭榥, 1735~1800)의 작품으로 여겨지고 있다.

겸재의 《영남첩》에는 관아재 조영석이 20여 년 뒤인 1747년에 쓴 발문이 있는데, 이에 의하면 〈화성읍리(花城邑里)〉가 들어 있었다고 한다. '화성(花城)'은 하양의 옛 이름이다. 김광수가 겸재에게 《영남첩》을 그려달라고 부탁하게 된 것에 대해 강관식은 김광수의 부친인 김동필(金東弼)이 겸재가 하양현감으로 재직 중이던 1724년 1월부터 7월까지 경상감사를 지냈기 때문에 김광수는 부친을 뵈러 대구에 있는 경상감영에 왔다가 가까이 있는 하양을 방문해 부탁한 것이 아닌가 추정하고 있다(강관식, 앞의 글). 그렇다면 겸재로서는 직속상관 아들의 부탁을 거절하기 힘들었을 것이다.

《구학첩》

겸재의 《구학첩》에 대해서는 김창흡의 문인으로 훗날 대제학을 지낸 벽계(蘗溪) 이덕수(李德壽, 1673~1744)가 쓴 제발에서 "지금 하양 수령 정선이 김광수를 위해 영남과 4군의 명승을 그렸다"고 했는데 여기서 4군은 청풍, 제천, 단양, 영춘 등 네 고을이고 구학은 그윽한 산수를 말한다. 겸재의 《구학첩》은 2003년 학고재에서 열린 '유희삼매'전에 파첩된 상태에서 〈삼도담(三嶋潭)〉 〈봉서정(鳳棲亭)〉 〈하선암(下仙巖)〉 3점만이 공개되었는데, 각 폭에는 관아재와 사천이 쓴 제화시가 붙어 있고 관아재 조영석이 쓴 저 유명한 「《구학첩》 발문」이 따로 들어 있는데, 신해년(1731)이라고 쓰여 있다. 그렇다면 관아재는 겸재가 《구학첩》을 그린 지 몇 해 지나 한양에서 의금부도사를 지내고 있을 때 발문을 쓴 것으로 생각된다.

《구학첩》은 단양의 명승을 그린 참으로 아름다운 강변 풍경들이다. 도담삼봉을 그린 〈삼도담〉은 강변에 우뚝한 세 봉우리 사이로

그림3-2.《구학첩》중 〈봉서정〉 및 발문 | 종이에 수묵담채, 33.3×29.0cm(그림), 30.2×23.9cm(글), 1731년(56세), 삼성문화재단 소장. 강변 돌축대 위에 의젓하게 자리한 봉서정 누각을 그렸다. 대상을 충실하게 대하는 사실적인 시각이 두드러진다.

나룻배가 이쪽을 향해 저어 오는 풍광이고, 〈하선암〉은 계곡가에 널찍한 너럭바위가 시원스럽게 펼쳐진 모습이며, 〈봉서정〉은 강변

돌축대 위에 의젓하게 자리하고 있는 누각을 그린 것이다. 여기에서 겸재는 금강산을 그릴 때와는 달리 강변의 잔잔하면서도 그윽한 서정을 담아내고 있다. 대상을 충실하게 대하는 사실적인 시각으로 포착하고 있다.

이 그림들에 붙어 있는 사천 이병연과 관아재 조영석이 쓴 글을 보면 두 사람의 관점에 확연한 차이가 보인다. 〈삼도담〉에 대해 사천은 이렇게 읊었다.

> 나는 이제 늙었다. 다시 멀리 유람을 떠날 수는 없다. 그러나 매양 가을바람이 불기 시작할 때면 아직도 쇠피리 불며 도담삼봉 가운데에서 일엽편주에 몸을 싣고 달이 뜨기를 기다리고 싶다. 거기에 겸재의 그림과 장필문의 시와 좌우에서 노래 부르는 사람과 필묵을 휘두르는 사람이 더해지면 좋겠다. 늙은이가 이렇게 하고 싶어 하는 것이 너무 어리석은 상상일까.

사천은 언제나 이렇게 시정 어린 감상을 말하곤 했다. 그러나 관아재는 항시 냉정한 시각을 유지하며 때로는 까칠한 비평을 서슴치 않았다. 그는 〈삼도담〉을 실패작이라고까지 평했다.

> 삼봉은 너무 작고 앞산은 너무 높고 크다. 원백의 실의필(失意筆)이다.

이렇게 직설적으로 평한 것이 놀랍기만 한데, 관아재의 평에는

그림3-3. 《구학첩》 중 〈삼도담〉 및 발문 | 종이에 수묵담채, 34.5×29.0cm(그림), 30.4×27.3cm(글), 1731년(56세), 삼성문화재단 소장. 강변에 우뚝한 세 봉우리 사이로 나룻배가 이쪽을 향해 저어오는 도담삼봉의 풍광을 그렸다. 겸재의 예술적 동반자인 사천과 관아재의 엇갈린 비평이 흥미로운 작품이다.

는 그런 객관적인 시각과 애정 어린 비평이 들어 있었다. 「《구학첩》 발문」에서도 관아재는 겸재가 조선 300년 이래의 대가로 조선

그림3-4. 《구학첩》 중 〈하선암〉 및 발문 | 종이에 수묵담채, 35.8×33.3cm(그림), 31.8×27.3cm(글), 1731년(56세), 삼성문화재단 소장. 계곡가의 너럭바위가 시원스럽게 펼쳐진 이 그림을 두고 관아재는 다음과 같이 평했다. "비록 실제 경치와는 다르나 필력만은 거침없는 가운데 진솔하며 서권기(書卷氣)가 있다."

적인 산수화는 겸재로부터 시작되었다고 높이 평가하면서도 마지막에는 이런 말을 더했다.

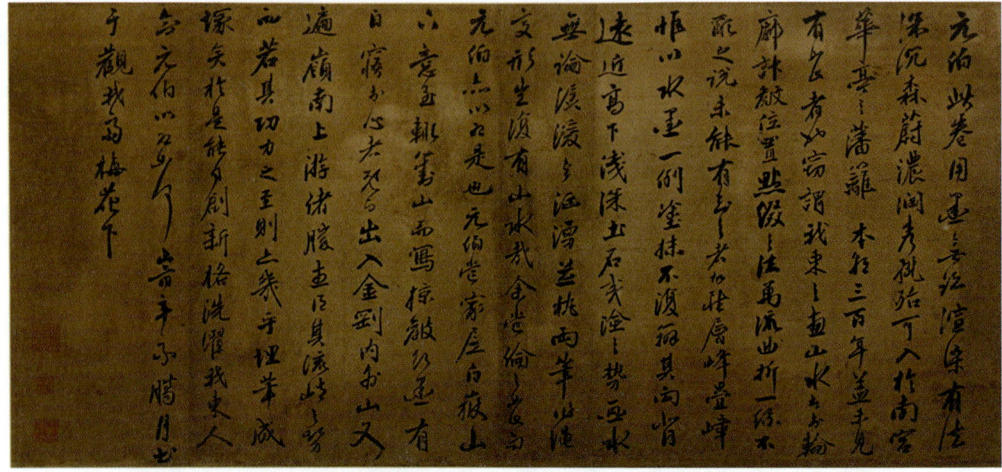

그림3-5. 조영석의《구학첩》발문 | 종이에 먹, 50.0×93.6cm, 1731년, 개인 소장. 관아재 조영석이 쓴 이 발문이다. 관아재는 이 발문에서 조선 300년 이래의 대가인 겸재로부터 조선적인 산수화가 시작되었다고 평가한다.

> (그림의) 배치는 이따금 모두 너무도 빽빽하여 언덕과 골짜기가 화폭에 꽉 차서 하늘빛을 조금도 볼 수 없으니 원백의 그림이 낙가수단(落茄手段)에 있어서는 아마도 오히려 다하지 못한 바가 있는 듯한데, 원백이 어떻게 생각할지는 모르겠다.

그렇다고 관아재가 언제나 겸재 그림에 비판적 시각만을 유지한 것은 아니었다. 관아재는 〈하선암〉 그림에 대해 이렇게 평했다.

> 비록 실제 경치와는 다르나 필력만은 거침없는 가운데 진솔하여 서권기(書卷氣)가 있다.

서권기란 책을 많이 읽은 사람만이 가질 수 있는 문기(文氣)를 말한다. 겸재에게는 이런 냉정한 시각의 벗이 있었다. 이는 그의 인복이자 조선시대 회화적 환경이 얼마나 성숙되어 있는가를 말해준다. 아무튼 겸재가 하양현감 시절에 그린《사군첩(四郡帖)》과《영남첩》은 겸재의 진경산수가 금강산만이 아니라 그 영역을 넓혀 아름다운 우리나라 금수강산을 그렸다는 중요한 의미를 지닌다.

〈쌍도정도〉

겸재가 하양현감을 지낸 이후 50대에 그렸다고 생각되는 영남의 명승으로〈쌍도정도(雙島亭圖)〉라는 작품이 있다. 쌍도정은 경상도 성주 관아의 객사인 백화헌(百花軒)의 정원에 지은 정자로, 연못 가운데에 한 쌍의 섬이 있어 쌍도정이라는 이름을 갖고 있다. 두 섬은 다리로 연결되어 한쪽 섬엔 버드나무를 심고 다른 섬엔 정자를 지은 매우 정겹고 아름다운 인공 연못 속의 정자였다. 근래에 성주군에서는 성주읍성 가까이에 쌍도정을 재현해놓았는데 그림처럼 그윽한 풍취는 느낄 수 없어 많이 아쉬웠다.

겸재는 아름다운 연못 속의 정자를 사생하면서 온갖 정성을 다해 마치《사계산수화첩》을 그릴 때의 그 온화하고 섬세한 필치로 그려냈다. 거기에는 김창집에 대한 공경의 마음이 더해진 것인지도 모른다. 멀리 성주의 성산(星山) 자락을 담묵으로 유연하게 표현하고, 그 아래 초가 마을을 아주 밝게 처리하여 한여름 연록색 녹음이 우거진 쌍도정의 맑은 분위기를 더없이 조용히 담아냈다.

그림3-6. 〈쌍도정도〉 | 비단에 수묵담채, 34.7×26.3cm, 1725년(50세) 무렵, 삼성문화재단 소장. 성주 관아에 있던 쌍도정은 조선시대 건축사에 남을 빼어난 정원이었다. 유감스럽게도 쌍도정은 사라졌지만 겸재의 이 아름다운 그림이 있어 옛 모습을 가늠할 수 있다. 확실히 진경산수는 카메라가 없던 시절 사진의 몫까지 하고 있다.

겸재가 성주 땅을 찾은 것은 하양에서 멀지 않은 고을이기도 했지만, 여기가 바로 평생의 은인인 장동 김씨 김창집이 사약을 받고 세상을 떠난 곳이니, 그로서는 반드시 한 번 들를 만한 곳이 아니었을까 생각되고 있다(이태호, 「실경사생법과 진경산수 양식의 발생」, 『가나아트』 1990년 7·8월호).

그림3-7. 이병연·조영석의 〈쌍도정도〉 발문 | 〈쌍도정도〉 그림에는 훗날 그의 벗 이병연과 조영석이 발문을 부쳤는데, 이 무렵 겸재의 작품을 관아재와 사천이 함께 감상하면서 거기에 제화시를 많이 써주었음을 알 수 있다. 이 그림뿐 아니라 이른바 《영남첩》이라 불린 화첩의 각 폭마다 발문이 있었을 것으로 추정된다.

〈쌍도정도〉에는 조영석과 이병연이 각기 제화시를 한 수씩 지어 그림 옆에 붙여놓은 것이 있다. 이를 보면 〈쌍도정도〉는 화첩에서 따로 떨어져 나온 것이 분명하다. 사천은 "물을 가두어 못을 만들고 돌을 쌓아 섬을 만들었으니 모두 인공으로 이루어진 것이다(畜水爲池界石爲島 皆人工也)"라고 정원 조성에 들어간 공력을 노래했고, 관아재는 "산세와 담장 뒤의 울타리는 가려운 곳을 긁어주는 듯한 뜻이 있구나(山勢與墻後籬落有抓癢意思)"라고 조경의 뜻을 말하고 있다.

나는 이것이 그 유명한 겸재의 《영남첩》에서 낙질(落帙)된 것이

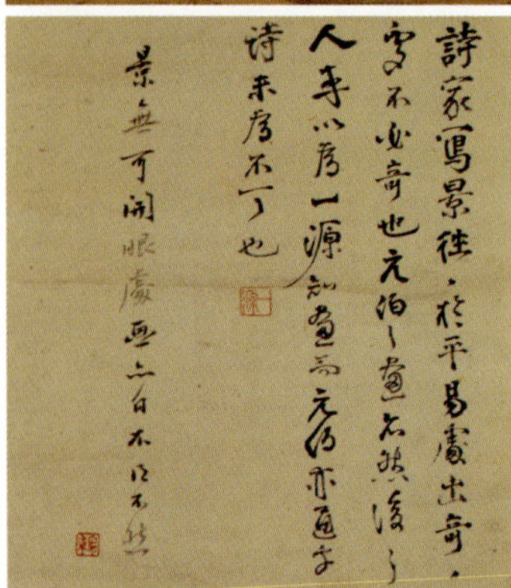

그림3-8. 〈달성원조도〉 및 발문 | 비단에 수묵담채, 36.6×32.0cm(그림), 31.5×27.0cm(글), 1725년(50세), 국립중앙박물관 소장. 문헌상으로만 전해지는 《영남첩》의 한 폭으로 추정되는 그림이다. 멀리서 조망한 대구 읍내의 모습이 거짓말처럼 편안하고 아늑하게 다가온다.

아닐까 생각한다. 왜냐하면 겸재의 유작 중에 감영이 있는 대구를 그린 〈달성원조도(達城遠眺圖)〉라는 그림이 있는데, 여기에도 사천과 관아재의 제화시가 별지로 붙어 있어 두 그림은 한 화첩의 소출임을 의심 없이 알 수 있다.

그리고 2025년 S2A에서 열린 '필과 묵의 세계' 전시회에는 겸재가 합천 가야산의 홍류동(紅流洞)을 그린 〈낙화암(落花巖)〉이라는 그림이 출품되었는데, 이 작품 역시 사천 이병연과 후계 조유수의 화평이 앞의 그림들과 비슷한 형식으로 붙어 있다.

다시 서울로 돌아와서

겸재가 하양현감을 5년여 지내고 서울로 돌아온 것은 1726년 여름, 그의 나이 51세 때다. 모처럼 겸재가 서울로 올라와 한가히 지내던 무렵, 이해 9월 3일 비변사가 각 도에서 올라온 장계(狀啓, 지방에 파견된 관원이 임금에게 올리는 보고서)에 의거해 군량미와 환곡을 제대로 거두어들이지 못한 수령에 대한 평가와 처분 사항을 아뢰었다. 여기서 하양현감 정선은 환곡을 제대로 거두어들이지 못해 '거말(居末)', 즉 말단의 최하위 평가를 받은 것으로 보고되었다. 그러나 그 전해에 삼남 지방이 극심한 가뭄으로 워낙 심한 흉년이 들어 정해진 수량대로 거두어들일 수 없었던 점을 감안하여 '추고경책(推考警責)', 곧 심문하고 꾸짖는 처분에 그쳤다.(강관식, 앞의 글)

이후 2년 반이 지나 53세 되던 1728년 12월, 정기 인사에서 겸재는 종6품의 한성부 주부를 제수받았다. 그리고 부임한 지 석 달이 지난 1729년 3월 21일, 겸재는 관례에 따라 윤대관(輪對官)으로 입시(入侍)하여 창덕궁에서 영조를 알현하게 되었다. '윤대'란 임금이 중하위 관원들을 몇 명씩 돌아가며 만나보던 제도이다. 영조가 의례적인 윤대의 절차에 따라 이력과 담당 업무를 묻자, 겸재는 그동안의 이력을 보고하며 지금은 한성주부로서 공방과 형방 업무를 맡고 있다고 아뢰었다.

그런데 윤대가 끝나고 나오면서 겸재는 너무 긴장한 탓인지 영조 앞에서 곡배(曲拜)하지 않는 실수를 범했다. 곡배란 국왕을 향해 직접 절하는 것이 아니라 90도 틀어 동쪽에서 서쪽을 보며 간접적으로 절하는 것이다. 그러자 좌승지가 죄를 물어야 한다고 했는데, 영조는 입시하는 예절을 잘 몰라서 그런 것이니 죄를 묻지 말라고 하며 불문에 부쳐졌다. 이것이 영조와 겸재의 첫 만남이었다.

한성부 주부로 일한 지 불과 8개월 만인 이듬해(1729) 7월, 겸재는 의금부도사(종6품)에 제수되었다. 의금부는 중죄인이나 양반의 범죄를 다루는 검찰기관으로 종로2가 네거리 서북쪽 모서리에 있었다. 이해 여름 8월에는 의금부도사들의 모임을 기념한 〈의금부계회도〉를 직접 그렸다.

〈의금부계회도〉

의금부는 그 별칭이 금오(金吾)로, 의금부 요원들의 계(契)모임이 거의 정례적으로 행해진 듯, 현재 전하고 있는 '금오계회도(金吾

그림3-9. 〈의금부계회도〉 | 종이에 수묵담채, 31.6×42.6cm, 1729년(54세), 개인 소장. 1729년 정선은 의금부도사로 근무했다. 종래의 도식적인 기록화를 실경의 박진감이 배어나오는 진경산수풍으로 전환한 그림이다. 그림 오른쪽 상단에는 "의금부, 겸재 정선이 그렸다(義禁府鄭謙齋敾所畫)"라고 쓰여 있다.

契會圖)'가 무수히 많다. 임진왜란 이전까지 올라가는 계회도는 대개 계회명, 계회도, 참석자 명단인 좌목(座目) 등 삼단의 종축 형식으로 되어 있다. 주로 실경이 아니라 상징성을 띤 산수화로 그려져 있으나 임진왜란 이전에는 실경을 그리기도 했다. 17세기 이후의 금오계회도는 대개 화첩 형식으로 만들어져 의금부 전경도(全景圖), 의금부 요원의 좌목, 그리고 명사의 발문 등 3면으로 구성되어 있는 것이 보통이다. 겸재의 〈의금부계회도〉 역시 화첩 형식이다.

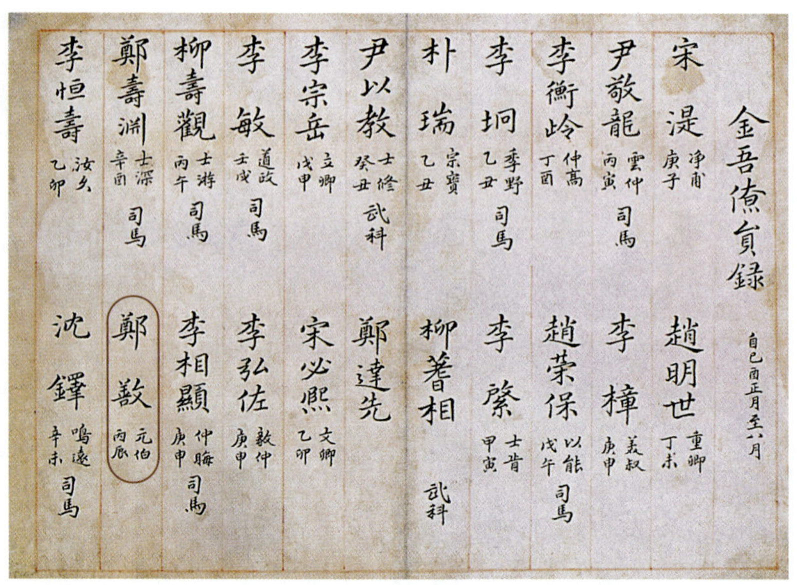
金吾僚員錄
自己酉正月至八月

宋淏 淨甫 庚子
尹敬龍 雲仲 丙寅 司馬
李衡岭 仲高 丁酉
李垌 季野 乙丑 司馬
朴瑞 宗賓 乙丑
尹以教 士修 癸丑 武科
李宗岳 立卿 戊申
李敏 道政 壬戌 司馬
柳壽觀 士游 丙午 司馬
鄭壽淵 士深 辛酉 司馬
李恒壽 汝久 乙卯
趙明世 重卿 丁未
李橂 美叔 庚申
趙榮保 以能 戊午 司馬
李縈 士肯 甲寅
柳着相 武科
鄭達先
宋必熙 文卿 乙卯
李弘佐 敬仲 庚申
李相顯 仲晦 庚申 司馬
鄭敾 元伯 丙辰
沈鐸 鳴遠 辛未 司馬

그림3-10. 〈의금부계회도〉의 좌목 | 종이에 먹, 개인 소장. 의금부 요원 22명의 이름이 적힌 좌목에서 "정선(鄭敾). 자는 원백(元伯). 병진(丙辰) 출생"이라는 기록을 발견할 수 있다.

겸재가 그린 〈의금부계회도〉를 보면 그 좌목에 22명의 이름이 적혀 있는 가운데 "정선. 자는 원백. 병진 출생"이라고 명확히 쓰여 있고, 의금부 전경도에는 "겸재 정선이 그린 그림〔鄭謙齋敾所畫〕"이라고 적혀 있으며, 『금오요원록(金吾僚員錄)』 한쪽에는 "기유년(1729) 정월부터 8월까지"라고 쓰여 있어 그가 의금부 요원으로 이 계모임에 참석하고 또 그림까지 그렸다는 사실을 확실히 알 수 있다.

다른 금오계회도를 보면 대개 도화서 화원을 불러 그린 듯 전형적인 기록화풍으로, 자를 대고 반듯반듯하게 그린 이른바 '계화(界畫)'로 되어 있으며, 건물 배치도 겸재 이전의 금오계회도는 대개 정면 부감법으로 똑바로 줄지어 있다.

그러나 겸재의 〈의금부계회도〉는 종래의 계화 방식을 버리고 진경산수화풍으로 변형시켜 실경의 박진감을 느낄 수 있게 그렸다. 우선 시각을 4분의 3 측면관으로 바꾸어 건물의 입체감을 실감 나게 잡아냈고, 먼 산을 배경으로 종각 네거리에 있던 의금부를 높은 부감법으로 잡아 안개 속에 조망되는 한 폭의 아련한 진경산수화로 그렸다.

그런데 겸재의 〈의금부계회도〉는 요원인 그 자신이 당대의 화인이었으니 굳이 화원을 데려오지 않고 직접 그린 것 같다. 여기에서도 겸재는 "그런 일은 화공이나 할 일"이라며 거부하지 않고 자신의 그림 솜씨를 유감없이 발휘했다. 이 점이 같은 사대부 화가라도 관아재 조영석과 다른 점이었다. 겸재는 자신이 그림을 그린다는 사실을 부끄러워하거나 숨긴 적이 없었다.

'잡기로 발신'한 겸재

겸재가 의금부도사가 된 그해(1729) 12월 3일의 일이다. 사헌부는 대간(臺諫)이라고 하여 수시로 임금에게 인사 문제 등을 간(諫)하여왔는데, 사헌부 지평(持平)으로 있는 김한운(金翰運)이 영조에게 다음과 같이 아뢰었다.

> 의금부도사 정선과 조동정(趙東鼎)은 모두 잡기로 발신(拔身)하여 이력이 모자라고 명망도 없으니 둘 다 파면하시기 바랍니다.

영조는 이를 듣고 윤허하였다. 겸재는 별수 없이 의금부도사에서 물러나게 되었다. 이때 김한운이 갑자기 겸재를 탄핵하고 나온 것은 당시 전년(1728)에 일어난 이인좌의 난으로 인해 노론과 소론이 날카롭게 대립하던 정국이었기 때문이다. 김한운이 노론과 원한이 많은 남인인바 겸재의 배경에 노론의 대신인 이조판서 조문명(趙文命, 김창업의 사위), 판의금부사 김흥경(金興慶, 추사 김정희의 고조부) 등이 있어 간접적으로 노론을 공격한 것으로 이해되고 있다.

여기에서 겸재가 '잡기로 발신'했다는 것은 보수적인 사대부 입장에서 보면 관상감 같은 중인의 잡직으로 출사(出仕)했다는 것이다. 이는 신분제도의 사회적 모순이었지만 당시로서는 어쩔 수 없는 겸재의 약점이었다. 이 잡기를 한동안 화가의 일로 해석해오기도 했지만 겸재는 그림으로 발신한 것이 아니라 관상감이라는 잡직에 봉사했다는 것이다. 아무튼 '잡기로 발신'했다는 사실은 겸재 신분의 꼬리표가 되어 두고두고 따라다녔다.

인곡정사로 이사하며

겸재가 탄핵을 받고 의금부에서 나온 것은 54세 되던 1729년 12월이었다. 이후 청하현감으로 나아가기까지 거의 3년 반 동안은 관직을 받지 못한 채 백악산 아래 집에서 한가히 그림을 그리며 지냈다. 관직에서 물러나 있던 여유로운 시기에 겸재는 인왕산 아래 실곡(實谷) 근처로 이사하여 '인곡정사(仁谷精舍)'를 마련했다. 미관말직이나마 그동안 받아온 녹봉이 경제적으로도 적지 않은 기반을 쌓은 것이었다.

겸재가 인곡정사로 이사한 사실은 관아재 조영석이 훗날 그의 죽음을 애도하며 쓴 「겸재 정동추 애사(謙齋鄭同樞哀辭)」에서 명확히 알 수 있다.

> 겸재는 (…) 어려서부터 한양의 북리(北里) 순화방(順化坊)의 백악산 아래에서 살았다. 나도 대대로 순화방에서 살았는데, 공(公, 정선)보다 나이가 열 살 어렸다. (…)
>
> 겸재는 매양 마음에 드는 그림을 그리면 나에게 보여주지 않은 적이 없었고, 또 우리 집 옆 마을로 이사 와서는 서로 수십 보 떨어진 가까운 곳이었으므로 각건(角巾)을 쓰고 청려장을 짚은 채 아침저녁으로 왕래하였는데 거르는 날이 거의 없었다. 그래서 30년이 지난 지금 겸재의 일생을 나만큼 아는 사람은 거의 없을 것이다.

관아재의 집은 인왕산 실곡의 남쪽 네 번째 집이고, 자신의 집에서 수십 보밖에 떨어지지 않은 곳으로 겸재가 이사해 왔다고 했다. 여기서 관아재가 30년 동안 이웃해서라고 했는데 겸재가 죽은 것이 84세 때이니 겸재 나이 54세 무렵에 이사했다는 것을 알 수 있다. 겸재의 '인곡정사'는 현재 군인아파트 인근의 종로구 옥인동 20번지 부근, 옛 자수궁(慈壽宮) 터 부근으로 여기서 인왕산을 바라보면 그의 말년의 명작 〈인왕제색도〉와 똑같은 구도를 잡을 수 있다. 군인아파트 담장을 끼고 난 길에는 '겸재길'이라는 이름이 붙여져 있다.

그림3-11.《경교명승첩》중〈인곡유거도〉 | 종이에 수묵담채, 27.4×27.4cm, 60대 중반, 간송미술문화재단 소장. 겸재가 인왕산 아래 자신의 집을 그린 것으로 조용하고 운치 있는 삶의 분위기를 부드럽고 따뜻하게 그렸다. 평온과 문기가 가득한 겸재 진경산수의 대표작이자 명작이다.

겸재는 훗날 60대 때 〈인곡유거도(仁谷幽居圖)〉를 그렸는데, 이 그림을 보면 초가 대문 안 마당에 고목이 두 그루 있고 겸재가 사랑채에서 밖을 내다보고 있는 모습이 있다. 그의 '여성적인' 진경산수의 대표작 중 하나로 손꼽히는 이 아름다운 그림은 사랑채에서 창을 열어젖히고 책을 읽고 있는 한여름의 자신을 그린 자화상적 산수화이며, 진경산수의 남종문인화적 해석이라고 할 만큼 편안한 작품이다.

이 그림에서 인왕산 한쪽 자락에 널찍이 자리 잡은 겸재의 집 마당에는 버드나무와 오동나무가 그늘을 넓게 만들고 버드나무를 타고 오른 넝쿨이 조선 정원의 자연스런 멋을 한껏 자아내고 있다. 버드나무를 타고 오른 넝쿨이 흐드러지게 늘어져 있는 것이 퍽 매력적이다. 자연스러운 조경이 조선의 멋이라고 생각되는데 식물학자 박상진 교수는 이 넝쿨식물을 다래나무로 추정하고 있다.

울타리로 삼은 관목들이 화면 앞을 장식하여 그림은 더욱 아늑하고 깊이 있게 느껴진다. 그런 가운데 유연히 창밖을 바라보고 있는 겸재 자신의 모습이 너무도 여유로워 그림 전체에 평온과 문기가 가득하다. 어쩌면 이때가 겸재로서는 가장 행복했던 때였는지도 모른다는 생각이 든다. 그렇지 않고서야 자신의 모습을 이처럼 편안하게 그릴 수 있었겠는가.

55세의 〈백운동도〉

겸재의 진경산수는 관아재 조영석이 증언하고 현재 남아 있는 작품이 말해주듯 크게 세 권역으로 이루어져 있다. 하나는 금강산의 풍광, 둘째는 영남의 명승, 그리고 셋째는 한양의 명소이다. 겸재가 의금부에서 나온 이듬해인 1730년, 55세 때 그린 〈백운동도〉

그림3-12. 〈백운동도〉 | 종이에 수묵담채, 31.5×27.4cm, 1730년(55세), 동농문화재단 소장. 1902년 김가진이 백운동에 백운장(白雲莊)을 지을 때 오세창이 선물한 그림이다. 이제까지 알려진 겸재의 한양 그림 중 가장 이른 시기의 작품이다.

(白雲洞圖, 동농문화재단 소장)는 현재까지 알려진 겸재의 한양 명소 그림 중 가장 이른 시기의 작품으로 훗날 그가 즐겨 그린 '장동8경'의 하나를 그린 것이다.

조선시대 한양의 행정구역 중 장동은 인왕산 동쪽과 백악산 서

그림3-13.《장동8경첩》중〈백운동〉| 종이에 수묵담채, 33.6×29.8cm, 80대 초반, 국립중앙박물관 소장. 풍광의 디테일은 과감히 생각하고 스스럼 없는 붓질이 두드러진다. 노년으로 갈수록 겸재의 진경산수는 사실(寫實)보다 사의(寫意)로 나아갔다.

쪽 사이의 동네로 오늘날 청운동, 옥인동, 누상동, 누하동, 신교동, 통인동, 통의동, 창성동, 궁정동, 효자동 등을 아우르고 있다. 이 장동은 골짜기가 여러 갈래로 퍼져 있어 계곡마다 일찍부터 권문세족들의 저택이 들어서 있었다.

장동8경은 첩마다 차이가 있는데 안동 김씨 김선원의 〈청풍계〉, 성수침(成守琛, 1493~1564)과 성혼(成渾, 1535~98)의 〈청송당(聽松堂)〉, 권율(權慄, 1537~99)과 이항복(李恒福, 1556~1618)의 〈필운대(弼雲臺)〉, 안평대군(安平大君, 1418~53)이 살던 〈수성동(水聲洞)〉, 남곤(南袞, 1471~1527)의 〈대은암(大隱巖)〉 등이 대표적인 명소로 꼽히고 있다.

그중 백운동은 백악산 아래쪽 창의문 옆 계곡으로 세조의 비(정희왕후)의 형부로 지중추부사를 지낸 이염의(李念義, 1409~92)가 대저택을 지어 『동국여지승람』에도 언급되어 있는데, 겸재 당년엔 주인은 바뀌었지만 장동뿐만 아니라 장안의 명소로 이름 높았던 곳이다.

준수하게 생긴 거대한 바위와 산줄기 사이로 한양도성 성곽이 뻗어 있고 그 아래 계곡가에 솔밭과 버드나무 숲 속에 저택이 숨어 있는 듯 자리하고 있는데, 나귀를 탄 선비가 지나가고 있고 앞쪽 언덕엔 갓을 쓴 두 사람이 잠시 쉬면서 저택을 바라보고 있다. 화면 위쪽에는 다음과 같은 화제가 쓰여 있다.

> 병오년(1726) 가을날, 북쪽 산록에 올라 백운동을 바라보며 초본을 그렸고, 경술년(1730) 늦봄에 완성하였다.
>
> 丙午秋日 登北麓望白雲洞出艸 庚戌暮春了當

그러니까 하양현감에서 돌아온 해에 그린 초본을 의금부에서 나온 이듬해에 완성했다는 것이다. 이를 보면 겸재가 하나의 작품을 완성하는 데 얼마나 심혈을 기울였는지 알 수 있다.

겸재의 진경산수 전개 과정에서 이 그림만 해도 겸재는 백운동 계곡의 풍광을 아주 사실적으로 묘사하여 당시의 실경을 여실히 엿볼 수 있게 한다. 그러나 아마도 이로부터 25년은 지난 80대 초반에 그렸을 《장동8경첩》(국립중앙박물관 소장)의 〈백운동〉을 보면 화풍이 완연히 다르다. 풍광의 디테일은 과감히 생략하고 스스럼없는 붓질로 계곡가 저택의 이미지만 보여주고 있어 노년으로 갈수록 겸재의 진경산수는 사실(寫實)보다 사의(寫意)로 나아가고 있음을 확연히 알 수 있다.

이 백운동은 훗날 장동 김씨 선원 김상용의 후손으로 3·1운동 후 상해의 임시정부로 망명한 동농(東農) 김가진(金嘉鎭)의 소유가 되었다. 1903년에 동농이 이곳에 백운장이라는 집을 새로 짓자 위창(葦滄) 오세창(吳世昌, 1864~1953)이 이 작품을 동농에게 선물하여 동농이 위창에게 보낸 감사의 편지가 남아 있다. 오늘날 백운동에는 명필(名筆)이기도 한 동농이 큰 바위에 새겨놓은 '백운동천(白雲洞天)'이라는 암각 글씨가 남아 있다.

56세의 〈서교전의도〉

겸재는 무관(無官)으로 있는 동안 서울의 벗들과 시와 그림으로 어울리며 지냈다. 그때 담헌 이하곤은 세상을 떠났지만 사천 이병연은 진작부터 서울에 있었고, 관아재 조영석이 1730년 제천현감을 사직하고 1732년 적성현감으로 나갈 때까지 이웃에서 살았다.

그림3-14. 〈서교전경도〉 | 종이에 수묵담채, 29.6×63.3cm, 선문대학교박물관 소장. 〈서교전의도〉(국립중앙박물관 소장)와 같은 곳을 그린 그림이지만 비교할 수 없이 아름다운 한 폭의 진경산수화이다. 이는 송별이라는 주제에 얽매이지 않았기 때문이었을 것이다. 그 점에서 진경산수는 진경을 회화적으로 재해석할 때 명작이 나온다고 할 수 있다.

또 겸재의 후배로는 사헌부 집의와 지돈녕부사를 지낸 이춘제(李春躋, 1692~1761)가 있었다. 겸재는 훗날 그를 위해 유명한 〈서원소정도〉를 그려주기도 했다. 1731년 이춘제가 청나라 옹정제 황후 서거 위문 사절단의 부사(副使)로 떠나게 되자, 영은문(迎恩門, 지금의 독립문 자리) 모화관(慕華館) 부근에서 전별연(餞別宴)이 열렸다. 이것을 그린 그림이 〈서교전의도〉(西郊餞儀圖, 서쪽 교외에서 전별의식을 행하는 그림)이다.

〈서교전의도〉는 일종의 기록화인 만큼 사실에 충실하기 위해 안산과 인왕산 사이로 난 무악재를 그림의 중심으로 잡고, 영은문 모화관 밖에서 차일을 치고 전별연을 여는 광경을 기록하듯 세밀히 그렸다. 그러나 이 그림은 전별연을 강조하면서 오른쪽의 인왕산이 무겁게 처리되었기 때문에 회화로서의 멋은 보여주지 못했다는 흠이 있다. 특히 이 그림에서 화면 앞쪽에 전별연을 그렸기 때문에 공간을 감싸주는 아늑한 효과를 이루지 못했다.

그런데 훗날 겸재가 기록화가 아니라 회화로서 〈서교전경도(西郊全景圖)〉를 그린 것이 있는데 이 그림은 참으로 아름다운 한 폭의 진경산수화이다. 북한산을 후경, 안산과 인왕산을 전경으로 잡아 그 사이로 난 무악재로 가는 길이 아련하게 펼쳐져 있다. 이 그림 오른쪽 맨 위에는 관아재 조영석이 보았다는 배관기로 "종보 관(宗甫 觀)"이라 써넣었다. 종보는 관아재의 자이다. 냉정한 비판적 시각을 갖고 있는 관아재도 이 그림을 우수한 작품으로 보았던 모양이다.

겸재에게 쏟아지는 그림 주문

겸재에게는 이런저런 인연과 이유로 그림 주문이 많이 들어왔다. 현재 구체적인 작품은 알려져 있지 않지만 문헌상에 나오는 기록들을 잠깐 일별해보면 그 성대함을 실감할 수 있다.

겸재는 후배지만 하양현감 시절 엇비슷이 직속상관인 경상감사를 지냈던 지수재(知守齋) 유척기(兪拓基, 1691~1767)를 위해 화첩을 그려주었다. 겸재는 장동에 사는 유척기와 그의 사촌형인 유최기(兪最基, 1689~1768) 등 기계 유씨들과도 친하게 지냈다. 이 화첩은 당대의 시인으로 삼연 김창흡과 짝을 했다는 중인 출신인 유하(柳下) 홍세태(洪世泰, 1653~1725)의 시에 맞추어 그림을 그리고, 사자관(寫字官)으로 당대 명필인 정곡(貞谷) 이수장(李壽長, 1661~1733)에게 글씨를 쓰게 하여 기증한 것이다. 이에 유척기는 「홍세태의 시, 이수장의 글씨, 정선의 그림 뒤에 제함」이라는 글을 지었다.

그런가 하면 1732년 겸재는 이병연, 조영석, 오원(吳瑗, 1700~40), 유최기, 이우신(李雨臣, 1670~1744) 등 동리(同里) 동문들과 필운대에 봄놀이를 가서 〈필운대상춘(弼雲臺賞春)〉이라는 그림을 그렸다. 이때 이들이 읊은 시들을 『사원수창록(沙苑酬唱錄)』이라는 책으로 남긴 것이 지금 국립중앙도서관에 소장되어 있다. 이 그림 역시 전해지지 않으나 혹 개인 소장으로 전하는 〈필운대상춘도〉가 아닐까 생각되며, 아니라고 해도 이와 비슷한 작품이었으리라 짐작된다.

〈필운대상춘도〉는 인왕산 자락, 현재 배화여고 자리에 백사(白沙) 이항복이 필운대라 쓴 바위 글씨가 있는 곳에서 갓 쓰고 도포 입은 선비들이 모여 봄맞이하는 모습을 그린 것으로, 멀리 목멱산(남산)과 관악산이 보이고 장안의 동네들은 집집마다 봄꽃이 만발해 있다. 화풍으로 보아도 겸재 50대 그림이다.

또 이즈음 사천 이병연이 환갑을 넘긴 나이로 삼척부사에 제수되자 부임에 앞서 겸재에게 〈대관령(大關嶺)〉을 그려달라고 해서 이를 벽에 걸어놓고 떠날 날만 기다리고 있었다고 한다(조영석, 「삼

그림3-15. 〈필운대상춘도〉 | 비단에 수묵담채, 27.5×33.5cm, 50대 중반, 개인 소장. 인왕산 동쪽에 높이 솟은 필운대에 문인들이 모여 봄맞이 하는 모습을 그렸다. 필운대는 한양을 조망하기 좋은 명소로 오늘날의 배화여고 자리다.

척부사 이병연을 전송하는 글〔送三陟府使李秉淵序〕」, 『관아재고(觀我齋稿)』).

이러한 이야기들은 겸재에게 쏟아지는 그림 주문이 얼마나 많았는가를 능히 짐작게 한다. 어느 모로 보나 그는 당대의 인기 화가였다.

『학산한언』의 증언

겸재는 성품 탓인지 아니면 그림에 대한 열정 때문인지 주위에서 그림을 요구해올 때 거의 거부하지 않았던 것 같다. 그래서 엄청난 양의 그림을 그렸고, 역대 조선시대 화가 중 가장 많은 유작을 남긴 화가 중 한 명이 되었다. 겸재 그림에 대한 요구는 문인들만이 아니었다. 그가 명사들과의 교류에서뿐만 아니라 일반 주문에서도 얼마나 관대하게 응했는가에 대해서는 여러 증언이 남아 있다. 그 중 최완수의 『겸재 정선 진경산수화』(범우사 1993)에 소개된 학산(鶴山) 신돈복(辛敦復, 1692~1779)의 『학산한언(鶴山閑言)』에는 아주 재미있는 이야기가 여럿 소개되어 있다.

> 겸재는 그림을 잘 그렸는데 더욱 산수에 신묘해서 세칭 300년 이래로 그림의 최고라 하니 구하는 자가 삼대밭처럼 무수했다. 그런데도 겸재는 응하는 데 게으르지 않았다. 나 또한 북리 한동네 사람으로 그가 그린 산수화 30여 점을 얻어 항상 보배로 그것을 사랑하고 있다.

겸재가 청하현감으로 부임해 가던 1733년에 조영석이 쓴 「소문첩(昭文帖)에 제함」이라는 글을 보면 이런 이야기가 나온다.

문 아무개는 3천 전(錢)으로 이 화첩을 얻었다고 한다. 3천 전으로 몇 마지기 논을 사면 두 식구가 반 년은 먹고살 수 있는데 문 아무개가 이렇게 그림 사는 데 힘을 쓰니 과연 부지런하구나. (…) 그러나 겸재 그림은 가히 한 벌의 호액(狐腋, 여우 겨드랑이 털로 만든 옷)이라 할 수 있으니 3천 전이라도 거의 헛쓰는 것이 아니리라.

이것이 헛 이야기가 아니라면 겸재는 인곡정사를 짓고도 남음이 있었다. 또 학산 신돈복은 연경에 가는 한 역관(譯官)이 겸재 그림을 받아 가는 이야기를 이렇게 전하고 있다.

겸재가 하루는 새벽같이 잠에서 깨었다. 홀연히 한 사람이 와서 문을 두드리어 열어주니 곧 친한 역관이었다. 좋은 손부채를 내놓으며 말하기를 "이제 막 연경에 가려고 고별하러 왔습니다. 원컨대 공께서 잠깐 붓을 휘두르시어 저의 여행에 선물해주시면 진실로 다행이겠습니다"라고 했다. 때는 동창이 밝아 아침 기운이 아주 시원하거늘 겸재가 이에 바닷물을 그려내니 굽이치는 파도와 노도한 물방울이 일렁이며 솟구치는데 작은 배 한 척을 파도 한쪽에 붙여놓으매 바람 맞은 돛이 반쯤 돌아서 그것을 보면 아득했다.

역관이 이것을 감사히 받아 갔다. 그리고 그가 연경 가게에 들어가자 가게 주인이 이 부채 그림을 마냥 좋아하며 바라보면서 "이 그림은 필경 새벽에 그린 것이구나. 맑은 정신이 바로 바람 맞은 돛 위에 있구나"라며 (귀신같이 알아보고는) 선향(線香) 한 궤짝과 그것을 바꾸었다. 역관이 돌아와서 향을 헤아리니 50매를 얻었는데 모두 몇 촌(寸)이나 되는 크기였다고 한다. 이로써 역관들은 겸재의 그림을 얻으면 모두 기이한 재화(財貨)로 생각했다.

그러면서 학산 신돈복은 사천 이병연 집에 1,500권이나 되는 상아꽂이로 곱게 포장한 중국 책들은 모두 중국에 가는 상인에게 겸재 그림을 책과 바꾸어 오게 해서 모은 것이라는 사실을 사천에게 직접 들었다는 이야기까지 전하고 있다.

이런 이야기를 어디까지 믿어야 좋을지 모르겠는데, 겸재의 그림은 이미 개성 상인들의 손을 통해 오갈 정도가 되어 있었다고도 해석할 수 있는 증언도 있다. 이는 금석(錦石) 박준원(朴準源, 1739~1807)이 읊은 다음 시를 통해 엿볼 수 있다.

일만이천 봉이 한 줌 안에 다 들었으니	萬二千峰一把中
겸재의 신필이 여기에서 더욱 뛰어나게 되었구나	謙翁神筆此尤工
개성 사람에게 팔려간 것을 탄식하지 마소	莫嘆落在松人手
지극한 보배가 결국 우리나라 안에 있으니까	至寶終應在我東

겸재의 다작

이러한 증언들은 겸재가 대단한 다작가(多作家)였음을 말해주며 실제로 겸재는 단원 김홍도와 함께 조선시대에 가장 많은 작품을 남긴 화가 중 한 명이기도 하다. 이로 인하여 겸재의 작품에는 가

그림3-16.〈노목당풍〉 | 종이에 수묵, 85.0×60.0cm, 개인 소장. '겸재가 흥(興)을 실어 보내다'라는 뜻으로 '겸재견흥'이라 낙관한 그림이다. 길게 누우면서도 거침없이 뻗어 올라간 노목의 줄기에 과연 필묵의 달인이었던 겸재의 흥이 실려 있다.

작(佳作)과 함께 태작(汰作), 졸작(拙作)이 뒤섞이는 결과를 낳았다. 이 점에 대해 이동주는 다음과 같이 말했다. (이동주, 『우리나라의 옛그림』, 박영사 1975)

"오늘날 세상에 유전하는 옛 그림 중에 겸재의 작품은 흔하고도 귀하다. 흔하다는 것은 그 수효인데 다작한 탓이지 소폭의 작품이 많이 전한다. 그러나 한편 그 질에 있어서는 가작, 역작이 많지 않아서 역시 요구가 있으면 홍취를 불구하고 다작한 탓이 아닌가 생각이 든다. (…) 겸재는 장수한 데다가 만년에 특히 다작한 듯하다."

이동주는 겸재의 다작을 말하면서 겸재의 그림 중에는 '와초(臥艸)', 즉 누워서 그렸다는 낙관이 들어 있는 작품을 본 적이 있다고 증언한 바도 있다. 이는 겸재에게 그림 주문이 쇄도하였고 그 역시 주문에 거침없이 응했음을 말해주는 것이다.

그런가 하면 겸재는 자기 흥에 겨워 그림을 그리기도 하였다. 〈노목당풍(老木當風)〉은 기굴하게 자란 노목의 잔가지들이 바람에 휘날리는 모습을 그린 대단히 호쾌한 그림인데 화제로 '겸재가 흥(興)을 실어 보내다'라는 뜻으로 '겸재견흥(謙齋遣興)'이라 낙관하였다. 길게 누우면서 마침내는 위로 뻗어 올라간 노목의 줄기는 스스럼없는 필치를 반복적으로 사용하면서 쌍구법(雙鉤法)으로 테두리를 나타내고, 잔가지들이 바람이 부는 한 방향으로 흩날리는데 점점이 찍은 태점으로 성근 잎을 나타내었다. 그야말로 필묵의 달인만이 그릴 수 있는 그림이다.

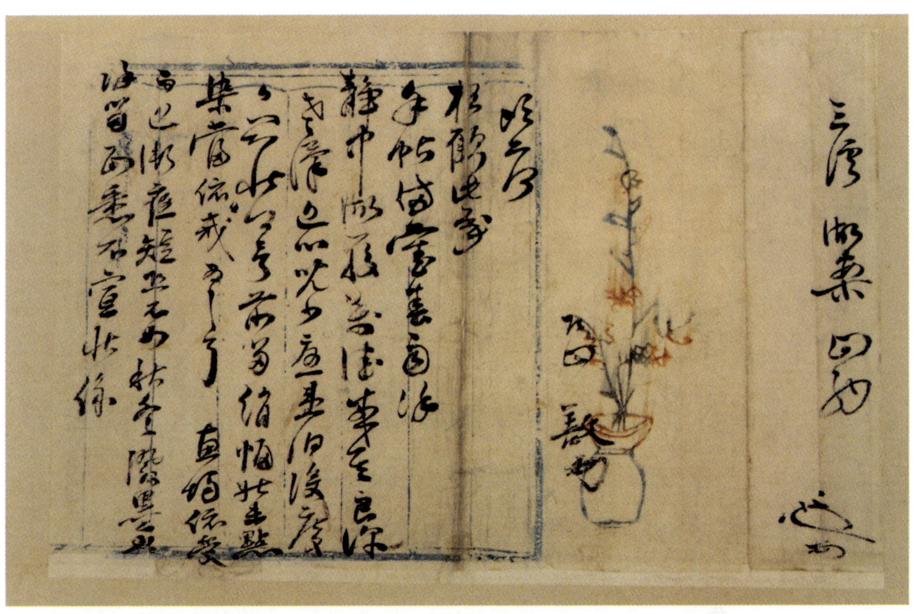

그림3-17. 겸재의 편지 | 종이에 먹, 21.0×30.2cm, 개인 소장. 겸재의 필적으로 거의 유일하게 남아 있는 간찰(簡札)이다. 보내준 양초는 밤이 긴 겨울날 쓰고 싶다는 사연이 들어 있다. 편지지 또한 화인답게 예쁜 꽃편지지를 사용했다.

겸재의 편지

겸재가 이처럼 많은 그림 주문을 받았다는 사실은 정말로 귀하게 전하는 겸재의 편지 한 통에서도 엿볼 수 있다. 이 편지가 언제 쓰여진 것이고 받은 사람이 누구인지는 알 수 없으나, '삼계(三溪) 주안(倣案)'이라고 했으니 서울 삼청동에 살았던 이로 추정된다(유홍준·이태호 엮음, 『조선 후기 그림과 글씨』, 학고재 1992).

전번엔 직접 (저를) 찾아주셨고, 지금 이 편지를 받게 되니 봄비 내린 뒤 근황이 평안하심을 살펴 알게 되었습니다. 그 위로됨이 진실로 깊습니다. 늙은 이 몸은 요즘 아이들 우환 때문에 하루하루를 분주히 보내고 있습니다. 민망스러움을 어떻게 말씀드려야 할지. 지난번 두고 가신 비단 폭은 아직 그림을 그리진 못하였으나 마땅히 부탁하심에 따르겠습니다. 보내주신 양초는 잘 받았으나 요즘은 점점 밤이 짧아져서 가을이나 겨울에 그리는 것만 못할 듯합니다. 나머지는 뵈올 때 말씀드리겠습니다. 이만 줄입니다. 즉시 회답하며 정선은 머리 조아립니다.

頃荷枉顧 此承手帖 備審 春雨餘靜中做履萬佳 感慰良深 老漢近以兒少憂患 汨沒度日 悶狀何言 前留綃幅 姑未點染 當依戒爲之耳 惠燭依受而近漸夜短 恐不如 秋冬潑墨也 餘留面悉 不宣狀儀 卽回 敾頓

인편을 곁에 세워두고 즉시 쓴 회신이기 때문에 아주 짧은 글이지만, 양초를 밝히고 짧은 밤을 탓하며 그림에 열중했을 노(老)겸재의 모습을 선하게 그려보게 하는 편지이다. 이 편지는 오늘날 우리가 볼 수 있는 그의 유일한 육필이자 육성이다.

청하현감, 겸재

인곡정사에서 조용히 편안한 나날을 보내던 겸재는 나이 58세 되는 1733년 여름, 경상도 청하의 현감에 제수되어 다시 영남으로 떠나게 되었다. 의금부도사를 그만둔 지 3년 반 만에 다시 벼슬에 올라 지방 고을 현감으로 떠나게 된 것이다.

청하는 오늘날 포항시에 편입되어 있지만 그 옛날에는 경상도의

그림3-18.〈청하성읍도〉 | 종이에 수묵담채, 32.7×25.9cm, 58세 무렵, 겸재정선미술관 소장. 겸재가 두번째로 고을 원님이 되어 내려간 청하읍은 아주 오붓한 경상도 시골 고을이었다. 이 그림에서 보여주는 정감 있는 마을 표정은 오늘의 포항시 청하면에서는 느낄 수 없다.

한 고을로 『동국여지승람』에는 서쪽으로는 경주, 북쪽으로는 영덕, 남쪽으로는 흥해와 접하고 있고 동쪽으로는 7리 되는 곳에 동해 바다가 있으며 한양까지는 841리라고 되어 있다.

한양의 한 동리 벗들은 겸재의 현감 부임을 축하하면서도 아쉬운 전별시를 지으며 송별했다. 그러나 사천 이병연과 순암 이병성 형제는 겸재의 청하현감 부임을 아주 반가워했다. 당시 이병연은 삼척부사로 있었고, 그 동생 이병성은 금강산에 가까운 간성군수로 있었다. 모두 동해안 고을의 수령이었는데 청하 역시 동해안 변에 가까이 붙어 있었으니 그것이 신기롭고 반가웠던 것이다. 이에 이병성은 겸재의 청하현감 부임을 축하하는 시를 이렇게 읊었다.

영남 사람은 응당 사또 이름 알겠지	嶺人應知使君名
복사꽃 오얏꽃이 피고 학이 춤추며 맞으리	桃李花開舞鶴迎
해당화 핀 백사장 밟고서 배를 부르면	踏盡棠沙遙喚艇
죽서루 위에는 우리 형님 계시다오	竹西樓上有吾兄

이 시에서 "학이 춤춘다"는 말은 청하현의 진산이 무학산(舞鶴山)인 것을 빗대어 말한 것이고, "복사꽃 오얏꽃 피어난다"는 것은 청하의 봉수대가 있는 산이 도리산(桃李山)이기 때문에 그렇게 읊은 것이다.

청하현 관아는 지금도 청하읍성의 석축 일부가 그대로 남아 있는 청하면행정복지센터(경북 포항시 북구 청하면 덕성리 276-3번지) 자리에 있었다. 마침 겸재의 유작 중 〈청하성읍도(淸河城邑圖)〉(겸재정선미술관 소장)라는 작품이 있어서 이 조용한 시골 고을의 분위기를 엿볼 수 있는데, 그 안온한 정경이 너무도 정겹게 다가온다.

겸재가 청하현감에 제수된 것은 1733년 6월 9일이었고, 지방관이 되면 임금을 알현하는 관례에 따라 8월 15일 영조에게 하직 인사를 드리고 떠났다.

영조에게 칭찬받는 겸재

청하현감 당시 겸재는 목민관으로서 어떤 일을 했는지 알려진 것이 따로 없다. 다만 부임한 그해 겨울 근무 고과 평가에서 최상의 평가를 받았다는 것이 『승정원일기』에 나와 있다.

영조 9년(1733) 12월 15일 영조는 이조판서 김재로(金在魯, 1682~1759)와 병조판서 윤유(尹游, 1674~1737)를 입시시킨 하에 〈서교전의도〉의 주인공인 도승지 이춘제가 각 도의 감사(監司)가 지방관들의 상벌 사항을 봉해서 올린 포폄봉계(褒貶封啓)를 보고하였는데, 이때 경상감사 김시형(金始炯, 1681~1750)이 올린 포폄봉계에서 청하현감 겸재가 높은 점수를 받자 이에 대해 영조가 다음과 같이 특별히 언급하는 기사가 들어 있다. (강관식, 앞의 글에서 재인용)

> 오늘 (이조판서와 병조판서를) 입시하게 한 것은 뜻한 바가 있기 때문이다. 수령이 유능한지 아닌지를 자세히 조사하고자 하나, '십고십상(十考十上)'을 가려 뽑아 아뢴 것을 보니, 두 사람 외에는 고을의 수령이 된 자가 없다. 전후로 단단히 타이르고 경계시켰지만 곧 겉치레 말이 되고 관직에 걸맞은 인재를 선발하는 길이 보이지 않는다. 그러나 정선의 '십일고(十一考)'로 보건대 그가 '순포(純褒)'임을

알 수 있다.

조선시대의 관리 고과 평가는 직속상관이 6개월마다 한 번 실시해 이를 '일고(一考)'라 하고, 상중하(上中下) 3등급으로 채점해 보고했다. '십고십상'은 열 번의 평가에서 열 번 다 '상(上)'을 받은 것을 말하며, 이를 '순포'라 하여 특별히 채록하여 보고한 뒤 승진시키는 참고 자료로 삼았다. 겸재가 '십일고'에서 '순포'였다는 것은 겸재가 수령직을 맡아 탁월한 능력을 발휘하였음을 방증하는 것이고, 영조가 특별히 겸재를 각인하고 있음을 말해준다. 이후에도 영조는 겸재에 대해 여러 차례 언급하게 된다.

〈월송정〉

겸재는 청하현감으로 있는 동안 삼척부사 이병연과 간성군수 이병성을 만나기 위해 동해안을 따라가면서 관동8경을 두루 유람하며 이를 그림으로 그렸다. 관동8경은 맨 아래 남쪽부터 보자면 울진의 월송정(越松亭)에서 시작되며 청하에서 아주 가깝다. 월송정은 바닷가 솔밭 너머에 있는 풍광 수려한 정자로 신라의 영랑, 술랑 등 화랑들이 울창한 소나무 숲에서 달을 즐겼다 해서 월송정이라고도 하고, 월나라에서 소나무 묘목을 가져다 심었다 하여 월송이라고도 한다고 전해진다. 고려시대에 정자가 세워졌고 조선 중기 때 관찰사 박원종이 중건하였다고 하며, 지금 있는 정자는 1980년에 새로 지은 것이다.

그림3-19. 〈월송정〉 | 비단에 먹, 25.5×29.7cm, 58세 무렵, 개인 소장. 월송정은 관동8경의 하나로 꼽히는 명승이다. 겸재가 청하현감이 되던 해에 그린 작품으로 추정된다. 겸재는 청하에서 가까운 평해 월송정을 여러 번 그렸는데, 이 작품은 사천과 함께 월송정에 갔다가 즉석에서 그린 것으로 보인다.

겸재는 이 아름다운 풍광의 월송정을 청하현감을 그만둔 뒤에도 여러 점 그렸다. 그중 S2A 기획전 '필과 묵의 세계'에 출품된 〈월송정〉은 청하현감 당년에 그린 작품으로 생각된다. 우선 필치 자체가 50대 후반 겸재 화풍의 전형을 보여주고 있으며 비단이 고급 화견이 아닌데 겸재의 도장은 없고 '월송정 겸재'라고만 낙관되어 있다. 사천 이병연의 화제시도 속필로 쓰여 있어 혹 두 사람이 월송정을 함께 갔다가 즉석에서 그린 것이 아닌가 생각게도 한다. 특히 화제

그림3-20. 《관동명승첩》 중 〈월송정〉 | 종이에 수묵담채, 32.3×57.8cm, 1738년(63세), 간송미술문화재단 소장. 디테일은 과감히 생략하고 물을 잔뜩 머금은 발묵법으로 중앙의 소나무숲을 그려놓았다. 이전의 작품과는 구분되는 완숙한 화풍을 확인할 수 있다.

로 쓴 사천 이병연의 자필 시가 더욱 그런 생각을 갖게 한다.

> 모래밭 너머 큰 물결과 버드나무 너머 호수
> 미인의 노랫소리가 돌아가는 수레를 붙잡네. 사천의 시.
> 沙外鯨濤柳外潭 美人歌曲挽歸驂 槎詩

이 〈월송정〉은 겸재가 시각을 자유자재로 이동하여 멀리 동해 바다와 월송정 정자, 그리고 바닷가의 솔밭을 한 화면 속에 아름답게 배치하였다. 나는 월송정을 여러 번 답사하였지만 아무리 애써도 이런 구도는 잡히지 않는다. 그러나 월송정 풍광의 이미지는 겸재 그림 그대로 남아 있다.

특히 이 그림에서 무리 지어 있는 솔밭의 모습은 겸재의 소나무 표현법의 진수를 보여준다. 전체적으로 풍광의 묘사에 집중하고 먹의 번지기는 구사하지 않아 소나무, 정자, 인물 등 대상이 생생히 드러나고 있다는 인상을 준다.

훗날 겸재가 그린 《관동명승첩》에 들어 있는 〈월송정〉과 비교해 보면 그 필법의 차이를 확연히 알 수 있다.

〈내연산 삼용추〉

겸재는 당연히 청하의 명승인 내연산(內延山) 삼용추(三龍湫)를 탐방하고 그림으로 그렸다. 내연산은 영덕과 포항 사이에 있는 태백산맥 끝자락의 높은 산으로 보경사(寶鏡寺)라는 고찰이 있다. 내연산의 용추계곡에는 3단 폭포가 있어 삼용추라 불리는데 맨 위가 연산폭포이고, 가운데가 관음폭포이며, 맨 아래가 잠룡폭포이다.

겸재는 현감 부임 이듬해인 1734년 가을에 이곳을 찾아 용추계곡 3단 폭포 중 맨 위쪽에 위치한 연산 폭포 바위에 "갑인 추 정선(甲寅 秋 鄭敾)"이라는 탐승 기념 각자(刻字)를 새겨놓았다. 이것은 1980년 최완수에 의해 발견되었다. 너무도 반가운 나머지 나도 한번 찾아가 보았는데 그사이 등산객 발길에 밟혀 탁본을 뜨기 전에는 잘 읽히지 않을 정도로 마모되어 몹시 안타까웠다.

겸재가 그린 〈내연산 삼용추〉는 소폭(국립중앙박물관 소장)과 대폭(개인 소장) 두 점이 전한다. 소폭 〈내연산 삼용추〉는 원경을 마치

망원렌즈로 바라보는 듯한 시각으로 그린 것으로 바위 결을 강한 수직준으로 그린 것이 특징이다.

이에 비해 대폭 〈내연산 삼용추〉는 부감법으로 그린 박진감 넘치는 진경산수화이다. 맨 위의 연산폭포가 하늘과 맞닿은 채 아득한 곳에서 흘러내리다 사다리가 놓여 있는 바위를 타고 두 가닥 물줄기로 떨어지는 가운데 관음폭포에 이르고, 그 아래 너럭바위에서는 네 명의 선비가 이를 바라보고 있다. 그리고 그 밑으로는 잠룡폭포가 속도감 있게 쏟아져 내리고 있다. 디테일을 보면 그림 맨 윗부분 소나무 우거진 사이로 암자가 보이는데 이는 지금은 터만 남은 계조암이다. 필법을 보면 겸재가 필력을 더욱 힘차게 구사하는 새로운 경지에 접어들고 있었음을 잘 엿보게 한다. 특히 이 그림에서 겸재는 묵직한 적묵법(積墨法)과 강렬한 흑백 대비, 대담한 형태 변화, 과장과 생략 등을 구사하고 있다.

그림 상단에는 이 그림을 소유한 이성용(李聖庸)이라는 이의 부탁을 받아 관아재 조영석이 지은 화제가 쓰여 있다. 성용은 이창급(李昌伋, 1727~1803)의 자로, 겸재의 벗인 이춘제의 아들이다.

지금 원백의 그림을 접하고	今從元伯筆
비로소 내연산을 알게 되었네	始識內延山
저 세 손님에게 방해가 되지 않기를	不妨彼三客

그림3-21. 〈내연산 삼용추〉 | 종이에 수묵, 160.0×56.0cm, 1734년(59세), 개인 소장. 내연산은 청하현(경북 포항)에 위치한 산으로, 상중하 세 폭포가 있는 삼용추가 명승으로 알려져 있다. 진한 먹으로 과감한 필법을 구사하며 새로운 경지에 접어든 겸재의 자신감을 확인할 수 있다.

그림3-22. 〈선면 무송관폭도〉 | 종이에 수묵, 20.6×75.8cm, 국립중앙박물관 소장. 〈무송관폭도〉 계열의 그림 중 하나다. 겸재는 이 그림 왼쪽에 내연산 삼용추에서 느낀 감흥을 표현한 화제를 써놓았다. 겸재가 고전적인 시의도를 자기화했음을 보여주는 대목이다.

모두가 앉아 늙은 나를 바라보누나　　一坐老我看

이성용을 위해 종보 지음.　　爲 李聖庸題 宗甫

무송관폭도

겸재는 유명한 시의 이미지를 그림으로 그리는 시의도도 즐겨 그렸다. 겸재가 가장 즐겨 그린 시의도는 도연명의 「귀거래사」 중에서 귀향한 선비가 유유자적하는 모습으로 "날이 어둑어둑 장차 해가 지려는데 외로운 소나무 어루만지며 서성거리네〔影翳翳以將入, 撫孤松而盤桓〕"라는 구절에서 따온 '무송도(撫松圖)'이다. 그런데 겸재는 이 주제에 폭포를 바라보는 '관폭도(觀瀑圖)'를 합쳐서 무송관폭도로 그리곤 하였다.

그리고 겸재는 도연명의 「음주(飮酒)」 연작시 20편 중 다섯 번째 시에서 "동쪽 울타리 아래 국화꽃을 따다가 유유히 남산을 바라보네〔採菊東籬下, 悠然見南山〕"라는 구절을 좋아하여 편안히 먼 데를 바라보는 여유로운 모습을 그림으로 그리기도 했다.

이 중 〈선면 무송관폭도〉가 있다. 겸재는 여기에 화제를 쓰면서 "삼용추 폭포 아래서 유유히 남산을 바라본다〔三龍湫瀑下 悠然見南山〕"라고 하며 내연산 삼용추에서의 감흥을 말하고 있다. 이는 겸재가 고전적인 시의도를 자기화하고 있음을 보여주는 대목이다.

다시 서울로 올라가는 겸재

겸재는 청하현감으로 있으면서 목민관으로서의 업무 여백에 벗들과 교류하며 그림도 그리며 편안히 지내고 있었던 같다. 그런데 청하로 내려온 지 2년이 채 못 되는 1735년 5월 16일, 모친이 92세로 세상을 떠났다.

겸재는 청하를 떠나 서울로 돌아오지 않으면 안 되었다. 이때 겸재 나이 60세였다. 겸재가 모친상을 당한 지 두 달이 지난 1735년 7월 28일, 궁중에서는 낡은 세조 어진(御眞)을 다시 그리는 일이 생겼다. 이때 영조는 대신들과 세조 어진을 중모(重模)하는 작업의 감동(監董)으로 그림을 잘 그리는 사대부 출신 문인화가를 거론하는 가운데, 영조가 "정선은 어디 있는가"라고 묻자 우의정 김흥경이 "지금 막 상중(喪中)입니다"라고 아뢰었다. 그러자 영조는 "게다가 이미 늙었을 것이다"라고 했다. 그리고 사대부 화가들에 대해 더 논의하는 가운데 영조는 이렇게 말했다.

> 정선은 일찍이 윤대관이었을 때 보기에도 이미 늙었고 세상에 돌아다니는 그의 화법 또한 대단한 것은 아니었다.

영조는 이처럼 겸재의 늙은 인상까지 명확히 기억하고 있었다. 영조가 겸재의 그림이 대단하지 않다고 말한 것은 인물화를 염두에 두고 한 말이었을 것이다. 이때 누가 현재(玄齋) 심사정(沈師正, 1707~69)을 추천하자 마침 대신 중에 현재의 그림부채를 들고 있는 이가 있어 그것을 보여주자 영조는 "부채 그림이나 그릴 정도군"이라고 했다. 영조에게 중요한 것은 감상화가 아니라 초상화였던 것이다. 결국 세조 어진 중모의 감동관(監董官)으로는 관아재 조영석이 결정되었는데, 의령현감으로 있던 관아재가 이를 거부하고 일부러 늦게 상경하여 옥에 갇히는 유명한 사건이 되었다.

이리하여 겸재의 서울 생활이 다시 시작되었는데, 화인으로서 겸재 정선의 삶은 오히려 이때부터 본격적으로 꽃을 피우게 된다. 하양과 청하의 현감을 거치면서 영남과 충청도 4군, 관동8경 등 우리나라 산천을 두루 경험한 겸재의 진경산수는 이제 서울의 명소들을 그리며 높은 차원의 예술로 승화한다. 우리가 알고 있는 겸재의 명작들은 모두 60세 이후의 작품이니 겸재의 예술은 여기서부터 본격적으로 전개된 셈이다.

4부

60세~70세

인곡정사와 양천현령 시절

겸재 예술의 편년과 기준작

한 화가의 예술 세계를 논할 때는 초년작, 중년작, 노년작, 말년작 등으로 시기를 나누어 보는 것이 보통이다. 대개는 생물학적 나이로 나누고, 간혹은 화풍의 변천 과정을 중심으로 편년하기도 한다. 그러나 겸재에게는 이런 분류를 적용하기 힘들다. 우선 다른 화가와 달리 84세까지 장수하였을 뿐만 아니라 70대에도 왕성한 창작 활동을 보였고, 기존의 화풍을 따른 것이 아니라 진경산수라는 새로운 장르를 개척해 이를 완성하고 나아가 발전시켰기 때문에 다를 수밖에 없다.

대부분의 화가들은 60세를 넘어가면 세상을 떠났거나 만년기로 들어갔지만, 겸재의 경우 그의 대표작으로 꼽히는 〈금강전도〉〈인왕제색도〉《연강임술첩》〈선면 금강전도〉〈박연폭포〉 등이 모두 60대, 70대의 작품이니 노년의 20년간은 오히려 겸재 예술의 절정기였다고 할 수 있다. 겸재의 회화 발전 단계를 이해할 수 있도록 제작연도가 밝혀진 기준작들을 시기별로 나열하면 다음과 같다.

모색기(60세 이전): 진경산수를 개척해가는 시기

36세(1711)《신묘년 풍악도첩》

43세(1718) 무렵 〈북원수회도〉

44세(1719)《사계산수화첩》

54세(1729) 〈의금부계회도〉

56세(1731)《구학첩》

59세(1734) 〈내연산 삼용추〉

확립기(60대): 진경산수 화풍을 완성해가는 시기

64세(1739) 〈청풍계도〉

65세(1740) 〈서원소정도〉

66세(1741) 무렵 《경교명승첩》

67세(1742) 《연강임술첩》

원숙기(70대): 필법을 자유자재로 구사한 시기

71세(1746) 〈계상정거도〉

72세(1747) 《정묘년 해악전신첩》

76세(1751) 〈인왕제색도〉

인곡정사에서

겸재가 모친상을 당하여 다시 서울로 올라온 것은 60세 되는 1735년 5월이었다. 그리고 양천현령을 제수받아 다시 서울을 떠난 것은 1740년 65세 되던 해 가을이었으니 60대 전반기를 무관의 자유로운 몸으로 인곡정사에서 편안한 나날을 보내며 창작에만 열중하고 있었다.

모친상을 치르고 난 이듬해(1736)에 겸재는 환갑을 맞이했고, 그 이듬해(1737)에는 둘째 손자도 보았다. 그가 훗날 할아버지의 화풍을 이어받은 손암 정황이다. 신상에 변화가 있었다면 64세 되던 1739년 5월, 부사과(副司果, 종6품)에 제수된 것인데, 부사과는 무

그림4-1. 《경교명승첩》 중 〈독서여가도〉 | 비단에 채색, 24.1×16.9cm, 1741년(66세) 무렵, 간송미술문화재단 소장. 겸재가 아마도 자기 자신을 그린 것이라고 생각되는 시정적인 그림이다. 잠시 툇마루에 나와 앉아 화분에 핀 모란꽃을 감상하고 있는 여유로운 모습에서 겸재 평소의 삶을 읽어보게 된다.

보직 양반에게 녹봉을 주기 위한 직책이었으니 겸재로서는 성은을 입었을 뿐 실제로 관직에 나간 것은 아니었다.

이 시절 인곡정사에서 편안한 나날을 보내는 겸재의 모습은 그의 〈독서여가도(讀書餘暇圖)〉에서 볼 수 있다. 이 작품은《경교명승첩》속에 들어 있으니 양천현령 시절에 인곡정사 시절 한가했던 때를 떠올리며 그린 것으로 생각된다.

툇마루에 나와 앉아 화분에 핀 모란꽃을 감상하는 여유로운 모습인데, 방 안의 책장엔 책들이 가득하다. 손부채의 그림과 책장 문짝에 그려진 그림이 모두 겸재 그림 같아서 더욱 그의 자화상적 인물화라는 생각이 든다. 그런 시각에서 이 그림을 보면 겸재는 체구는 작았으나 동안(童顔)의 둥근 얼굴에 조용한 선비풍이었던 모양이다.

관아재를 위한 〈절강추도도〉

모친상 이후 겸재가 본격적으로 다시 그림을 그리기 시작한 것은 3년상을 마치고 난 63세 여름 이후의 일이다. 당시 겸재가 사천 이병연, 관아재 조영석과 더불어 시와 그림으로 교류하던 모습은 1738년(63세) 관아재 조영석을 위해 그린 〈절강추도도(浙江秋濤圖)〉에서 엿볼 수 있다. 〈절강추도도〉에 등장하는 절강성(浙江省) 양자강은 가을(8월 보름 무렵)에는 강물이 역류하여 큰 파도를 이루는 것이 장관이어서 환상적인 자연 풍경의 소재로 많이 그려져온 화제 중 하나이다. 비록 그림의 행방은 알 수 없지만『관아재고』에

그림4-2. 〈선면 송지문 시의도〉 | 종이에 수묵담채, 25.1×69.0cm, 개인 소장. 당나라 초기에 활동한 시인 송지문(宋之問)의 시구인 "누각에서 창해의 해를 바라보고, 문은 절강의 조수를 마주하였네"를 부채 화면에 그렸다. 오늘날 〈절강추도도〉는 전해지지 않지만 이같은 그림이었을 것으로 추정된다.

는 잊을 수 없는 추억으로 기록되어 있다.

아아! 내가 아직도 무오년(1738, 영조14) 겨울을 기억하노니, 바람이 맑고 달이 밝은 어느 날 공이 나와 약속을 하였는데, 공이 그 막내아들을 데리고 와서는 말하기를 "내가 마땅히 약속하였으니 붓과 벼루를 찾아오라" 하고 문 위에 나아가 절강의 가을 물결을 이루며 순식간에 붓을 휘두르니 필세가 기이하고 웅장하여 볼만하였다. 내가 다음과 같이 시를 지었다.

정 노인 한밤중에 호방한 흥이 일어나	鄭老中宵豪興生
문 열고 바로 들어와 벼루를 가져오라 외치네	開門直入喚陶泓

얕고 깊게 먹 갈아 신명의 기운으로 정성 다하고　淺深磨墨供神運
좌우에 등불 켜서 눈 밝도록 돕네　左右張燈助眼明
육필을 함께 몰아 바람과 번개처럼 빠르게　六筆幷驅風雷迅
세 짝의 문에 젖은 물결과 놀란 파도를 그려내네　三扉盡濕浪濤驚
내 뜨락 이로부터 경관이 좋아지더니　吾堂自此增顔色
예원(藝苑)이 가만히 제대로 이루어지네　藝苑居然好事成

다음날 백악 아래에 사는 이공(이병연)이 그 이야기를 듣고 또한 그 시에 차운하였다. 그런데 그날 내가 갑자기 안음현감으로 제수되어 말을 보내 출발하도록 하여 드디어 공과 잠시 이별하고 갔다. 6년을 살며 기한을 다 채우고 교체되어 돌아와 다시 공의 문 위의 그림을 대하노라니, 마치 새벽의 일처럼 생생했다. 다시 공에게 요청하여 열게 채색하고 그려주도록 청하려 하였으나 미적거리다가 실행하지 못했다. 그 후에 내가 배천(白川)으로 가고 공 또한 외읍(外邑)으로 나가게 되었으며 문 위에 그림은 다른 사람이 가져가버렸다. 재임하는 사이에 벌써 20여 년이 지나버렸고 공 또한 저세상 사람이 되어 일의 자취가 사라져버렸으니, 서글프도다!

겸재가 관아재 집 문짝에 그렸다는 〈절강추도도〉는 아쉽게도 사라졌지만, 부채 그림으로 그린 〈선면 송지문 시의도(宋之問詩意圖)〉가 이와 유사한 절강의 누각 장면이기 때문에 대략은 짐작할 수 있다. 이런 이야기를 듣노라면 겸재라는 화가가 그처럼 신명을 다해 그림에 열정을 바쳤던 것은 조영석·이병연 같은 그림을 아는 벗과 그것을 함께 즐기고 기리는 동인(同人) 이 있었기 때문이라는 생각이 든다. 결국 겸재 역시 그 시대가 키워낸 인물이며, 겸재의 그림은 그 시대의 문화적 산물이라는 평범한 진실을 다시금 확인하게 된다.

《관동명승첩》

겸재는 63세 때에《관동명승첩(關東名勝帖)》(간송미술관 소장)을 그렸다. 이 화첩 중〈정자연(亭子淵)〉그림에는 겸재라는 낙관과 도인 옆에 "무오년(1738) 가을, 우암 최영숙을 위해 그리다〔戊午秋 爲寓庵 崔永叔 寫〕"라는 글씨가 쓰여 있다. 영숙은 겸재의 9촌 조카인 최창억(崔昌億, 1679~1748)의 자이다. 최창억은 인조 때 대신인 최명길(崔鳴吉, 1586~1647)의 증손자이다.

이 화첩은 총 11폭으로〈총석정〉〈삼일호〉〈청간정〉〈시중대〉〈죽서루〉〈망양정〉〈월송정〉등 관동8경뿐만 아니라〈해산정〉〈천불암〉등 해금강의 명승과〈정자연〉〈수태사 동구(水泰寺 洞口)〉등 한탄강 명승도 들어 있다.

이《관동명승첩》에 수록된 작품들은 한결같이 아름다운 진경산수로, 그 이전의 그림들과 비교할 때 묵법이 아주 은은하여 겸재의 그림 세계가 원숙한 경지로 들어갔음을 보여준다. 이미 보았듯이 이 화첩에 수록된〈월송정〉(그림3-20)을 청하현감 시절에 그린〈월송정〉(그림3-19)과 비교해보면 먹의 번지기가 아주 농밀하여 부드러우면서도 아련한 분위기를 자아내고 있는 것을 확연히 느낄 수

그림4-3.《관동명승첩》중〈시중대〉 | 종이에 수묵담채, 32.3×57.8cm, 1738년(63세), 간송미술문화재단 소장. 삼연 김창흡이 겸재가 사천에게 그려준 그림을 보고 시를 짓자, 다시 겸재가 그 시를 읽고 이 작품을 그린 것이라 추정된다. 뱃놀이가 끝나가는지 솔밭에서 나귀 세 마리가 배에 탄 선비들을 기다리고 있다.

있다.

〈시중대〉는 강원도 흡곡현(현 통천군)에 있는 호수로 강릉 경포대와 아름다움을 다투는 명승인데 풍광 자체가 그러한지 아주 잔잔한 분위기가 짙은 문기를 느끼게 한다. 그래서 일찍이 조유수는 겸재에게 금강산 4폭을 그려달라면서 시중대만은 빼놓지 말기를 부탁했던 것 같다. 또 김창흡은 겸재가 사천에게 그려준〈시중대〉그림을 보면서「시중대에서 중추절 달밤의 뱃놀이」라는 시를 지은 적이 있는데 이 그림 또한 멀리 동해 바다 위로 둥근 달이 떠오르고 있다. 그런가 하면 호수엔 놀이배가 떠 있고 솔밭에는 나귀 세 마리가 주인을 기다리고 있다.

그림4-4.《관동명승첩》중〈해산정〉 | 종이에 수묵담채, 32.3×57.8cm, 1738년(63세), 간송미술문화재단 소장. 멀리 담묵으로 처리한 금강산 암봉들이 아련하게 펼쳐져 있고 동해의 물결도 보인다. 해산정 아래에 자리한 마을이 안개에 덮여 부드러운 인상을 준다.

〈해산정〉은 특히 그 묵법이 뛰어나서 금강산의 연봉들을 담묵으로 처리하면서도 서릿발 같은 주름이라 불리는 상악준(霜鍔皴)으로 아련한 모습을 나타내고 해산정 아래 마을이 안개에 덮인 모습이 그윽하게 다가온다. 겸재의 묵법과 필법은 이처럼 60대에 와서 무르익을 대로 무르익었다.

〈청풍계도〉

1739년, 64세 때 겸재가 그린 〈청풍계도〉(간송미술관 소장)는 겸재의 대표작 중 하나로 꼽히는 명작 중의 명작이다. 장동8경의 하나인 청풍계는 장동 김씨 선원 김상용의 고택으로, 겸재 당시에는 그의 후손인 모주 김시보가 주인으로 있었다. 김시보는 겸재의 첫 금강행 때 동행했던 인물로, 그는 이미 겸재의 금강산 그림을 여러 폭 그려 받은 바 있는 겸재의 대선배이자 지지자였다.

또한 청풍계는 '백악사단'이라 불린 이 동리 문인들이 자주 모이는 장소였기 때문에 겸재는 이 집의 그림을 여러 폭 그렸고, 이 그림들은 현재 고려대학교박물관·국립중앙박물관·간송미술관 등에 각기 소장되어 있다. 그중에서도 겸재가 64세 때 그린 간송미술관 소장의 〈청풍계도〉는 단연코 압권으로, 겸재의 드라마틱한 시각 구성과 능숙한 필법, 강렬한 흑백 대비, 적묵의 괴량감(塊量感)으로 보는 이의 가슴을 격동시킨다. 마치 서양 근대미술의 입체파들이 추구했던 형상의 능숙한 변화를 앞질러 보는 듯하다. 같은 청풍계 그림이지만 실경은 고려대학교박물관 소장본이 더 가까울 것이나 회화미로는 간송미술관 소장본이 훨씬 박진감 있다. 어떻게 270년 전에 이처럼 대담하게 현대풍의 구도와 필치를 구사했을까, 저절로 감탄을 자아내게 되며 "모든 명화는 바로 엊그제 그린 것 같다"는 명작의 조건을 다시금 상기하게 된다.

그림 구석구석엔 겸재다운 세심함과 유머가 배어 있다. 연못가의 누각, 초가 정자, 가묘(家廟) 등이 정원의 고목들 사이사이로 얼굴을 내밀고 있고, 그림 하단 곁문으로는 느릿한 걸음의 방문객과 집 밖에 매놓은 나귀 한 마리가 인간적 체취를 물씬 자아내고 있다.

그림4-5. 〈청풍계도〉 | 비단에 수묵담채, 133.4×59.0cm, 1739년(64세), 간송미술문화재단 소장. 겸재의 진경산수 중 바위의 양괴감(量塊感)을 한껏 강조한 역동적인 필치와 구도의 명작이다. 마치 현대미술의 입체파를 연상케 하는 과장과 시각상의 파격을 구사했고, 그로 인해 화면의 박진감이 더욱 살아나고 있다.

모든 면에서 〈청풍계도〉는 겸재의 박진감 있는 '남성적인' 진경산수의 백미라 할 수 있다.

그림4-6. 〈청풍계도〉 | 종이에 수묵담채, 96.0×36.0cm, 1732년(57세) 무렵, 고려대학교박물관소장. 세로로 긴 화면에 청풍계를 사실적으로 묘사했다. 훗날 다시 그릴 〈청풍계도〉의 과감한 구도를 예고한다.

〈서원소정도〉

1740년, 65세 때 겸재는 문인들과의 격조 높은 교류를 보여주는 〈서원소정도(西園小亭圖)〉라는 명작을 그렸다. 이 그림은, 겸재가 〈서교전의도〉라는 송별 그림을 그려주기도 한 이춘제가 당시 도승지로 있으면서 서원소정을 새로 짓자 기념화로 그린 것이다. 이 그림의 제작 경위는 당시 병조판서였던 귀록(歸鹿) 조현명(趙顯命)이 「서원소정기(西園小亭記)」에 상세히 기록해놓았다.

> 이춘제의 서원(西園)에 세운 작은 정자는 북산(北山)의 좋은 곳에 자리하여 골짜기는 그윽하고 깊으며, 평평한 경계는 넓은 터였다. 좌우에는 고송(古松)이 울창한데, 그 가운데 차례로 층계를 만들어 꽃과 대나무가 줄을 지었고, 못을

만들어 마름이 떠 있다. 위치는 매우 정돈되고 묘하여 운치가 있다. 북산 일대에 연하여서는 이름난 동산과 좋은 숲이 많으나 그중 이춘제의 정자는 경치가 뛰어나다.

하루는 이춘제가 편지를 보내어 "이 정자가 마침 나의 지비지년(知非之年, 만 49세)에 이루어졌으니 혹 이름을 사구(四九)라 할까? 또 세심대와 옥류동 사이에 있으니 혹 이름을 세옥(洗玉)이라 할까 생각하는데 그대가 택하시오" 하였다. 나는 이에 다음과 같이 답했다. (…) 내가 일찍이 그대의 정자에 올라가 시를 짓기를 "사천 이병연의 좋은 글귀와 겸재 정선의 빼어난 그림을 좌우에 불러 맞아 주인이 되었더라"고 하였는데, 이제 정자의 절경이 두 분을 만나서 삼승(三勝)을 이룬 셈이다. 이리하여 나는 드디어 이 정자의 이름을 삼승이라 하고 기문(記文)을 짓는다. 경신년(1740) 늦여름에 귀록산인(歸鹿山人, 조현명)이 쓰다.

〈서원소정도〉는 대단히 온화한 분위기의 '여성적인' 진경산수화이다. 화면 가운데 초가 정자를 중심으로 왼쪽으로는 부드러운 산세 속에 맑은 냇물이 폭포 되어 흐르고, 오른쪽으로는 작은 연못 위 언덕으로 늠름한 노송이 솔밭을 이루고 있어 이 초가 정자의 그윽한 분위기를 물씬 풍기고 있다. 마당에는 바야흐로 동자에게 거문고를 짊어지게 하고 청려장 짚고 찾아온 선비가 있어 그 여유로움을 더해준다. 화면 전체에 보드라운 묵법과 점묘로 가득하여 더없이 평온한 정원 그림이 되었다. 그리고 현장을 나타내기 위해 왼쪽 계곡엔 '옥류동(玉流洞)', 오른쪽 바위엔 '세심대(洗心臺)'라는 글씨

그림4-7. 〈서원소정도〉 | 종이에 수묵담채, 40.0×67.5cm, 1740년(65세), 개인 소장. 이춘제가 정자를 낙성한 기념으로 그린 것이지만 한 폭의 아름다운 감상화로도 성공한 작품이다. 화면 좌우 바위와 계곡에 '세심대(洗心臺)' '옥류동(玉流洞)'이라는 글씨가 풀과 나무를 표현한 태점 속에 '숨은 글씨'처럼 쓰여 있다.

가 숨은 글씨처럼 작게 쓰여 있다. 그림의 제작 경위와 그림 자체가 모두 아름다운 풍류 속에 이루어진 것으로 그림은 물론이고 겸재의 회화적 환경이 더욱 복되고 아름답게 느껴진다.

〈장안연우도〉

겸재는 장동8경 이외에도 서울 장안과 교외의 명소를 즐겨 그렸

그림4-8.《경교명승첩》중〈장안연우〉 | 종이에 수묵, 30.0×39.8cm, 65세 무렵, 간송미술문화재단 소장. 백악산에 올라 서울을 내려다보고 그린 그윽한 진경산수다. 안개비 속의 풍광을 그려 동리마다 안개 사이로 머리를 내민 집들이 오붓한 분위기를 자아낸다.

다. 그중 백악산에 올라 서울을 내려다보고 그린〈장안연우도(長安烟雨圖)〉는 참으로 그윽한 진경산수이다. 이 그림은 비안개 속의 풍광을 그린 것으로 엷은 안개가 짙게 깔려 있는데, 안개 위로 머리를 내민 동리 동리마다 지붕들이 오붓한 분위기를 자아낸다. 멀리 보이는 목멱산의 잠두봉은 짙은 미점으로 나타냈고, 오른쪽으로 비켜 있는 관악산 연봉들은 날카롭게 솟아 있다. 그런가 하면 근경에는 화강암 바위 위에 굳세게 자란 조선 소나무들의 유려한 자태가 리드미컬하게 그려져 있다. 이 작품을 50대에 그린 〈필운대상춘도〉(그림3-15)과 비교해보면 겸재의 진경산수가 60대에 완성되었다는 주장에 모두 동의하게 될 것이다.

〈세검정도〉

겸재는 〈세검정도〉를 여러 폭 남겼다. 당시 세검정은 장안의 선비들이 계류(溪流)를 감상하러 가는 명소였다. 특히 장마철에는 일부러 여기를 찾아가곤 하여 용재 성현, 표암 강세황, 다산(茶山) 정약용(丁若鏞, 1762~1836) 등이 세검정을 다녀와 쓴 글과 시가 많이 전하고 있다. 겸재의 세검정 그림은 일반적으로는 〈선면 세검정도〉가 많이 알려져 있지만 〈채색 세검정도〉는 화면상에 강한 악센트가 가해져 겸재의 색채 다루는 솜씨가 얼마나 뛰어난가를 잘 보여준다. 부드러운 산자락 아래 암반 사이로 구비쳐 흐르는 홍제천의 물길이 멋진 곡선을 이루는 가운데 붉은 단청에 기와 담장을 두른 세검정 정자가 밝은 빛을 발하고 있다. 그 아래로는 나귀를 타고 막 유람 나온 두 명의 선비가 동자를 데리고 먼저 와 있는 선비를 향해 앞으로 나아가고 있다. 마치 유람객들의 스틸사진을 찍는 듯한 구성을 보여주고 있는데, 겸재의 진경산수에는 이처럼 이야기를 담고 있어 더욱 현장감이 두드러진다.

그림4-9. 〈선면 세검정도〉(상) | 종이에 수묵담채, 23.0×62.0cm, 1748년(73세), 국립중앙박물관 소장. 세검정 주변의 산세를 과감하게 생략하고 세검정 자체와 계곡 묘사에 집중했다. 또한 화면 전체를 푸른색으로 채색해 청신한 인상을 준다.

그림4-10. 〈채색 세검정도〉(하) | 종이에 수묵담채, 개인 소장. 세검정의 실경을 그리면서도 세검정 정자만 예외적으로 채색에 강한 악센트를 준 그림이다. 스틸사진 같은 구도로 유람 나온 선비들과 동자들의 모습을 포착했다.

〈육상묘도〉와 〈황려호도〉

겸재는 진경산수만 그린 것이 아니라 여전히 남종산수화도 그렸다. 겸재가 기미년(1739) 중춘(2월)에 그린 〈육상묘도(毓祥廟圖)〉는 일종의 계회도로 그림 상단에 당시 좌의정 조문명, 호조판서 김동필, 이조참판 신방(申昉) 등 18명의 좌목이 적혀 있다. 육상묘는 영조가 그의 모친인 숙빈 최씨를 모시기 위해 건립한 사당으로 나중에 칠궁(七宮)의 하나로 속하게 되었다. 육(毓)은 잉태하다, 상(祥)은 상서롭다는 뜻이다.

영조는 무수리 출신이었던 어머니의 지위를 높이고자 노력하여 왕위에 오른 이듬해(1725) 왕손(청릉군)이 살던 집을 사들여 숙빈묘를 세우고, 이후 1744년에는 육상묘로, 마침내는 1753년에는 육상궁으로 승격시켰다. 그 과정에서 1739년에 좌의정을 비롯하여 호조판서, 이조참판 등이 참가하는 중요한 모임이 있었고 이를 기념하여 겸재에게 이 그림을 부탁한 것으로 보인다.

그렇다면 이 〈육상묘도〉는 칠궁 자리로 옮기기 이전의 육상묘를 그린 것이 되는데, 뒷산의 배경이 백악산 한쪽을 그린 것으로 보이며 대문도 사립문이 아니라 홍살문으로 그려져 있다. 그러나 그림 자체는 여지없는 남종문인화의 추경산수로 차분하면서도 문기가 흥건히 배어나고 있다.

이와 비슷한 그림으로는 〈황려호도(黃驪湖圖)〉가 있다. 〈황려호도〉는 〈육상묘도〉보다 7년 전인 1732년, 57세 때 오늘날 여주 남한강변의 황려호에 있는 어느 은일자의 집을 그린 그림으로, 이 역시 겸재가 남종산수화의 화본풍을 견지하면서 수목과 산세의 표현에

그림4-11. 〈육상묘도〉(좌) | 비단에 수묵담채, 146.8×63.0cm, 1739년(64세), 개인 소장. 그림의 제작 동기는 육상묘 낙성을 기념한 관계자들의 계회도이지만 그림은 차분한 남종문인화로 그렸다. 60대 노필의 겸재는 남종화풍 산수화에서도 필치가 이렇게 원숙하게 무르익어 있었다.

그림4-12. 〈황려호도〉(우) | 종이에 수묵, 103.2cm×47.3cm, 1732년(57세), 개인 소장. 황려(黃驪)는 경기도 여주의 옛 이름이다. 남종산수화의 화본풍을 견지하면서도 수목과 산세의 표현에서 조선적인 분위기를 살렸다.

서 조선적인 분위기를 살려낸 그림이다. 상단의 화제를 보면 "임자년(1732) 맹추(7월) 19일, 김원행(金元行)이 원경하(元景霞)의 시를 써서 오원(吳瑗)에게 주었다"라고 하였다. 글의 내용을 보면 지금은 각각 떨어져 있어 황려호에서 이렇게 만날 기회가 적지만 기구한 세상사에 서로 이름을 더럽히지 않도록 힘쓰자는 것이다. 이들 3인은 노론계 명사들이다. 황려호는 세 사람 중 한 명이 은거하고 있던 곳으로 보이며, 그중 한 명이 겸재에게 이 그림을 부탁한 것으로 생각된다.

〈고사관폭도〉와 〈송음납량도〉

겸재의 남종문인화풍 산수화는 자연에 대한 인간의 보편적 서정을 그린 것으로 흔히 관념산수, 정형산수라 불린다. 그중 대표적인 소재가 폭포를 바라보며 한가히 자연을 즐기는 〈관폭도〉이다. 겸재의 〈고사관폭도(高士觀瀑圖)〉는 한 선비가 거문고와 책을 갖고 멋진 소나무가 있는 냇가 바위에 앉아 쏟아져 내리는 폭포를 망연히 바라보는 모습을 그린 것으로 한가로이 자연을 즐기는 마음이 담겨 있다. 이는 모든 선비들의 희망이기도 하다.

그런데 겸재가 1739년, 64세에 그린 〈송음납량도(松陰納凉圖)〉는 그 의미가 사뭇 다르다. 우람한 노송이 힘차게 뻗어 올라간 냇가에 앉아 있는 인물은 거문고와 책을 들고 온 선비가 아니라 털썩 주저앉아 웃옷을 벗어젖히고 부채질하며 땀을 식히는 일꾼이다. 그 호쾌한 모습에서 더위가 절로 물러가는 것만 같은 서늘한 기상

그림4-13. 〈고사관폭도〉(좌) | 종이에 수묵, 107.8×59.5cm, 간송미술문화재단 소장. 전형적인 남종문인화풍의 그림이지만 산과 폭포의 형태는 진경산수 화풍으로 표현해 겸재 그림다운 조선적인 분위기가 있다.

그림4-14. 〈송음납량도〉(우) | 종이에 수묵담채, 128.0×57.0cm, 1739년(64세), 개인 소장. 이 그림에 이르러 정선은 관폭도라는 정형산수를 재창조한다. 풍류를 즐기는 선비가 아닌 옷을 풀어헤치고 땀을 식히는 일꾼을 주인공으로 내세워 현장감이 살아난다.

이 일어난다. 두 그루 소나무는 얼마나 굳세게 자랐는가. 겸재는 관폭도라는 정형산수를 이처럼 현실감 있는 납량도, 즉 시원한 곳에서 휴식을 취하는 모습으로 그려낸 것이다.

소나무 줄기 사이에 길게 뻗어 있는 안개를 나타낸 흰 여백에는 "기미년 새 가을날(음력 7월) 원백이 신로(莘老)를 위해 그리다〔己未新秋 元伯爲莘老 寫〕"라고 쓰여 있다. 기미년은 1739년이고 신로는 김상리(金相履, 1671~1748)이다. 김상리는 이병연, 이병성 형제와 시문을 짓기 위해 같이 먹고 자기를 10년 동안 한결같이 한 것으로 유명하며, 서울 생활을 청산하고 고향인 원주로 귀향하면서는 관아재 조영석이 전별의 뜻을 담은 〈행주도(行舟圖)〉를 그려준 바 있는 낭만의 선비였다.

겸재의 화훼화

겸재는 사군자, 화조도, 영모도를 즐겨 그리지는 않았다. 그런 의미에서 겸재는 산수화가이다. 그런 중 몇 폭 전하는 화훼도(花卉圖)는 겸재의 순정을 엿보게 한다. 꽃과 풀은 일상의 서정일지니 그의 사실 정신의 또 다른 발현일 수 있었다.

겸재의 〈다람쥐〉(서울대학교박물관 소장)는 《고씨화보(顧氏畫譜)》에 나오는 도상을 그대로 옮기며 화법을 익히면서 잣송이를 까먹는 다람쥐의 귀여운 모습을 그린 것이다. 간송미술관에 소장된 《화훼영모화첩》에는 8폭이 들어 있는데 기본적으로는 화본풍에 사생을 가한 것으로 그중에서 나는 개인적으로 〈닭과 잠자리〉를 좋아한다. 어미 닭과 병아리가 한 가족으로 모여 있는 것이 사랑스럽고 잠자리가 방향을 틀어 내려오는 모습도 귀엽다.

그림4-15. 〈여뀌풀과 개구리〉 | 비단에 채색, 29.5×22.0cm, 국립중앙박물관 소장. 여귀풀 아래에서 힘차게 튀어 나가는 개구리의 역동성이 느껴진다.

그림4-16. 〈매미〉 | 비단에 수묵담채, 29.9×21.6cm, 67세 무렵, 간송미술문화재단 소장. 매미의 잔등을 자세히 묘사해 금방이라도 울음소리가 들릴 듯하다.

그림4-17. 〈다람쥐〉 | 비단에 수묵담채, 16.0×16.0cm, 서울대학교박물관 소장. 잣송이를 까먹는 다람쥐의 귀여운 모습을 그렸다.

겸재의 화훼화 중 낱폭으로 전하는 것도 간혹 보이는데 〈여뀌풀과 개구리〉(국립중앙박물관 소장)는 석농 김광국의 컬렉션인 《화원별집(畫苑別集)》 안에 들어 있는 작품으로, 흐드러지게 자란 여귀풀 아래에서 개구리가 힘차게 튀어 나가는 모습이 아주 생동감 있게

그림4-18. 〈숙조도〉 | 비단에 수묵담채, 179.0×25.2cm, 70대, 개인 소장. 이 〈숙조도〉는 '잠든 새'가 아니라 '어둠을 지키는 새'를 그린 것이라는 인상을 준다.

그림4-19. 《화훼영모첩》 중 〈닭과 잠자리〉 | 비단에 채색, 30.5×20.8cm, 67세 무렵, 간송미술문화재단 소장. 어미 닭 가족과 잠자리의 귀여운 모습을 그렸다.

묘사되어 있다.

간송미술관에 소장된 〈매미〉는 전형적인 화본풍의 그림으로 많은 화가들이 이와 비슷한 도상을 그렸는데 특히 겸재의 매미는 잔등이의 두꺼운 껍질과 날개의 그물망이 정교하게 묘사되어 울음소리가 들리는 것은 분위기를 자아낸다. 그리고 그 매미 소리는 참선에서 말하는 선미(禪味)가 감도는 듯하다. 이 화훼화들은 대개 겸재가 60대에 그린 작품으로 생각되고 있다.

70대에 들어서서도 겸재는 이따금 화조·화훼도를 그린 것으로 보이는데 〈숙조도(宿鳥圖)〉는 겸재 노년의 원숙한 필치를 보여주는 아주 강렬한 이미지의 화조도이다. 나뭇가지에 앉아 잠든 새를 그린 숙조도는 일반적으로 고개를 숙이고 있는 측면관으로 그려 '잠든 새', 또는 '조는 새'로 그려졌다. 그런데 이 〈숙조도〉는 정면정관을 하고 두 눈을 아직 감지 않은 채 어딘가를 응시하고 있는 것으로 보인다. 배경을 담묵으로 처리하여 밤 분위기가 역력하다. 그러면 이 그림은 '어둠을 지키는 새'라고 하는 것이 맞을 것 같다. 아무튼 이 〈숙조도〉에는 그런 긴장감이 있다.

양천현령

겸재는 65세 되던 1740년 12월 11일 양천현령을 제수받아 5년 반 만에 다시 벼슬길에 나가게 되었다. 양천은 오늘날 서울 강서구와 양천구 전체를 아우르는 경기도의 한 고을로 옛 지리로 말하자면 양화나루 바로 건너편이니, 양천현령은 비록 외직(外職)이지만 요즘으로 치면 수도권 원님인 셈이다. 관아는 가양동 양천향교 근방에 있었다. 오늘날 양천향교에서 얼마 떨어지지 않은 곳에 겸재 정선미술관이 있다.

현령은 현감(종6품)보다 한 등급 높은 종5품으로 겸재는 20여 년 오랜 관리 생활 끝에 승진한 것이다. 어느 모로나 축하받을 일이었다. 이에 사천 이병연은 겸재에게 양천현령으로 떠나는 축하의 송별시를 지어주었다.

마중 나온 아전과 양화나루 건너니	迎吏楊花渡

그림4-20.《경교명승첩》 중 〈양천현아도〉 | 종이에 수묵, 39.8×30.0cm, 1740년(65세) 무렵, 간송미술문화재단 소장. 겸재 정선은 자신이 현령으로 근무했던 양천 관아를 한 폭의 아름다운 진경산수로 그렸다.

나루 끝이 바로 고을 관아로구나 　津頭是縣衙
서울에서 삼십 리 　去都三十里
집이라곤 모두 백여 채 　闔境百餘家
정사엔 본래 옥사(獄事)가 없고 　政事元無獄

누대엔 다만 차(茶)가 있을 뿐이라네 樓臺但有茶
때때로 관복 입은 관리가 찾아드는 건 時時覓團領
강화로 떠나는 사신들이라오 星蓋入江華

겸재가 근무했던 양천 관아의 옛 모습은 마침 그가 자신의 관아를 그린 〈양천현아도(陽川縣衙圖)〉가 있어서 그 분위기를 엿볼 수 있다. 현령의 집무실인 동헌(東軒)을 중심으로 하면서 외삼문과 내삼문의 행랑채가 겹으로 감싸고 있는 것이 아주 실감 나게 그려져 있다. 겸재가 남의 집을 제3자 입장에서 본 것이 아니라 자신이 생활하는 공간을 그렸기 때문에 더욱 정확하게 그린 것 같다. 그림 우측 상단의 화제는 겸재가 양천으로 떠날 때 사천 이병연이 써준 전별시의 첫 구절이다.

양천을 박(薄)하다고 말하지 마시오 莫謂陽川薄
양천의 흥취는 넉넉하다네 陽川興有餘

화제의 글자 중 박(薄) 자를 간혹 낙(落) 자로 읽기도 하는데, 문집을 보면 박(薄) 자임이 분명하다. 겸재는 이곳 양천에 현령으로 부임하여 1745년 1월에 나이 70세 되어 해임되기까지 만 4년간 양천현령을 지냈다. 겸재의 관직 생활에 대해서는 별로 알려진 것은 없으나 화인으로서 겸재의 모습은 완연히 살아나 있다.

시와 그림을 서로 바꾸는 벗

본래 외직으로 나오게 되면 그리운 사람들과 떨어져 사는 외로움이 있지만, 화인에게는 그 한적한 생활 속에서 자기 자신을 더욱 돌아보며 생각을 심화시킬 수 있다는 큰 이점이 있었다. 한 예로 선조는 석봉(石峯) 한호(韓濩, 1543~1605)에게 글씨에 매진할 수 있도록 가평군수로 임명하면서 다음과 같이 말했다.

> 내가 그대에게 간곡히 요구하는 것은 그대의 필법을 후세에 전하고자 함이니 지쳐 있을 때는 억지로 쓰지 말고 그렇다고 게을리하거나 서두르지도 마시오.

양천현령으로 부임하는 겸재에게 영조는 이런 부탁을 한 바 없지만 그 대신 평생의 벗 사천 이병연은 그보다도 더한 창작 충동을 부채질하였다. 사천 이병연은 겸재와 헤어진 지 두 달이 된 1741년 2월에 다음과 같은 편지를 보냈다.

> 내 시와 자네 그림을 서로 바꾸어 봄세 我詩君畫換相看
> 그 경중을 어찌 값으로 따지겠는가 輕重何言論價間

이에 겸재는 노송 아래서 두 사람이 지필묵을 펴놓고 마주 보며 이야기하는 모습으로 〈시화환상간도(詩畫換相看圖)〉를 그리고 화제로 사천의 글을 그대로 옮겨 적어놓았다.

그러자 사천 이병연은 “겸재와 더불어 시가 가고 그림이 온다는

그림4-21. 《경교명승첩》 중 〈시화환상간도〉 | 비단에 수묵담채, 29.5×26.4cm, 1740년(65세) 무렵, 간송미술문화재단 소장. 사천이 시를 써 보내면 겸재는 여기 맞추어 그림을 그렸다. 이것이 두 사람의 약속이었고 그 결과물이 양천현을 중심으로 서울 교외의 명승을 그린 《경교명승첩》이다.

약속을 하였으니 이것이 왕복의 시작이다"라며 이렇게 노래했다.

내 시와 자네 그림 바꿔 보는데	我詩君畫換相看
경중을 어찌 말로 하겠는가	輕重何言論價間

그림4-22.《경교명승첩》중〈촉재제시도〉 | 비단에 채색, 28.5×33.0cm, 65세 무렵, 간송미술문화재단 소장. 양천현에서 잡은 웅어를 사천에게 보내준 그림으로 진솔한 우정이 담겨 있다.

시는 가슴에서 나오고 그림은 손으로 휘두르니	詩出肝腸畫揮手
누가 쉽고 누가 어려운지 알 수 없다네	不知誰易更誰難

사천과 겸재 사이의 이 낭만적인 약속은 지켜졌다. 매번 사천이 시를 써 보내면 겸재는 여기에 맞추어 그림을 그렸다. 이것이 겸재의《경교명승첩》이다. 경교명승이란 서울과 교외의 명승을 읊고 그린 시화첩이라는 뜻으로 양천현을 중심으로 하여 한강 상류와 하류의 명승을 그린 것이다.

겸재와 사천은 시와 그림만 바꾸어 본 것이 아니다. 겸재는 양천에서 나오는 명물인 웅어를 사천에게 보내주며 그린 〈촉재제시도(燭齋題詩圖)〉라는 그림을 그렸다. 이 그림에서 초서로 쓰여진 촉재(燭齋)는 한동안 척재(惕齋)로 생각되었으나 지금은 이병연의 별호인 촉재로 판독되었다. 따라서 이 그림의 내용은 겸재가 심부름꾼 편에 이병연에게 웅어를 보내주었을 때 심부름꾼이 갈대로 엮은 웅어 한 꾸러미를 들어 보이자 이병연이 서재에서 글씨를 쓰다가 내다보는 모습을 그린 것이 된다.

웅어는 바다에 살다가 3월 초부터 5월 보리가 팰 때까지 민물로 올라와 갈대에 산란하는 물고기라 위어(葦魚)라고도 하는데, 『세종실록지리지』의 양천현 토산조에 양화도(楊花渡)에서 웅어가 나는 것으로 기록되어 있다. 이 그림은 겸재가 사천 이병연을 얼마나 좋아했는지를 남김없이 말해주고 있다.

《경교명승첩》

《경교명승첩》은 사천의 시에 맞추어 겸재가 그린 그림과 양천을 중심으로 하여 한강변의 풍경을 그린 그림 등 총 33점으로 되어 있다. 겸재의 아들 정만수는 이를 한 권의 화첩으로 꾸미고 《경교명승첩》이라 하였다. 정만수는 이를 소중히 간직하며 '천금을 준다해도 바꾸지 않는다'는 의미의 '천금물전(千金勿傳)'이라는 도장을 거의 매 폭마다 찍었다.

그러다 이 화첩은 겸재 후손의 손을 떠나 정조 때 대신인 심환지

(沈煥之, 1730~1802)의 소유가 되었다. 하책(下册) 말미의 정만수의 글과 심환지의 발문에 따르면 정만수가 조카인 정황의 권유로 심환지에게 이 화첩을 전했다. 대개 명화는 어느 땐가는 후손의 집을 떠나 애호가의 손으로 들어가고 애호가는 이를 자신의 취향으로 장황(粧潢, 표구)을 바꾸어 애장한다. 심환지는 1802년에 《경교명승첩》을 새로 장황하면서 상하 두 책으로 분첩하였다.

상책에는 〈양천10경도〉를 비롯하여 한강변의 풍광을 그린 작품 18점과 자화상적 이미지를 그린 〈독서여가도〉 등 19점이 수록되어 있다. 하책은 상책보다 10여 년 뒤에 그려진 것으로, 겸재 자신의 집을 그린 〈인곡유거도〉를 비롯하여 서울 주변의 실경을 그린 그림들과, 별세한 이병연을 회상하며 양천에 있을 때 그에게 받은 시찰(詩札)을 화제로 하여 그린 14점과 편지 2편이 실려 있다(김가희, 「정선과 이병연의 우정에 대한 재고」, 『미술사와 시각문화』 23, 2019).

《경교명승첩》의 양천10경도

사천 이병연이 예쁜 시전지에 써서 보낸 시에 겸재가 그림을 그린 양천10경도는 다음과 같다.

〈목멱조돈도(木覔朝暾圖)〉: 목멱산(남산)의 해돋이
〈안현석봉도(鞍峴夕烽圖)〉: 안산(모악산)의 저녁 봉화
〈공암층탑도(孔巖層塔圖)〉: 공암의 다층탑
〈금성평사도(錦城平沙圖)〉: 금성(난지도)의 모래톱

〈양화환도도(楊花喚渡圖)〉: 양화진에서 나룻배를 부르다
〈행호관어도(杏湖觀漁圖)〉: 행호(행주산성)에서 물고기를 바라보다
〈종해청조도(宗海聽潮圖)〉: 종해헌에서 조수 소리를 듣다
〈소악후월도(小岳候月圖)〉 : 소악루(궁산의 정자)에서 달을 기다리다
〈설평기려도(雪坪騎驢圖)〉: 눈 내린 들판에 나귀 타고 가는 사람
〈빙천부신도(氷遷負薪圖)〉: 얼어붙은 길에 나뭇짐 지고 오는 사람

모든 작품이 한강변의 그윽한 풍광을 잔잔한 필치로 담고 있는데 이 중 서울 남산의 해돋이를 그린 〈목멱조돈도〉에는 이병연의 시가 다음과 같이 실려 있다.

새벽빛 한강에 떠오르니 曙色浮江漢
높은 산봉우리들 희미하게 나타나네 觚稜隱約參
아침마다 나와서 우뚝 앉으면 朝朝轉危坐
첫 햇살 남산에서 오르네 初日上終南

〈목멱조돈도〉에는 아침 햇살이 목멱산에 걸린 은은하면서도 평화로운 강변 풍경이 그려져 있다. 그런데 서울 남산(목멱산)의 봉우리가 지금과 사뭇 다른 모습인데 겸재 당년에는 실제로 이처럼 뾰족했다고 한다. 그러던 남산 봉우리가 세월의 흐름 속에 점점 깎이어 일제강점기 사진에는 뾰족한 봉우리가 사라져 있다.

근대 한국화 6대가 중 한 명인 심산(心汕) 노수현(盧壽鉉, 1899~1978)은 한국전쟁 때 피란 가지 못하고 서울 명륜동 집에 있었는

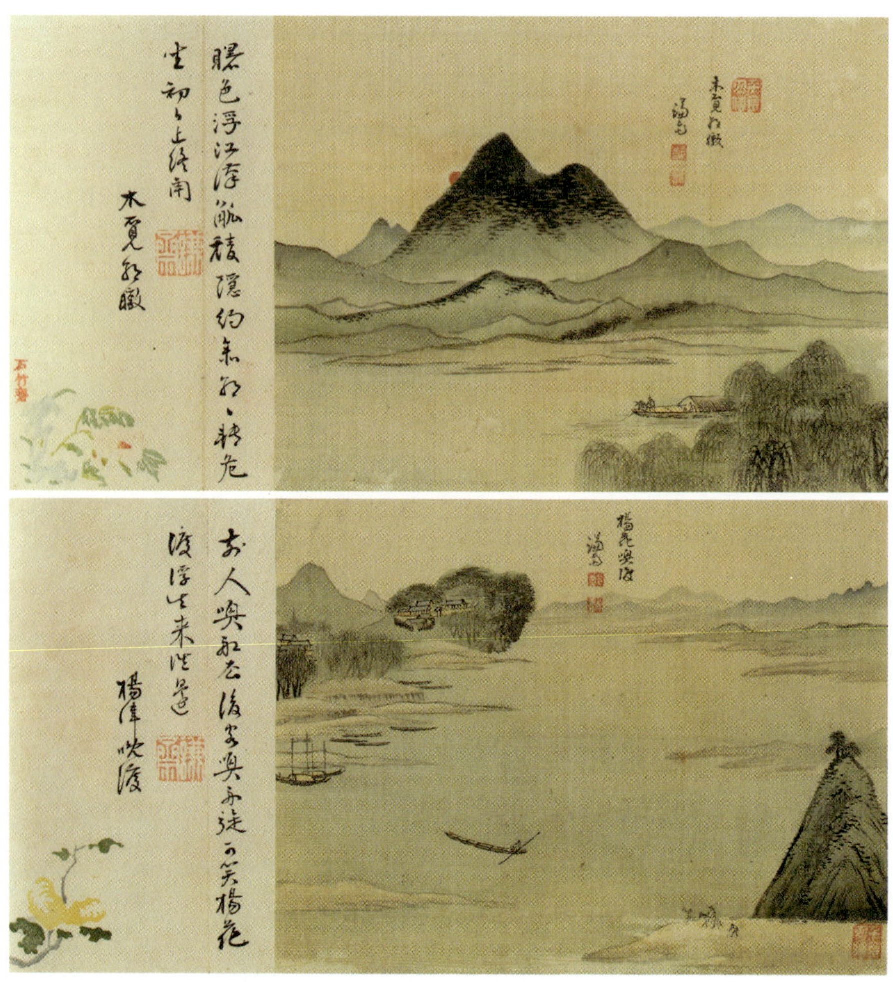

**그림4-23.《경교명승첩》 중 〈목멱조돈도〉(상) | **비단에 채색, 23.0×29.2cm, 65세 무렵, 간송미술문화재단 소장.「목멱산에서 아침 해 돋아 오르다〔木覓朝暾〕」라는 사천의 시를 주제로 그린 작품이다. 그림 왼쪽에 이병연의 시가 실려 있고 아침 햇살이 목멱산(남산)에 걸린 은은하면서도 평화로운 강변 풍경이 그려져 있다.

**그림4-24.《경교명승첩》 중 〈양화환도도〉(하) | **비단에 채색, 20.8×31.2cm, 65세 무렵, 간송미술문화재단 소장.「양화나루에서 배를 부르다〔楊花喚渡〕」라는 사천의 시를 주제로 그린 작품이다. 왼쪽의 바위절벽이 절두산 쪽 한양 양화나루고, 뾰족한 선유봉이 솟아오른 오른쪽이 양천현 쪽 양화나루다.

그림4-25.《경교명승첩》 중 〈소악후월도〉(상) | 비단에 채색, 20.8×31.2cm, 65세 무렵, 간송미술문화재단 소장. 궁산(강서구 가양동)의 정자인 소악루에서 달이 뜨기를 기다리는 내용의 그림이다. 왼쪽 아래 소악루가 보이고, 중앙의 남산 위로 환한 보름달이 떠 있다.

그림4-26.《경교명승첩》 중 〈종해청조도〉(하) | 비단에 채색, 20.8×31.2cm, 65세 무렵, 간송미술문화재단 소장. 양천현아의 건물이었던 종해헌에서는 강물과 바닷물이 서로 겨루는 조수의 소리가 크게 들렸다고 한다. 사천이 종해헌에서 조수 소리를 듣는다는 내용의 시를 짓고, 겸재가 이 작품을 그렸다.

그림4-27.《경교명승첩》중〈송파진〉 | 비단에 채색, 20.0×31.5cm, 65세 무렵, 간송미술문화재단 소장. 서울과 경기도 광주를 잇는 큰 나루였던 송파진을 그렸다. 그림 중앙에 송파진 건물들이 서 있고 뒷산에는 남한산성이 든든하게 표현되어 있다.

데, 9·28 서울 수복 3일 전부터 서울에 폭격이 있어 밖에 나오지 못하고 있다가 폭격이 끝나고 나와보니 남산 봉우리가 더 낮아져 있어 옛 모습을 회상하며 〈남산고의〉(南山古意, 남산의 옛 모습)라는 그림을 그렸다고 한다.

《경교명승첩》의 한강유람도

《경교명승첩》 상책에는 겸재가 누군가와 한강을 따라 뱃놀이를 한 뒤 그렸을 것으로 추정되는 한강유람도들도 있다. 양수리부터

그림4-28.《경교명승첩》 중 〈압구정〉 | 비단에 채색, 20.0×31.0cm, 65세 무렵, 간송미술문화재단 소장. 《경교명승첩》 한강유람도의 압권은 이 그림이다. 지금은 현대아파트가 숲을 이루고 있는 곳이지만 옛날엔 이처럼 평온하고 아름다운 풍광이었다. 가장 끝 언덕 위의 기와집이 계유정란의 일등공신 한명회가 건립한 정자 압구정이다.

양천까지 한강을 따라 내려오는 다음의 명승들을 그린 청록산수화풍(靑綠山水畫風)의 한강 진경이다.

안산의 봉화(〈안현석봉鞍峴夕烽〉)
남산의 해돋이(〈목멱조돈木覓朝暾〉)
〈압구정(狎鷗亭)〉
송파나루(〈송파진松坡津〉)
광나루(〈광진廣津〉)
미사리의 〈미호(渼湖)〉와 석실서원(石室書院)

광주의 〈우천(牛川)〉
쪽잣여울(〈독백탄獨栢灘〉)
높은 여울(〈녹운탄綠雲灘〉)
공암을 그린 〈공암층탑(孔巖層塔)〉
난지도를 그린 〈금성평사(錦城平沙)〉
성산대교 앞의 양화진 나룻배(〈양화환도楊花喚渡〉)
행주산성(〈행호관어杏湖觀漁〉)

각 폭의 그림은 어느 것 하나 소홀한 필치가 없고, 때로는 진채(眞彩)를 사용했지만 그 능숙한 필치와 간일한 묘사로 재료상의 제약을 모두 극복했으며, 대부분 강변 풍경인 만큼 온화한 시정이 화면 가득 흘러넘친다.

이 그림들은 오늘날 변해버린 옛 한강의 모습을 아름다운 풍경화로 보여준다. 더욱이 노년에 들어 더욱 원숙해진 겸재의 필력을 유감없이 보여주는 명작들이어서, 겸재의 진경산수는 〈인왕제색도〉에서 보이듯 짙은 먹을 사용한 웅혼한 필치의 작품이 많다. 그러나 그의 한강 그림들은 은은한 담채를 사용한 아주 부드러운 그림이다. 그래서 학자들은 겸재는 산을 그릴 땐 '남성적', 강을 그릴 땐 '여성적'인 필치를 보여준다고 말하고 있다.

그중에서도 압권은 〈압구정〉이다. 오늘날 동호대교 건너 고급 아파트의 상징인 현대아파트가 있는 곳이기에 더욱 호기심이 일어나는 것이다. 그러고는 그 옛날 압구정동의 풍광이 이처럼 평온하고 아름다운 곳이었다는 사실에 금석지감(今昔之感)을 느끼곤 한다.

압구정 정자를 세운 한명회(韓明澮, 1415~87)는 세조가 왕위를 찬탈하는 계유정난의 일등공신으로 이후 세조대부터 줄곧 정승 자리를 차지하고 두 딸을 예종과 성종의 왕비로 시집보낸 당대의 권세가였다. 압구정이라는 정자 이름은 한명회가 중국에 사신으로 갔을 때 예겸(倪謙)이라는 당대의 문인에게 부탁하여 기문과 함께 받은 것이다. 뜻인즉, 송나라 때 한 재상이 정계를 떠나 갈매기와 벗하며 지냈다는 고사(故事)를 이끌어 만년에 자연과 벗하면서 지낼 만한 곳이라고 지어준 것이다. 이후 압구정은 한강변의 뛰어난 명소로 수많은 문인들이 찾아와 시문을 남겼다.

압구정은 조선 말기까지 존속하여 철종의 사위이자 개화파 인사였던 박영효의 별장이 되었는데, 어느 땐가 철거되고 압구정동 일대는 거대한 배밭이 되었다가 1970년대에 현대아파트가 들어섰다. 정자의 위치는 현대아파트 7동 앞 작은 공원으로, 공원에 압구정 터 표석이 세워져 있다.

겸재는 한강변의 이 아름다운 경승을 이후에도 자주 그린 듯 서예가 김충현 구장(舊藏)의 8폭 화첩과 겸재정선미술관 소장의 〈동작진〉 등 많은 한강변 진경산수가 전해지는데, 작품마다 그의 원숙한 노필을 느끼게 하는 명작들이다. 이리하여 겸재의 진경산수에서 한강이 차지하는 비중은 금강산 다음가는 위치를 갖게 되었다.

《경교명승첩》의 시의도

겸재는 진경산수화 못지 않게 시의도를 많이 그렸다. 주로 도연

그림4-29.《경교명승첩》 중 〈설평기려도〉 | 비단에 채색, 20.8×31.2cm, 65세 무렵, 간송미술문화재단 소장. 설중매를 보기 위해 눈 내린 벌판을 걸어갔다는 고사를 그린 겨울 산수화다.

명의 글「귀거래사」와「음주」의 이미지를 많이 그렸는데《경교명승첩》 하책에는 또 다른 주제의 시의도가 여러 폭 실려 있다.

〈설평기려도〉는 당나라 맹호연(孟浩然, 689~740)이 눈이 내리면 설중매를 보기 위해 패교를 건너갔다는 패교심매(覇橋尋梅)를 잔잔한 겨울 산수화로 그린 것이다. 이 그림에 대해 사천 이병연은 다음과 같이 읊었다.

길구나! 높은 두 봉우리	長了峻雙峰
아득한 십 리 모래톱이로다	漫漫十里渚
다만 새벽 눈이 깊으니	秖應曉雪深

그림4-30.《경교명승첩》 중 〈어초문답도〉 | 비단에 채색, 23.5×33.0cm, 65세 무렵, 간송미술문화재단 소장. 서로 문답하는 어부와 나무꾼의 모습을 지게와 낚싯대 등 소품으로 표현했다.

매화 핀 곳 알지 못하리　　不識梅花處

〈어초문답도(漁樵問答圖)〉는 북송의 유학자 소옹(邵雍, 1011~77)이 어부와 나무꾼이 문답하는 형식으로 자신의 학설을 피력한 『어초문답』이라는 책을 펴낸 것을 그린 것이다.

이러한 시의도는 일찍이 중국의 화본에 나오는 고전적인 주제를 다룬 그림인데, 우리나라 성현의 고사를 그린 것도 있다. '사문탈사(寺門脫蓑)'란 '절문에서 도롱이를 벗는다'는 뜻으로, 조선시대에는 이와 관련된 두 가지 고사가 전해졌다. 하나는 율곡(栗谷) 이이(李珥, 1536~84)와 우계 성혼에 관한 이야기이고, 다른 하나는 남명(南

그림4-31.《경교명승첩》 중 〈사문탈사도〉 | 비단에 채색, 21.0×32.8cm, 65세 무렵, 간송미술문화재단 소장. 겸재는 우리 성현들의 옛 이야기도 그림으로 그렸다. 율곡이 절에 있는 우계 성혼을 찾자 도롱이를 벗겨주며 맞이하는 스님들의 모습이 보인다.

冥) 조식(曺植, 1501~72)과 동주(東洲) 성제원(成悌元, 1506~59)에 관한 고사이다.

먼저 율곡 이이의 고사는, 율곡이 43세였던 1578년 겨울의 눈이 많이 내린 어느 날, 해 질 무렵 소를 타고 절친인 파주의 우계 성혼을 찾아가 밤새 이야기를 나누었다는 내용이다. 남명 조식의 고사는, 남명이 지리산으로 가던 길에 동주 성제원을 만났고 이내 두 사람이 이듬해 8월 15일 가야산 해인사에서 다시 만나기로 약속했는데, 약속한 당일 남명이 가는 길에 큰비를 만나 고생한 끝에 해인사 일주문에 이르자 그곳에 이미 도착해 도롱이를 말리고 있던 성제원을 만났다는 이야기다.

그림4-32. 〈사문탈사도〉 | 비단에 채색, 26.0×32.5cm, 겸재정선미술관 소장. 남명 조식이 해인사에서 동주 성제원을 만나는 모습을 그린 것으로, 눈 덮인 설경이 인상적이다.

간송미술관 소장 〈사문탈사도〉에 첨부된 겸재와 사천 이병연의 편지에는 이이와 성혼의 고사가 명확히 기록되어 있다. 편지의 내용을 요약하면, 율곡이 해 질 무렵에 약속 장소에 도착하여 사립문을 열고 작은 방에 홀로 앉아 있던 성혼을 만났으며, 긴 겨울밤 내내 이야기를 나누다가 새벽닭이 우는 아침을 맞이했다는 것이다. 이를 보면 이 〈사문탈사도〉는 율곡 이이와 우계 성혼의 고사를 바탕으로 한 것이다.

그런데 근래에 겸재정선미술관에서는 또 하나의 〈사문탈사도〉를 소장하게 된바, 이 그림에는 겸재가 그린 〈해인사도〉가 배경으로 그려져 있어 남명 조식의 고사와 관련되었음을 보여준다.

그림4-33.《연강임술첩》표지 | 종이에 먹, 25.0×43.5cm, 1742년(67세), 개인 소장.

두 작품은 전체적으로 비슷해 보이지만, 간송미술관 소장본은 사찰 문 앞 인물들을 주제로 삼았다면, 겸재정선미술관 소장본은 눈 속을 헤치고 찾아온 현자를 반갑게 맞이하는 승려의 모습과 함께 해인사 전체를 시원하게 조망하는 시각 구성을 보이면서 화폭 전체가 흰 눈으로 뒤덮여 온화한 분위기가 느껴진다.

《연강임술첩》

양천현령 시절 겸재는 또 하나의 기념비적 작품인《연강임술첩(漣江壬戌帖)》을 남긴다. 겸재가 양천현령으로 부임한 이듬해인 임술년(1742) 시월 보름날, 직속상관인 경기도 관찰사 홍경보(洪景輔, 1692~1745)는 겸재에게 급히 연천(漣川)으로 오라고 명하였다.

당시 홍경보는 경기도 최북단의 삭녕(朔寧)을 순시하고는 다음 고을인 연천으로 가기 위해 임진강 상류 우화정(羽化亭)에서 배를 타고 웅연(熊淵)에서 내리게 되었는데 이때 강변에 있는 적벽(赤

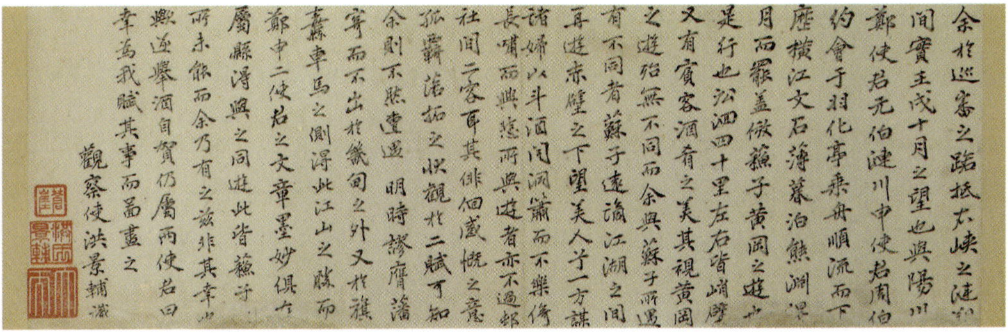

그림4-34. 홍경보의 《연강임술첩》 서문 | 종이에 먹, 43.5×85.0cm, 1742년(67세), 개인 소장. 경기도 관찰사 홍경보가 겸재 정선, 연천군수 신유한과 함께 임진강 뱃놀이를 하면서 쓴 서문이다.

壁)을 마주하게 되었다.

때는 마침 임술년 시월 보름날인지라 관찰사 홍경보는 옛날 송나라 동파(東坡) 소식(蘇軾, 1037~1101)이 「후적벽부(後赤壁賦)」를 지은 것도 임술년 10월 보름날이었음을 상기하고는 감회가 일었다.

소동파의 「적벽부」는 천하의 명문으로 조선시대 선비라면 다 암송할 정도였다. 소동파는 두 번에 걸쳐 「적벽부」를 지었는데, 「전(前)적벽부」는 『삼국지(三國志)』의 조조와 주유가 적벽에서 혈전을 벌였던 고사를 생각하며 인생의 무상을 벗어나 무진장한 대자연과의 합일을 '임술년 7월 16일'에 노래한 것이고, 「후적벽부」는 적벽에서 벗들과 가졌던 인생의 즐거움을 '임술년 10월 보름'에 노래한 것이다. 이 때문에 조선시대 선비로서 임술년 10월 보름이라고 하면 곧 소동파의 「후적벽부」를 떠올리게 되고, 관찰사 홍경보는 연천군수 신유한과 양천현령 겸재 정선을 불러 이를 '코스프레' 하는 뱃놀이를 하면서 글을 짓고 그림을 그리는 낭만을 즐겼다.

그것이 겸재가 그린 〈우화등선(羽化登船)〉과 〈웅연계람(熊淵繫纜)〉이다. 관찰사 홍경보는 이를 《연강임술첩》이라 이름 붙이고 다음과 같이 서(序)를 지었다.

내가 순찰하여 살피는 길에 경기도 산협(山峽)의 연천과 삭녕 사이에 다다르니 때는 임술년 10월 보름이었다. 양천현령 정선과 연천군수 신유한을 우화정에서 만나기로 약속하고 배를 타고 흐름에 따라 내려와 횡강(橫江)과 문석(文石)을 지나 해 질 녘에 웅연에 정박하여 달을 얻고서야 파하였으니, 대개 소동파의 뱃놀이를 모방함이었다.

이 행로가 물길 40리인데, 좌우가 모두 깎아지른 절벽이고 또 빈객(賓客)과 주효(酒肴, 술과 안주)의 아름다움이 있으니 소동파의 뱃놀이에 비교해봄에 거의 같지 않음이 없었다. (…) 드디어 술을 들어 스스로 축하하고 이어 두 사또에게 부탁하기를, 나를 위해 오늘의 일을 부(賦)로 짓고 그림으로 그려주었으면 다행이겠다 하였다.

그리하여 연천군수 신유한은 장문의 부를 지었다. 그는 대문장가답게 주변의 풍광을 한 폭의 풍경화처럼 펼쳐나갔다.

높은 암벽 성벽처럼 가파러서 구름을 꿰뚫었고 고목 나뭇가지는 서리를 맞았구나. 조용히 출렁대며 머뭇머뭇 나아가니 문득 재빨리 바라봐야 굽이진 경치 구경하겠다. (…) 때마침 부드러운 산들바람 홀연히 불어와서 엷은 구름 폈다 말아가고, 둥근 달이 산마루로 솟

그림4-35. 홍경보본《연강임술첩》중〈우화등선〉(상) | 비단에 수묵담채, 33.5×94.2cm, 1742년 (67세) 무렵, 개인 소장.

그림4-36. 겸재본《연강임술첩》중〈우화등선〉(하) | 비단에 수묵담채, 34.4×95.3cm, 1742년 (67세) 무렵, 개인 소장. 임진강에서 관찰사 홍경보와 뱃놀이할 때 우화정에서 배를 타는 장면을 그린 것이다. 장대한 진경산수이면서 속화를 연상케 하는 군상(群像)이 삽입되어 있어 진경풍속이라고 부를 만한 명작이다.

아오르자 비단 무늬는 거울 바닥에 어려 퍼지고 여울 물소리 홀연히 저녁으로 사나워져 노 젓는 소리와 함께 번개 치듯 달려 나간다. (…) 밝은 모래 마전하듯 덮여 있고 가린 안개 비단 장막 이루는데, 말 타

그림4-37. 홍경보본 《연강임술첩》 중 〈웅연계람〉(상) | 비단에 수묵담채, 33.1×93.8cm, 1742년(67세) 무렵, 개인 소장.

그림4-38. 겸재본 《연강임술첩》 중 〈웅연계람〉(하) | 비단에 수묵담채, 34.6×95.3cm, 1742년(67세) 무렵, 개인 소장. 웅연에서 배를 내릴 때 광경을 그린 것으로 〈우화등선〉과 짝을 이루는 대작이다. 밤 풍경을 그린 것이기 때문에 화면상 먹빛이 더욱 짙고 어둡게 칠해졌다. 겸재의 '남성적' 진경산수의 진면목을 보여준다.

고 악기 불며 강기슭 돌고 기다리는 횃불은 도시와 같다.

겸재는 이 광경을 우화정에서 배를 타는 장면과 웅연에서 닻을 내리고 배를 대는 두 장면으로 나누어 두 폭으로 그렸다. 적묵의 강한 묵색과 흑백의 격렬한 대비를 한껏 구사하여 파노라마식 화면으로 장대한 진경산수를 전개시켰다. 때가 밤인지라 여백으로 남겨둔 누런 화견엔 어둠이 깔린 듯한 분위기가 일어나 그림에는 더욱 진중한 무게가 감돈다.

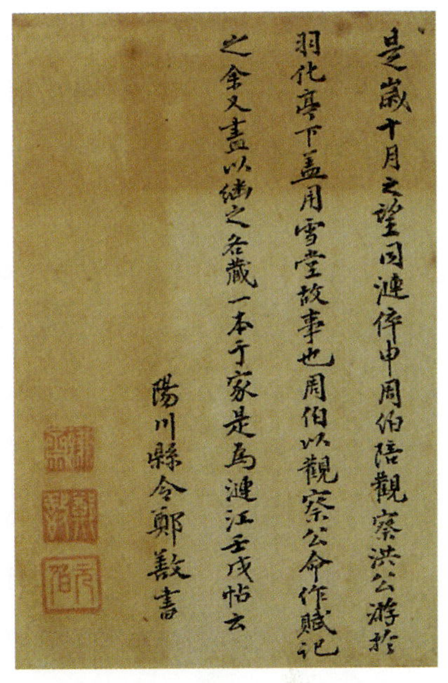

是歲十月之望同漣倅申周伯陪觀察洪公游於
羽化亭下盖用雪堂故事也周伯以觀察公命作賦記
之余又畵以繼之各藏一本于家是爲漣江壬戌帖云
陽川縣令鄭敾書

그림4-39.《연강임술첩》겸재 제발 | 종이에 먹, 43.5×25.0cm, 1742년(67세) 무렵, 개인 소장. 〈웅연계람〉에는 겸재 친필의 발문이 붙어 있다. 겸재의 글씨는 그림만큼이나 힘이 있으면서 안정감이 깃들어 있다.

특히 이 그림에는 나룻배를 기다리는 사람, 횃불을 밝혀 든 사람, 관찰사의 배를 따라오는 작은 배, 강변에 정박한 배, 강변의 정자와 마을의 집 등이 세세하게 묘사되어 그것 자체가 하나의 풍속화를 이룬다. 진경산수이면서도 기념화인 만큼 그에 맞추어 빠짐없이 그때의 풍광을 기록하듯 그린 것이다. 그러면서도 겸재가 이것을 하나의 완벽한 감상화로 승화시킨 것은 진실로 노대가 겸재의 원숙한 필력이 아니고서는 이루어낼 수 없는 것이었다.

겸재는 이 그림을 모두 세 벌 그려 관찰사 홍경보, 연천군수 신유한, 그리고 겸재 자신 3인이 각기 기념으로 소장하게 되었다. 그리고 그중 관찰사 소장본 그림 끝에는 홍경보, 신유한, 겸재 등 3인이 제발을 부쳤다. 그러다 근래에 겸재 소장본이 발견되었는데 두 작품은 거의 같으면서 필치가 약간 달랐다. 관찰사 소장본은 필치가 아주 부드러운데 겸재 소장본은 필세의 강약이 그대로 드러나 있다. 그래서 미술사가들은 한결같이 겸재가 처음 그린 작품은 자신이 소장하고 관찰사에게 드리는 작품은 부드럽게 다듬은 것이 아닌가 생각하고 있다. 여기에 실린 겸재의 발문은 다음과 같다.

> 이해 10월 보름에 연천군수 신주백(신유한)과 함께 관찰사 홍공(홍경보)를 모시고 우화정 아래에서 노니 대개 (소동파의) 설당고사를 이끌어 쓴 것이다. 주백은 관찰사 공의 명령으로 부를 지어 그것을 기록하고, 나는 또 그림으로 그려서 그것을 이었다. 각기 한 본씩 집에 수장하기로 하였으니 이것을《연강임술첩》이라 한다. 양천현령 정선이 쓰다.

지방 수령으로서의 겸재

양천현령 시절 겸재는 두 차례 『승정원일기』에 등장한다(강관식, 앞의 글). 영조 17년(1741) 3월 19일, 영조는 임상원(林象元)을 경기 암행어사로 파견하여 수령들이 어진가 아닌가〔賢否〕를 조사하고 특히 '권농(勸農), 감세(減稅), 군정(軍丁)'의 세 가지 사항을 잘 점검하도록 했다. 이에 암행어사 임상원이 7월 1일 상경하여 그 결과를 보고하는 자리에서 영조는 "양천현령에 대한 글〔書啓〕을 올린 것에

'근졸거관(謹拙居官)'한다고 했는데, 정선이 과연 이와 같으냐"고 물었다. 그러자 배석해 있던 우의정 조현명이 "근졸(謹拙)한 사람입니다"라고 하였다. '근졸'은 '신중하고 재주를 피우지 않고 순박하다'는 칭찬이다.

영조 20년(1744) 4월 25일, 영의정 김재로(金在魯)가 경기감사 유엄(柳儼)이 올린 도내 각 수령들의 환곡과 군량의 환수 실적 보고서를 영조에게 아뢰었는데, 군량의 회수 실적이 양천현령 정선은 '지차(之次)'라고 아뢴다. 지차는 '그다음'이라는 뜻으로, 여기서는 최하위인 거말 바로 위를 말한다. 군량은 군량미로 비축한 곡식을 춘궁기에 농민들에게 대여했다가 추수기에 거두어들이던 제도였는데 겸재는 아마도 이를 모질게 회수하지 못했던 것 같다.

영의정 김재로가 "지차를 받은 양천현령 정선은 예에 따라 영문결장(營門決杖)하는 것이 어떠하겠습니까"라고 하자, 영조는 아뢴 대로 하라고 하며 이를 윤허했다. 그렇다면 겸재는 경기감영에서 곤장을 맞았다는 얘기가 된다.

그리고 『승정원일기』 영조 21년(1745) 1월 28일 자에 다음과 같은 기사가 나와 있다.

> 나이가 70이 되면 고을의 수령을 맡을 수 없는 것이 법의 취지인데, 양천현령 정선은 금년에 70이 되어 바꾸어야만 함에도 불구하고 아직까지 계속 맡고 있어 정식에 위배되니 양천현령 정선을 바꾸는 것이 어떻겠습니까?

이리하여 겸재는 아직 임기 1년 이상을 남겨두고 현령의 나이 제한인 70세가 되어 양천을 떠나 다시 인곡정사로 돌아오게 되었다.

관리로서 양천현령 임기를 다 마치지 못한 것은 아쉬움으로 남지만 겸재의 그림은 오히려 이때부터 더욱 노년의 완숙미를 보여주어 겸재 노년의 전성기를 맞이하게 되었으니 화인으로서 겸재에겐 크게 아쉬울 것이 없는 것이었다.

5부

70세~80세

대기만성

겸재 노년의 화력과 이력

1745년 1월 28일, 양천현령에서 해임되어 다시 인곡정사로 돌아온 겸재는 나이 70대로 들어섰다. 여느 인생 같으면 70대는 노년 중에서도 만년(晩年)으로 들어서는 나이지만 겸재는 84세까지 장수한 데다 체력도 여전하였다. 연암(燕巖) 박지원(朴趾源, 1737~1805)은 『열하일기(熱河日記)』에서 겸재의 만년을 이렇게 말한 바 있다.

> 겸재는 나이 80이 넘어서도 겹돋보기 안경을 끼고 촛불 아래에서 세화(細畫)를 그려도 털끝만큼도 실수가 없었다.

거기에다 겸재는 관운도 계속 이어졌다. 이는 여느 사대부도 누리기 힘든 노년의 관직이었다.

73세(1748) 세자익위사(世子翊衛司) 위수
77세(1752) 장흥고(長興庫) 주부
78세(1753) 헌릉(獻陵)령(令)
79세(1754) 사옹원(司饔院) 및 사도시(司䆃寺) 첨정(僉正)
81세(1756) 동지중추부사

겸재의 유작들을 보면 70, 80대에도 여전히 건강한 필력으로 왕성한 작품 활동을 보여주고 있다. 겸재의 대표작으로 꼽히는 〈인왕제색도〉라는 대작이 76세 때의 작품이라는 사실이 이를 웅변으로 말해준다. 겸재가 70, 80대에 그린 제작연도가 밝혀진 작품들은 다음과 같다.

71세(1746) 《퇴우이선생진적첩》(삼성문화재단 소장)
《칠선생시화첩》(삼성문화재단 소장)
72세(1747) 《정묘년 해악전신첩》(간송미술문화재단 소장)
74세(1749) 《사공도시품첩》(국립중앙박물관 소장)
76세(1751) 〈인왕제색도〉(국립중앙박물관 이건희 컬렉션)
77세(1752) 〈우중기려도〉(雨中騎驢圖, 개인 소장)
〈괴단야화도〉(槐壇夜話圖, 개인 소장)
82세(1757) 〈장동고가〉(국립중앙박물관 소장)

이는 세상 어느 화가에게도 없었던 화력이고 이력이다. 게다가 능숙한 필묵법을 구사하여 60대와는 또 다른 화풍으로 원숙한 경지를 보여주며 제2의 전성기를 맞이하게 되니 겸재는 그야말로 대기만성의 화가였다.

겸재 70대에는 다루는 소재가 더욱 다양해졌다. 서울 인왕산과 백악산 골짜기의 장동8경을 즐겨 그렸고, 금강산을 본격적으로 다시 그리기 시작하였으며, 도산서원, 박연폭포 등 전국의 명소를 과감한 구도로 재구성하여 원숙하고 개성적인 필치로 그린 많은 명작을 남겼다. 진경산수뿐만 아니라 옛 성현의 고사를 그린 고사도(故事圖), 유명한 시의 이미지를 그린 시의도, 그리고 정형화된 남종산수화를 겸재 특유의 조선적인 분위기로 그렸다. 전에 없이 대작을 많이 그렸으며 수묵담채에 머물지 않고 청록채색을 구사하여 화려하면서도 장엄한 산수화를 보여주기도 하였다. 그래서 겸재 예술의 전성기는 70대였다고 할 수 있다.

다시 벗들과 함께

양천현령을 4년간 지내고 다시 서울로 돌아온 겸재의 인곡정사는 어느 때 새로 지었는지 번듯한 기와집이 되어 있다. 겸재가 71세인 1746년에 그린 〈인곡정사도(仁谷精舍圖)〉를 보면 50대에 마련한 초가지붕의 인곡정사를 완전히 개축한 듯 행랑채가 붙은 기와지붕 솟을대문 안에 사랑채와 안채를 디근 자로 연결한 30칸 정도의 전형적인 양반집이다. 뒤뜰에는 대나무가 우거지고 뒷담 너머 산자락에는 노송이 숲을 이루고 있다. 여기에서 겸재는 노년의 무수한 명작을 낳았다.

겸재 노년의 인생에서 그림을 그리는 것 이외에 큰 기쁨과 위안이 있다면 역시 가족과의 어울림, 그리고 벗과 제자들과의 만남이었다. 가족으로는 만교와 만수 두 아들과 갑(柙, 1724~?), 황(榥, 1735~1800), 재(榟, 1738~80) 등 손자 셋이 있었다. 그러나 모두 사마시에 합격 못하여 벼슬을 하지 못했으니 이들을 다 겸재가 돌보아야 하는 처지였다.

인곡정사로 돌아왔을 때 서울에는 단금의 벗 사천 이병연이 진작부터 있었고, 관아재 조영석도 마침 안의현감 임기를 마치고 돌아온지라 셋이서 만나는 날이 많았다. 뿐만 아니라 조현명, 유척기,

그림5-1. 《퇴우이선생진적첩》 중 〈인곡정사도〉 | 종이에 수묵, 32.3×22.0cm, 1746년(71세), 삼성문화재단 소장. 겸재가 살던 인곡정사가 어느새 큰 기와집으로 바뀌었다. 그 사이 형편이 나아진 것인지도 모른다. 이미 70대에 들어서서 그린 그림이지만 필묵엔 아직도 왕성한 힘이 넘쳐흐른다.

이춘제 등 당대의 문인이자 노론계 대신이었던 명사들이 장동에 살면서 수시로 어울리곤 하였다. 이들의 만남에는 언제나 시와 그림이 있었고 따뜻했다.

다행히도 벗들 역시 당시로서는 장수하여 모두 70, 80세를 넘겨 오래도록 함께 지냈다. 겸재보다 다섯 살 위인 사천 이병연은 겸재 나이 76세 때, 81세 나이로 먼저 세상을 떠났다. 그 대신 열 살 아래인 관아재는 겸재를 끝까지 벗하며 지켜주어 「겸재 정동추 애사」라는 제문을 지어 바치고 2년 뒤 76세로 벗들을 따라 저 세상으로 갔다.

겸재에게는 제자도 있었다. 지금까지 알려진 겸재의 제일가는 그림 제자는 현재 심사정이다. 그러나 현재는 스승의 화풍을 벗어나 진경산수보다 남종문인화의 대가로 되었다. 그 외에 불염자(不染子) 김희성(金喜誠, 이명 김희겸, 1710~63), 미산(眉山) 마성린(馬聖麟, 1727~98), 그리고 손자인 손암 정황 등이 진경산수의 전통을 이어받았다. 김희성은 양천현령 시절 스승을 찾아와 〈양천현 관아도〉를 그리기도 했으며 나이로 볼 때 손자 정황과 미산 마성린은 만년의 제자인 것 같다.

겸재는 그림뿐만 아니라 『주역』도 가르쳤다. 정조 때 성리학자로 이름을 떨친 근재 박윤원은 스스로 말하기를 겸재에게 『주역』을 배웠다고 하면서, 겸재는 그림이 워낙 뛰어났던 까닭에 그가 『주역』에도 밝았다는 사실이 잘 드러나지 않았다고 했다. 『광산정씨족보』에서 겸재가 『도설경해』를 저술했다고 한 것이 사실이라면, 모르긴 해도 만년의 인곡정사 시절에 지었을 것이다.

〈사천 이병연 초상화〉

인곡정사로 돌아온 바로 그해(1745)에 겸재는 자신의 주특기가 아닌 초상화에도 손을 대어 이병연의 초상화를 그려주었고, 또 이병연의 서재인 노촉재(老燭齋)도 그려주었다. 이에 조영석은 이 그림을 보고 한 수의 찬시를 지었다.

말총 바지에 당건 쓰고 별의를 입고서 馬尾唐巾鶴鷺衣
비바람 추위에나 더위에나 여기 앉아 있구려 雨風寒暑坐於斯
스님이나 도사라 해도 오히려 이 같지 않을 것이니 謂釋道士猶不類
범상한 늙은이는 단연코 아닐지라 謂凡老翁斷然非
생각나는 바 있거든 시나 한 수 짓게나 若有所思題一詩

겸재가 그렸다는 〈사천 이병연 초상화〉와 〈노촉재도〉는 현재 전하지 않지만, 양천현령 시절에 그린 〈촉재제시도〉(그림4-22)를 연상하게 한다.

겸재는 이처럼 스토리가 있는 인물화를 즐겨 그렸는데 이 무렵에 그렸을《칠선생시화첩(七先生詩畫帖)》도 이를 잘 말해준다.

《칠선생시화첩》

《칠선생시화첩》의 칠선생이란 성리학을 완성한 송나라의 여섯 성현인 주돈이(周敦頤), 정호(程顥), 정이천(程伊川), 장재(張載), 소옹(邵雍), 주희(朱熹), 그리고 퇴계(退溪) 이황(李滉) 선생을 말한다. 이 화첩의 내력은 무취옹(無臭翁) 박필기(朴弼琦, 1677~1757)가 1746년에 쓴 서문에 잘 나타나 있다. 박필기는 박세당의 손자이고 겸재의『주역』제자인 박사해(朴師海, 1711~?)의 아버지이다.

내가 겸재의 그림을 본 것이 많은데 이 그림처럼 정묘(精妙)한 득의작은 대체로 드물었다. 겸재가 당대의 제일가는 명화가로 그 옛날

그림5-2. 《칠선생시화첩》 중 〈염계애련〉(좌) | 종이에 수묵담채, 23.5×15.2cm, 1746년(71세), 삼성문화재단 소장. 연꽃을 사랑한 북송의 유학자 주돈이를 그렸다.

그림5-3. 《칠선생시화첩》 중 〈횡거영초〉(우) | 종이에 수묵담채, 23.5×15.2cm, 1746년(71세), 삼성문화재단 소장. 파초를 노래하는 북송의 유학자 장횡거를 그렸다.

제일가는 명현 일곱 선생의 시와 시의를 그릴 적에 응당 그 마음과 정신이 만나고 고무되었을 것이므로 자신도 모르게 천기가 유동(流動)하여 조물주마저도 그 신비로움을 감추지 못했을 것이다. 아, 기이하도다. 공경하고 완상할 만하다.

이 《칠선생시화첩》은 모두가 각 인물의 상징적 이미지를 그림으로 담아낸 일종의 시의도 형식이다. 각 폭마다 시와 그림으로 이루어져 있는데 앞의 다섯 명은 시와 함께 인물의 모습을 산수인물도

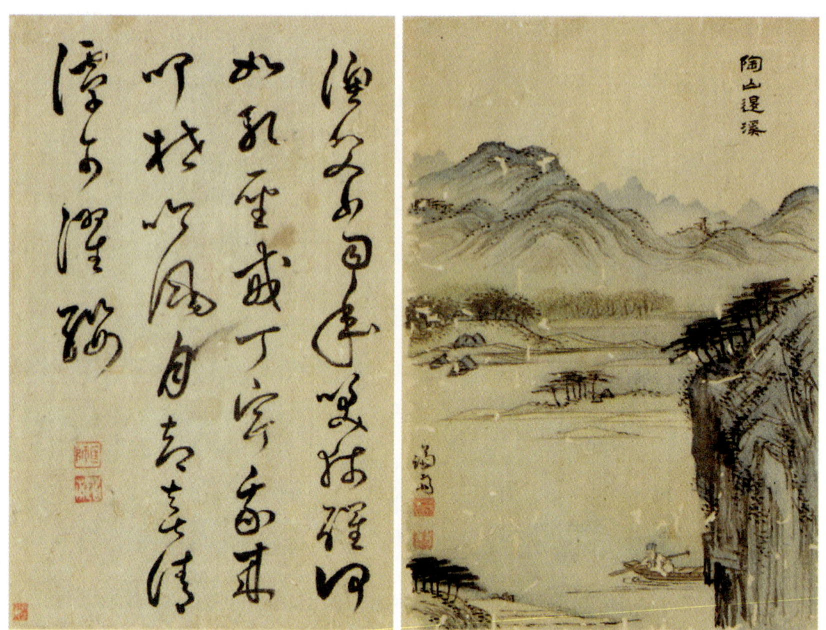

그림5-4.《칠선생시화첩》중〈도산퇴계〉 | 종이에 수묵담채, 그림 및 글씨 23.5×15.2cm, 1746년(71세), 삼성문화재단 소장. 성리학을 완성한 일곱 성현을 그린 이 화첩에 퇴계 이황을 포함했다는 사실은 겸재의 진경 정신이 조선 성리학을 반영하고 있음을 말해주는 것이다.

형식으로 그렸다. 예를 들어 주돈이는 연꽃을 감상하는 모습, 소옹은 작은 수레를 타고 가는 모습이다. 그런가 하면 주희는 그의「무이구곡도가(武夷九曲棹歌)」중 1곡부터 9곡까지를 모두 무이산의 풍경으로 그린 산수화이다. 그리고 퇴계 이황은 도산의 퇴계에서 배 타고 있는 모습으로 그려〈도산퇴계(陶山退溪)〉라 제하고 퇴계의 시〈탁영담(濯纓潭)〉을 곁들여놓았다.

어부가 당시에는 깨어 있는 이를 비웃었는데	漁父當年笑獨醒
공자께서 정녕 경계하신 말씀과 어떠한고	何如孔聖戒丁寧

내가 와서 노를 두드리고 풍월을 읊으니 我來叩枻吟風月

맑은 물에 갓끈 씻을 수 있음이 기쁘도다 却喜淸潭可濯纓

겸재가《칠선생시화첩》을 그렸다는 사실은 한 사람의 선비로서 역대 명현을 존숭(尊崇)하는 마음에서 그린 것이니 단순한 감상화가 아니라 이념을 동반하는 엄숙함이 들어 있다. 특히 이 화첩에서 우리나라 퇴계 이황을 송나라 명현들과 어깨를 나란히 하여 그렸다는 사실은 겸재의 진경 정신이 조선 성리학을 반영하고 있음을 말해주는 것이다.

겸재는 성현의 시를 그린 시의도뿐만 아니라 성현의 고사를 대작으로, 그것도 채색인물화로 정성 들여 그리기도 하였다. 그 대표적인 작품이 〈취성도〉와 〈장주묘암도〉이다.

〈취성도〉

〈취성도〉는 『주자대전(朱子大全)』(권85)에서 취성정(聚星亭) 병풍 그림에 쓴 글인 「취성정 화병찬(畫屛贊)」에 나오는 고사를 그린 것이다.

후한시대의 명사인 진식(陳寔)이 낭릉후(朗陵侯) 순숙(荀淑)을 방문하러 가는데 가난하고 검소하게 살았기 때문에 하인이 없어 맏아들 기(紀)가 수레를 몰고, 막내아들 심(諶)은 지팡이를 들고 뒤따라가고, 손자인 군(群)은 아직 어리므로 수레 안에 함께 태웠다. 순숙의 집에 이르니 순숙은 셋째 아들 정(靖)을 시켜 문에 나아가서 마

중하게 하고, 여섯째 아들 상(爽)은 술을 따르게 하고, 나머지 여섯 아들은 아랫자리에서 음식을 먹고 손자인 욱(彧)은 어리기 때문에 무릎 앞에 앉혔다.

이때 천문을 보는 관리인 태사(太史)가 지금 별자리를 보고는 "덕성(德星)이 한자리에 모였습니다. 아마도 진실된 사람들〔眞人〕이 동쪽으로 간 것 같습니다"라는 보고를 임금에게 올렸다. 그때부터 진 씨의 별장을 취성(聚星)이라고 했다. 말하자면 동방박사가 아기 예수 탄생을 방문한 것과 같은 '별들의 예언'이었던 것이다.

그림5-5. 〈취성도〉 | 비단에 채색, 145.8×61.5cm, 개인 소장. 겸재의 대표적 채색산수화로 그의 회화적 역량이 한껏 발휘된 명작이다. 뛰어난 인물들의 만남을 그린 '별들의 모임'이라고 한 옛이야기를 이토록 장대하게 그린 것은 성리학자들이 귀하게 생각하는 일종의 성화(聖畵)라는 개념이 있었기 때문이다.

이 취성정은 세월이 지나면서 무너져 진씨들이 이를 다시 중수하게 되었을 때 주자(朱子, 1130~1200)가 마침 그곳 장주(漳州, 중국 푸젠성 남쪽의 도시)의 지사로 있으므로 그 공사를 돌봐주었고, 진 씨들이 이 고사를 그림으로 그려 왔을 때 찬문(讚文)을 써주었다. 그것이 「취성정 화병찬 병서(竝序)」이다.

그림5-6. 〈취성도〉 부분 | 겸재는 산수화 속의 인물을 그릴 때면 몸 동작을 대단히 특징있게 요약하는 필력을 갖고 있었다. 또 건물을 그릴 때도 투시도법을 이용하여 정확한 공간감이 나타나게 했다. 그러한 특징이 이 그림의 세부도에 잘 나타나 있다.

특히 송시열은 이 〈취성도〉에 관심이 많았고, 장동 김씨의 김수증도 〈취성도〉를 소장하고 있었다. 송시열의 연보를 보면 69세인 1675년에 "김수증과 함께 〈취성도〉를 지었다"는 기사가 나온다. 송시열의 〈취성도〉는 아직 발견되지 않고 있는데 겸재가 그린 〈취성도〉 상단에 붙어 있는 단정한 예서체의 찬문을 보면 송시열 연보에서 말한 내용과 그대로 일치한다. 그렇다면 겸재의 〈취성도〉는 장동 김씨 집안에서 겸재에게 그려달라고 부탁하고, 화제는 옛날 김수증이 제작한 〈취성도〉의 내용을 그대로 옮긴 것이 아닌가 싶다. 이렇게 깊은 내력과 특별한 주문을 받았기 때문인지 겸재의 필치가 전에 없이 정중하고 섬세하여 성리학적 존엄이 화폭에 가득하다.

겸재의 〈취성도〉는 화견이 극상품이어서 조금도 변색되지 않고 마치 엊그제 그린 것처럼 선명하고 영롱하다. 그런 채색화이면서도 〈취성도〉는 기본적으로 수묵담채를 유지하고 있어서 결코 도화서 화원들이 빠지기 쉬운 속기가 없고, 문자 그대로 품격이 높이 살아 있다. 그런 면에서 이 〈취성도〉는 선비 그림의 격조와 화원 그림의 섬세함이 어우러진 명작이라 하겠다.

〈장주묘암도〉

〈장주묘암도(漳州茆菴圖)〉는 주자가 장주지사를 지내던 시절, 활터에 『주역』의 원리에 입각하여 후원을 꾸미며 묘암(茆菴, 띠집)을 지은 일을 그림으로 그린 것이다(이태호, 「영조 요청으로 그린 〈장주묘암도〉에 대한 고찰」, 『조선 후기 그림과 글씨』, 학고재 1992).

주자가 장주에 묘암을 지은 이야기는 『주자어류(朱子語類)』에 상세히 실려 있는데, 영조가 어느 날 이 책을 읽다가 크게 감동하여 〈남강(南康)묘암도〉를 그림으로 그리라고 명을 내렸다(『영조실록』 22년(1746) 9월 2일 자). 이때 영조는 그림의 구성을 다음과 같이 구체적으로 지시했다.

> 화폭은 세 층으로 하여 맨 위층에 임금이 지은 글을, 가운데 『주자어류』의 본문을, 맨 아래에 묘암도 그림을 배치한다.

그런데 이 〈장주묘암도〉는 3단으로 구성되어 상단에 영조의 글, 가운데 『주자어류』의 본문, 하단에 〈장주묘암도〉 그림이 그려져 있으니 실록의 내용과 일치한다. 그림 내용은 『주자어류』의 본문 그대로를 형상화한 것으로, 『주역』을 모르는 사람은 어리둥절할 수밖에 없지만 영조처럼 『주역』을 아는 사람들은 과연 『주역』의 원리에 따른 절묘함에 감탄을 금치 못하는 정원 그림이었다고 한다. 영조가 감명 깊게 읽었다는 『주자어류』의 「묘암도기(茆菴圖記)」 내용은 다음과 같다.

> 주자는 장주에서 활 쏘는 집(射堂)에 후원을 꾸며놓았다. (후원은) 우물 정(井) 자 모양으로 아홉 개의 구획을 나누었다. 한가운데는 석축으로 높게 단을 쌓았다. 가운데 줄 뒷부분에는 초가로 묘암을 짓고, 집에는 세 개의 창을 냈다. 왼쪽 창살은 태괘(泰卦, ䷊), 오른쪽 창살은 비괘(否卦, ䷋), 뒷창살은 복괘(復卦, ䷗)이고, 앞문은 박괘(剝卦,

御製

題圖

昔年已見朱書裏
今日命圖一片中
予意恒時此等處
依然若坐賢遊洞

曾於自省編已諭沂水舞雩之心今又命圖于此蓋其意則一也

柔兆攝提格仲秋

䷖)가 된다. 이 묘암 앞에는 작은 초가집을 붙여 지었다.

맨 아래 구획에는 작은 초가 정자를 세웠다. 좌우의 세 개 구획 각 열에는 복숭아나무와 오얏나무를 심고 그 사이에는 매화나무를 심었다. 아홉 개의 구획 주변에는 대나무를 심어 빙 둘러싸게 했다.

(주자는) 이날 (묘암을 완성하고서) 그 사이를 돌아보고 제자들에게 웃으며 이르기를 "(여기에는) 위로 천하를 다스리는 아홉 가지 큰 법칙인 구주(九疇)에 팔괘(八卦)의 형상이 있고, 아래로는 세상 땅을 아홉 주로 나눈 구구(九丘)에 팔진도형(八陳圖形)의 법이 있다"고 말하였다.

〈장주묘암도〉는 「묘암도기」의 내용을 형상화한 것이다. 초가집, 초가 정자, 돌계단, 복숭아나무, 매화나무, 오얏나무, 대나무 울타리, 그 정원을 거니는 주희 선생…… 그렇게 그려놓고 보니 장주 묘암은 정연한 질서를 갖춘 아주 멋진 후원임을 한눈에 알 수 있고, 초가집의 창문에 괘상이 그려져 있다. 확실히 그림이란 도해(圖解)의 성격이 있어서 그 어려운 내용을 한 폭의 화면으로 이렇게 선명히 나타내고 있다. 주자의 글 내용이 절묘한 만큼 그림의 화면 구성과 필법 또한 절묘하다.

이 그림의 화가가 누구인지는 그림과 실록 모두에 밝혀져 있지 않다. 그러나 이태호는 이것을 겸재의 그림으로 추정했고, 나 또한

그림5-7. 〈장주묘암도〉 | 종이에 채색, 112.0×63.0cm, 1746년(71세), 개인 소장. 왕명을 받들어 주역의 원리를 그대로 반영한 정원 그림이다. 그림의 본이 있었던 것이 아니라 주자가 쓴 「묘암도기」의 글을 그림으로 도해한 것인데, 글 내용은 무척 어렵지만 그림은 이처럼 간명하다. 그것이 그림의 자랑이다.

여기에 동의한다. 아마도 이런 일이 있었기에 영조가 겸재의 이름을 기억하고 있었고, 겸재를 문인으로 대접하여 이름을 부르지 않고 호로 불렀던 것이 아닐까 생각된다.

〈여산초당도〉와 〈여산폭포도〉

겸재가 〈취성도〉 〈장주묘암도〉 같은 고사도를 대폭의 채색화로 그렸다는 사실은 겸재의 회화 세계가 진경산수에만 머물지 않고 고전적인 그림 소재에도 충실했음을 말해준다. 이런 고사도는 특히 문인들에게 아주 중요한 의미를 지닌다. 두 그림이 지향하는 미학은 완전히 다르다. 진경산수화가 사실적인 아름다움을 추구한 것이라면, 정형산수라 불리는 작품들이 우리에게 보여주는 것은 이념미(理念美)이다. 사실 중국 산수화는 이처럼 이상적인 자연의 이미지를 추구하면서 관념산수로 나타났고, 그것이 대중적 공감대를 형성하며 정형산수로 자리 잡으면서 동양화의 보편성 중 하나로 받아들여지게 된 것이다.

겸재가 그린 〈여산초당도(廬山草堂圖)〉와 〈여산폭포도(廬山瀑布圖)〉는 전형적인 정형산수화이다. 중국에는 명산이 많아 태산, 숭산, 화산, 형산, 항산 등 오악(五嶽)이 있고, 절경으로 이름 높은 황산도 있지만, 문인들에게는 강서성 구강에 있는 여산이 하나의 성산처럼 인식되어 있다. 여산은 산의 아름다움보다도 이백(李白, 701~62), 백거이(白居易, 772~846), 소식 등 역대 대표적인 문인들의 시와 삶의 자취가 들어 있기 때문이다.

그림5-8. 〈여산초당도〉 | 비단에 채색, 125.0×68.7cm, 간송미술문화재단 소장. 중국의 성산인 여산에 있었다는 당나라 시인 백거이의 초당을 그렸다. 산세를 보면 분명 중국 산수화 같은데, 소나무와 초당에 앉은 백거이의 모습이 완연한 조선 그림으로 안착해 있다.

그림5-9. 〈여산폭포도〉 | 비단에 수묵, 100.3×64.2cm, 국립중앙박물관 소장. 분명 여산폭포의 이미지를 빌려왔지만, 바위틈에서 자란 소나무나 굳센 화강암 절벽은 영락없이 조선의 풍광이다.

이백은 여산폭포를 읊으며 “나르듯 곧바로 흐르는 것은 삼천 척이어 마치 하늘에서 은하수가 떨어지는 것 같네(飛流直下三千尺 疑視銀河落九天)”라고 하였고, 소식은 “여산의 진면목을 볼 수 없는 것은 이내 몸이 여산 속에 있기 때문이겠지(不識廬山眞面目 只緣身在此山中)”라는 천하의 명시를 남겼다. 그리고 당나라 시인 백거이는 아예 여기에 초당(草堂)을 짓고 머물기도 했다.

그리하여 명나라 심주(沈周), 청나라 석도(石濤)를 비롯하여 많은 문인화가들이 즐겨 〈여산초당도〉와 〈여산폭포도〉를 그리게 되었다. 겸재의 〈여산초당도〉는 중국의 화본에 전래되는 것을 본받아 그린 것일 수도 있지만 아직 이와 비슷한 도상은 찾지 못했고, 오히려 백거이의 「여산초당기」를 읽고 이를 그림으로 그린 것이 아닌가 생각된다.

백거이는 「여산초당기」 첫머리에서 말하기를 “천하의 산 중에서 으뜸인 여산을 사랑하여 816년 가을에 초당을 짓기 시작하여 이듬해 봄에 낙성하니, 세 칸 초가에 두 기둥이 받치고 있고 방이 두 개고 작은 창이 네 개이다. 북쪽엔 향로봉, 동쪽엔 폭포가 있으며, 남쪽 네모난 연못에는 백련과 흰 물고기가 있고, 개울 따라 노송과 늙은 삼나무가 있어 그 키를 알 수 없다”고 하였다.

겸재는 이 글 그대로 여산의 웅장한 산세와 폭포, 늙은 소나무, 네모난 연못, 계곡가의 키 큰 삼나무 등을 배경으로 그리고서 초당에 앉아 산수를 즐기는 백거이까지 그려 넣었다.

산세를 보면 분명 중국 산수화를 연상케 하는데, 소나무는 물론이고 초당에 앉은 백거이의 모습이 전형적인 조선 선비상이 되어 있다. 겸재는 여산초당도를 장대한 청록진채 산수화로 그리면서, 그 내용과 이미지만 빌려 오고 내용은 조선풍으로 번안하여 중국 그림이 아닌 조선 그림으로 안착시킨 것이다.

겸재의 〈여산폭포도〉는 그 웅장한 스케일은 여산폭포의 이미지를 빌려 왔지만, 그 필법은 금강산 구룡폭포처럼 화강암 절벽 사이로 내리쏟아지는 장쾌한 모습으로 그렸다. 바위틈에서 자란 소나무들 역시 전형적인 겸재의 조선 소나무들이다. 이를 왜관수도원 소장 《겸재정선화첩》에 들어 있는 〈구룡폭도(九龍瀑圖)〉와 비교해 보면 그림의 뜻이 더욱 분명하게 다가온다.

겸재의 부채 그림

70대에 들어설 무렵까지 겸재의 그림은 진경산수, 관념산수, 시의도, 고사도 등 어떤 장르든 화법이 정밀하고 짜임새가 단정하다. 그런데 관아재 조영석은 「《구학첩》 발문」에서 겸재를 극찬하고는 마지막에 이런 의문을 제기했다.

> 그 배치는 이따금 모두 너무도 빽빽하여 언덕과 골짜기가 화폭에 꽉 차서 하늘빛을 조금도 볼 수 없으니 원백의 그림이 낙가수단(落茄手段)에 있어서는 아마도 오히려 다하지 못한 바가 있는 듯한데, 원백이 어떻게 생각할지는 모르겠다.

실제로 겸재의 그림 중에는 구도가 이따금 허하거나 딱딱하다는

그림5-10. 〈선면 정양사도〉 | 종이에 수묵담채, 22.1×61.0cm, 국립중앙박물관 소장. 낙관 자체를 겸재 노인이라는 뜻으로 겸노(謙老)라고 했다. 그런 노필의 그림인 만큼 화면이 아주 원숙하게 무르익어 있다. 정양사를 근경으로 잡았으나 원경의 일만이천 봉우리가 이와 대비되면서 사실상 '금강전도'가 되었다.

인상을 주는 경우가 없지 않다. 이는 겸재가 워낙에 다작가였기 때문에 간혹 태작들이 섞여 나왔고, 또 진경산수의 경우 실경에 충실하다 보면 어쩔 수 없이 생기는 결과인 경우도 있다. 그러나 반대로 겸재가 오히려 구도의 완벽함으로 진경산수의 진가를 더하는 경우도 있는데 특히 부채 그림인 선면화(扇面畫)에 많이 보인다. 이는 합죽선이라는 둥글게 펼쳐진 바탕의 특수성을 역으로 활용한 결과가 아닐까 생각된다.

〈선면 정양사도〉는 〈금강전도〉에서 전경에 정양사를 넓게 클로즈업하여 일만이천 봉의 골산은 수직준으로, 정양사 주변의 토산은 부드러운 미점법으로 나타내어 음양의 강렬한 대비를 이루고, 여기에 소나무와 절집 주변 풍광을 정감 있게 표현하여 회화적 구

그림5-11. 〈선면 해인사도〉 | 종이에 수묵담채, 23.6×67.6cm, 국립중앙박물관 소장. 부감법과 닫힌 구도로 산봉우리들이 아늑하게 감싸고 있는 절집을 그렸다.

도의 미를 보여주는 데 성공하였다.

〈선면 해인사도〉는 가야산 깊은 산속의 해인사를 부감법으로 포착하면서, 선면의 좌우에 육중한 산세를 나타내고 화면 상단은 안개 속에 머리를 내민 산봉우리를 설정하여 고즈넉하게 자리 잡고 있는 절집을 감싸고 있는 구도이다. 산세는 거칠고 소략하게 나타냈지만, 해인사는 계곡을 끼고 일주문부터 장경각까지 정연히 건물이 배치된 모습을 정교하게 나타냈다. 가람 배치를 정확히 보여주기 위하여 시선을 정면이 아니라 비스듬히 보는 시각을 유지하였는데 건물 묘사의 정교함이란 관광 안내도로도 사용할 수 있을 정도로 정확하다.

〈선면 도산서원도〉는 도산 아래 낙동강을 끼고 넓은 조망을 갖

그림5-12. 〈선면 도산서원도〉 | 종이에 수묵담채, 21.2×56.3cm, 간송미술문화재단 소장. 산 아래 자리 잡은 도산을 중심으로 화면 앞쪽으로는 모래밭과 소나무숲, 낙동강 물줄기가 펼쳐져 있는 구도다.

고 있는 도산서원의 풍경을 펼친 구도로 전개한 것이다. 〈선면 해인사도〉가 오므린 구도라면 〈선면 도산서원도〉는 열린 구도이다. 화면 앞쪽에 모래밭과 소나무를 설정하여 도산서원 앞으로 흐르는 낙동강 물줄기가 유유히 흘러가는 모습을 실감 나게 보여주고 있다. 그리하여 이 그림은 안동댐으로 수몰되기 이전 겸재 당년의 도산서원 모습을 아련한 풍경화로 보여주고 있다.

여기까지가 70대 들어 호방한 필치를 구사하기 전 대상에 충실하고 차분한 화풍을 보여주던 겸재의 작품이다. 그러다 71세 때 그린 〈계상정거도〉를 기점으로 겸재는 작심하고 대담한 필치를 구사면서 또 다른 회화 세계로 나아가게 된다.

71세, 〈계상정거도〉

1천 원권 지폐에 실려 있는 겸재의 〈계상정거도(溪上靜居圖)〉는 1746년, 겸재가 71세 때 퇴계 이황이 도산서원 자리에 있던 '계상서당'에서 조용히 앉아 책을 읽고 있는 모습을 그린 것이다. 계상서당은 퇴계가 1551년에 낙성하였고, 후에 도산서당이 되었다가 퇴계 사후 4년 뒤인 1574년에 지방 유림의 발의로 도산서원이 되었다. 퇴계는 「도산잡영(陶山雜詠)」이라는 글에서 스스로 이렇게 말했다.

> 내가 처음에 퇴계의 계상에 자리 잡고 시내 옆에 두어 칸 집을 얽어 짓고 책을 간직하고 서툰 재주를 기르는 처소로 삼으려 했다. 벌써 세 번이나 그 자리를 옮겼으나 번번이 비바람에 허물어졌다. 그리고 그 시내 위는 너무 한적하여 가슴을 넓히기에 적당하지 않았기 때문에 다시 옮기기로 작정하고 도산 남쪽에 땅을 얻었던 것이다. 거기에는 조그마한 골이 있는데 앞으로는 강과 들이 내다보이고 깊숙하고 아늑하면서도 멀리 트였으며 산기슭과 바위들은 선명하며 돌우물은 물맛이 달고 차서 참으로 수양할 곳으로 적당하였다. 어떤 농부가 그곳에서 밭을 일구고 사는 것을 내가 값을 치르고 샀다.

〈계상정거도〉는 바로 이 계상서당에 앉아 독서하는 퇴계를 그린 것으로, 앞서 본 바 있는 〈선면 도산서원도〉(그림5-12)와는 그림의 주제가 다르기도 하지만 화풍이 완전히 다르다. 무엇보다도 먹의

그림5-13. 《퇴우이선생진적첩》 중 〈계상정거도〉 | 종이에 수묵, 25.3×39.8cm, 1746년(71세), 삼성문화재단 소장. 안동 도산서원을 그린 그림으로 구도와 필치에서 만년의 겸재가 얼마나 필묵의 달인이었는가를 여실히 보여준다. 몇 가닥 선으로 솔밭을 표현했고, 낙동강과 도산서원의 묘사도 대단히 간결하다. 그러나 진경의 박진감은 세필 묘사보다도 오히려 더 강하게 드러나고 있다. 이 점이 겸재 만년의 특징이다.

쓰임이 강하고 붓의 속도감이 전에 없이 눈에 띈다.

그처럼 아늑하고 오붓한 분위기의 도산서원을 이처럼 호방한 필치로 그린 것이다. 가히 스스럼없는 붓놀림이라 할 만한 능숙함이 한눈에 느껴진다. 특히 구불구불한 조선 소나무가 곳곳에 무리 지어 있는 모습과 늘어진 버드나무의 표현, V 자를 겹쳐서 표현한 활엽수의 자태에서는 그 천연스런 붓놀림이 과연 달인의 경지라는 찬사가 절로 나온다. 화면 자체의 울림은 물론이고 실경의 박진감이 한껏 살아나 있다. 겸재의 이런 필법은 그의 70대 화풍의 중요한 특징이 되었다.

《퇴우이선생진적첩》

〈계상정거도〉는 《퇴우이선생진적첩(退尤二先生眞蹟帖)》 안에 들어 있는 네 폭의 그림 중 하나이다. 여기에는 퇴계 이황이 주자의 편지글을 모은 책에 붙인 「회암서절요서(晦菴書節要序)」라는 친필 서문이 실려 있고, 우암 송시열의 발문이 있다.

이 화첩은 본래 겸재 외조부인 박자진이 처가로부터 물려받은 퇴계 선생의 「회암서절요서」를 무봉산에 은거하고 있던 우암 송시열을 찾아가 보여주고 발문을 받아 퇴계와 우암 두 선생의 글씨를 묶어 만든 서첩이었다. 박자진의 집안에서는 이를 소중히 소장해왔는데 이것을 겸재의 둘째 아들 정만수가 박자진의 증손자에게 졸라 받아 왔다.

이리하여 겸재는 퇴계가 서당에서 글을 읽고 있는 모습을 그린 〈계상정거도〉, 외조부 박자진이 우암 송시열에게 발문을 받아 오는 장면을 그린 〈무봉산중도(舞鳳山中圖)〉, 외조부 박자진의 장동 저택인 〈풍계유택도(楓溪遺宅圖)〉, 그리고 자신의 집인 〈인곡정사도〉까지 네 폭의 그림을 그려 넣었다. 그리고 겸재의 아들 정만수는 이 글씨와 그림들의 유래를 밝힌 발문을 붙여 서화첩으로 꾸민 것이다.

그림5-14.《퇴우이선생진적첩》 중 〈풍계유택도〉(좌) | 종이에 수묵, 30.2×21.5cm, 1746년(71세), 삼성문화재단 소장. 서울 장동 청풍계에 있던 외조부 박자진의 저택을 그렸다. 수묵의 농담으로만 형상을 표현했는데 진경의 실체감이 오롯하게 드러난다.

그림5-15.《퇴우이선생진적첩》 중 〈무봉산중도〉(우) | 종이에 수묵, 30.2×21.5cm, 1746년(71세), 삼성문화재단 소장. 박자진이 수원 무봉산에 은거 중인 우암 송시열을 찾아가 발문을 받아 오는 장면이다. 여기서도 형상을 소략하게 나타내고 수묵의 농담으로 그 풍광과 이야기를 담아내고 있다.

그리고 세월이 지나 1872년에 임헌회(任憲晦, 1811~76)가 이 서화첩에 붙이는 글을 덧붙였고, 맨 끝에는 근대의 유명한 화가이자 컬렉터였던 구룡산인(九龍山人) 김용진(金容鎭, 1878~1968)이 굵은 글씨로 "이 첩은 진실로 지극한 보배이다. 의당 잘 보존할지어다"라고 쓰고는 도인까지 찍어놓았다. 그리고 또 세월이 흘러 이 화첩은

1975년에 보물로 지정되었고, 〈계상정거도〉가 1천 원권 지폐의 도안으로 사용되었으며, 2012년 K옥션 경매에 출품되어 치열한 경쟁 끝에 삼성문화재단이 34억 원에 낙찰받아 소장하고 있다.

〈풍계유택도〉는 서울 장동 청풍계에 있던 겸재 외조부 박자진의 저택을 그린 것으로, 청풍계(淸風溪)의 바람 풍(風) 자는 단풍 풍(楓) 자로도 쓰여지기도 하였다. 담묵으로 나타낸 인왕산 산자락에는 소나무가 무리 지어 있고 그 아래 늠름한 저택이 기품 있게 자리하고 있다. 형상을 수묵의 농담으로만 표현하였는데 진경의 실체감이 오롯이 드러난다.

〈무봉산중도〉는 수원 무봉산에 은거 중인 우암 송시열을 박자진이 찾아가 발문을 받아 오는 장면을 그린 것으로, 진경산수에 이야기를 담은 일종의 고사도인 셈이다. 여기서도 형상은 소략하게 나타내고 수묵의 농담으로 그 풍광과 이야기를 담아내고 있다.

이처럼 앞 시기와는 확연히 다른 겸재의 70대 이후 필법의 중요한 특징을 이동주는 『우리나라의 옛그림』(박영사 1975)에서 강한 필세, 겹쳐진 먹빛의 묵직한 중묵(重墨), 바위의 양감(量感)이라고 하였다. 이는 겸재가 즐겨 그린 '장동8경'에 잘 나타나 있다.

《장동8경첩》

70대의 겸재는 인왕산 아래 인곡정사에 살면서 이 일대 장동(壯洞)의 명승을 그린 《장동8경첩》을 여러 권 남겼다. 현재 《장동8경첩》은 국립중앙박물관 소장본, 간송미술관 소장본, 개인 소장본 등

그림5-16. 《장동8경첩》 중 〈청송당〉 | 종이에 수묵담채, 58.0×37.0cm, 70대 중반, 개인 소장. 중폭 크기로 풍광을 넓게 포착한 시원스런 그림이다. 동자를 앞세운 건너편 개울의 늙은 선비는 혹시 겸재가 아닐까?

3점이 전해지고 있는데 국립중앙박물관 소장본은 80대의 작품이고 간송미술관과 개인 소장본은 70대 작품으로 생각되고 있다.

《장동8경첩》은 서울 종로구 청운동, 옥인동, 효자동 일대의 백악산(북악산) 남쪽과 인왕산 동쪽 사이 골짜기와 명사들의 저택을 그

그림5-17.《장동8경첩》 중 〈청송당〉 | 종이에 수묵담채, 33.0×29.5cm, 1755년(80세), 국립중앙박물관 소장. 넓게 포착한 시각으로 청송당의 아늑한 분위기를 그린 그림이다. 멀리서 시점을 잡은 덕분에 주변 풍광이 시원스럽게 한눈에 들어온다.

린 것으로 첩마다 구성이 다르다. 세 첩 모두에 등장하는 것은 〈청송당〉 〈취미대(翠微臺)〉 〈청풍계〉 세 곳이다. 국립중앙박물관 소장본에는 〈대은암〉 〈독랑정〉 〈창의문(彰義門)〉 〈백운동〉 〈청휘각〉 등이 들어 있고, 간송미술관 소장본에는 〈대은암〉 〈독락정〉 〈필운대〉 〈자하동〉 〈수성동〉 등이 들어 있으며, 개인 소장본에는 〈백악산〉 〈인왕산〉 〈청하동〉 〈세심대〉 〈수성동〉 등이 들어 있다. 그러니까 3가지의《장동8경첩》에는 총 15곳이 등장한다.

그림5-18. 《장동8경첩》 중 〈청송당〉 | 종이에 수묵담채, 33.7×29.5cm, 1751년(76세), 간송미술문화재단 소장. 아래 기슭에서 서북쪽으로 올려다 본 시각으로 건물을 클로즈업하여 박진감 있게 그렸다.

《장동8경첩》 세 화첩은 모두 겸재의 호쾌하면서 그윽한 진경산수의 진면목을 보여주는 작품들이기도 하지만, 또한 이 화첩이 있기에 우리는 300년 전 서울의 옛 모습을 그려볼 수 있으니 참으로 귀한 그림들이라 하겠다. 이 중 국립중앙박물관 소장본은 겸재가 80대 초에 대상을 풀어 헤쳐 그린 그림이고, 간송미술관 소장본과 개인 소장본은 〈인왕제색도〉를 그린 70대 중엽의 작품이다. 간송미술관 소장본은 대상을 클로즈업하여 박진감 있게 그린 소폭

그림5-19.《장동8경첩》중〈취미대〉 | 종이에 수묵담채, 58.0×37.0cm, 70대 중반, 개인 소장. 근경에 큰 바위와 소나무를, 원경에 안개 너머 남산과 그 너머의 산들을 흔연히 어울리도록 그렸다. 취미대를 그린 겸재의 여러 그림 중에서 단연 압권이다.

(33.7×29.5cm)인 반면에, 개인 소장본은 중폭(58×37cm)으로 풍광을 비교적 넓게 포착한 시원스런 그림이다.

〈청송당〉은 현재 경기상업고등학교 자리에 있던 청송(聽松) 성수침의 독서당으로, 그의 아들 우계 성혼이 옆 동네(현재 청운초등학교 자리)에 살던 송강(松江) 정철(鄭澈, 1536~93)과 젊은 시절 어울리던 곳이다. 이후 성혼의 외손자인 윤순거(尹舜擧), 윤선거(尹宣擧) 형제가 중건하였고, 우암 송시열이 기문을 지은 율곡학파의 성지 같은 곳이다.

간송미술관 소장본과 개인 소장본 두 화첩 모두 분방한 필법과 강렬한 묵법으로 계곡 건너편 솔밭 속 그윽한 곳에 자리하고 있는 청송당 건물에 포커스를 맞추고 있다. 간송미술관 소장본의 건너편 개울엔 지팡이를 짚은 한 선비가 동자를 데리고 있는데, 혹 겸재 자신을 그린 것이 아닐까 생각해본다. 아무튼 이 인물이 있음으로써 그림 속엔 인간적 분위기와 스케일이 살아나고 있다.

개인 소장본 중에서는 〈취미대〉가 압권이다. 취미대는 지금의 청와대 뒤쪽에서 경복궁과 남산 쪽을 바라보고 그린 것이다. 아래 회색 띠로 가로질러 있는 담벼락이 경복궁 북쪽 담장이며, 안개 너머로 높이 솟아 있는 산은 남산이고, 그 너머로 관악산 연봉들이 아련하게 펼쳐져 있다. 겸재는 〈취미대〉를 여러 폭 그렸는데 유독 이 그림에선 짙은 안개대로 여백을 설정하여 전경의 큰 바위와 소나무가 강하게 드러나고, 미점법으로 표현한 남산과 흔연히 어울리고 있다. 인물은 배치하지 않았기 때문에 현장미보다는 은은한 관조미가 일어난다.

72세,《정묘년 해악전신첩》

70대에 들어와서 겸재는 다시 금강산을 그리기 시작했다. 어떤 면에서는 이때부터 겸재가 본격적으로 금강산을 그렸다고 할 수 있다. 1747년(정묘년), 나이 72세에 겸재는 36년 전 두 번째 금강산 기행을 다녀와 사천 이병연에게 그려준《임진년 해악전신첩》을 다시 그려《정묘년 해악전신첩》(간송미술관 소장)을 제작하였다. 어떤 이는 겸재가 이때 금강산을 다시 다녀온 것으로 추정하기도 하지만, 나는 아직 그 근거를 찾지 못했다.

《임진년 해악전신첩》은 현재 전해지지 않지만, 문헌에 의하면 각 폭에 사천 이병연과 삼연 김창흡의 제화시가 붙어 있었다고 하는데《정묘년 해악전신첩》에도 똑같은 제화시가 곁들여져 있다. 다만 사천 이병연은 자필로 제화시를 다시 썼지만 삼연 김창흡은 이미 세상을 떠났기 때문에 명필이자 강원도관찰사였던 간산(盂山) 홍봉조(洪鳳祚, 1680~1760)가 대신 써넣었다. 이리하여 새로 그린《정묘년 해악전신첩》은 금강산을 중심으로 하여 강원도와 동해안 일대 명승을 그린 그림 21폭과 41편의 시문 등 총 76면으로 이루어져 있다.

금강산으로 가는 길목의 강원도 명승으로는 포천 한탄강 변의 〈화적연(禾積淵)〉, 철원의 〈삼부연〉, 금화의 〈화강백전(花江栢田)〉, 금성의 〈피금정〉 등이 있고, 금강산 그림은 주로 내금강을 그린 것으로 〈금강내산도〉 〈단발령망금강산〉 〈장안사〉 〈만폭동〉 〈불정대〉 〈정양사〉 등이 있으며, 해금강으로는 〈사선정〉 〈총석정〉 〈해산정〉 등이 있고, 동해안 절경으로는 통천의 〈용공동구(龍貢洞口)〉, 고성

그림5-20. 《정묘년 해악전신첩》 중 〈불정대〉(상) | 종이에 수묵담채, 33.7×25.7cm, 1747년(72세), 간송미술문화재단 소장. 노년 겸재가 다다른 진경산수의 새로운 경지. 차분하고 꼼꼼하게 대상을 묘사해가던 붓길이 거침없고 활달한 필묵의 약동으로 변화하였다.

그림5-21. 홍봉조 〈불정대〉 제사(좌하) | 종이에 먹, 33.6×25.8cm, 1747년, 간송미술문화재단 소장. 삼연 김창흡이 쓴 시 「불정대에서 12폭을 바라보며」〔佛頂臺 望十二瀑〕를 홍봉조가 〈불정대〉의 제사로 써넣었다.

그림5-22. 이병연 〈불정대〉 제시(우하) | 종이에 먹, 33.5×25.5cm, 1747년, 간송미술문화재단 소장. 사천 이병연이 쓴 제화시로 겸재와 함께 금강산을 시와 그림으로 노래하며 여행하던 정황을 담았다.

그림5-23.《정묘년 해악전신첩》 중 〈삼부연〉 | 종이에 수묵담채, 31.4×24.3cm, 1747년(72세), 간송미술문화재단 소장. 철원군 신철원리를 흘러가는 한탄강이 벼랑 아래로 떨어져 만들어진 폭포다. 이 진경산수의 현장감을 살려주는 요소는 손짓을 하며 폭포를 감상하는 네 명의 선비와 두 동자 일행이다.

의 〈칠성암〉 〈문암〉 등이 있다.

《정묘년 해악전신첩》의 그림은 이름 그대로 산과 바다(해악)의 풍경을 '전신(傳神)' 수법으로 그린 것이다. 실경을 바탕으로 하지

그림5-24. 《정묘년 해악전신첩》 중 〈화적연〉 | 종이에 수묵담채, 32.2×25.0cm, 1747년(72세), 간송미술문화재단 소장. 화적연은 포천 영북면 한탄강의 골짜기다. 계곡 한가운데 볏단을 쌓아놓은〔禾積〕 듯한 모양의 바위를 선묘로 여러 번 겹쳐 그리고 주변의 풍광을 그윽한 묵법으로 감싸안았다.

만 때로는 단순화시키고, 때로는 과장하고, 나아가서는 왜곡시키면서 그 풍광에서 받은 감동을 전한다. 동양화론에서는 이를 이형사신(以形寫神), 즉 형상에 기초하면서 그 정신을 그린다고 한다. 그

그림5-25. 《정묘년 해악전신첩》 중 〈화강백전〉 | 종이에 수묵담채, 32.2×24.9cm, 1747년(72세), 간송미술문화재단 소장. 철원군 김화는 화강(花江)이라 불렸는데, 그곳에 위치한 잣나무 밭이다. 병자호란 때 이곳에서 청나라 군대에 패하여 장렬하게 최후를 마친 홍명구의 사당이 왼쪽 아래에 그려져 있다.

래서 실경산수가 진경산수가 된 것이다.

그중 〈불정대〉 그림을 37년 전에 그린 《신묘년 풍악도첩》의 〈불정대〉(그림2-11)와 비교해보면 겸재의 화풍이 얼마나 크게 변했는지 확연히 알 수 있다. 차분하고 꼼꼼하게 대상을 묘사해가던 붓길을 시원스럽고 활달하게 구사하고 있다. 생략할 것은 과감하게 생략하고, 강조할 것은 거칠 것 없이 강조하여 화면상에 필묵이 약동한다. 과연 같은 화가의 솜씨인가 의아심조차 일어나게 된다. 이런 스스럼없는 필묵의 구사가 노년 겸재가 다다른 진경산수의 신경지이다.

〈삼부연〉은 철원군 신철원리에 있는 한탄강 상의 폭포로, 폭포 위로 세 개의 가마솥과 같은 못이 있어 삼부연이라 불린다. 또한 이곳은 겸재의 스승인 삼연 김창흡이 은거하던 곳으로 삼연이라는 호가 여기에서 유래하였다. 겸재는 삼부연을 그리면서 폭포의 웅장함을 강조하기 위하여 바위의 양감을 한껏 강조하고, 물줄기는 빠른 선묘로 속도감을 불어 넣어주고 있다. 거기에 폭포를 감상하는 갓 쓰고 도포 입은 네 명의 선비와 두 명의 동자가 저마다의 몸짓으로 현장감을 살려내고 있다.

〈화적연〉은 포천 영북면 한탄강의 골짜기로, 계곡 한가운데에 솟아 있는 바위가 마치 볏단 쌓아놓은 것 같다 하여 '볏가리'를 한자어로 바꾸어 '화적(禾積)'이라고 하고 여기에 못 연(淵) 자를 붙인 것이다. 겸재는 이 화적의 절묘한 바위를 겹쳐진 선묘로 묘사하면서 주변의 절벽과 소나무를 묵법으로 감싸안아 화면을 강렬한 음양의 대비로 이끌고 있다.

〈화강백전〉은 화강의 잣나무 밭이라는 뜻인데, 화강은 오늘날의 김화로 백수봉 주변에 잣나무가 빼곡히 들어있는 것이 장관이라고 한다. 그림 왼쪽 아래에는 사당이 하나 그려져 있는데 이는 병자호란 때 장렬하게 최후를 마친 평안감사 홍명구(洪命耉, 1596~1637)의 사당인 충렬사이다.

금강산 만폭동 | 내금강의 최고 명승으로 아름다운 폭포와 소가 많다는 의미에서 만폭동이라 불린다. 사진 이제이컨설팅.

금강산 명화들

겸재는 《정묘년 해악전신첩》 이후 금강산의 절경을 그린 수많은 명화들을 쏟아냈다. 대폭의 〈금강전도〉를 비롯하여 비로봉, 정양사, 장안사, 만폭동, 금강대 등 낱낱 절경들을 그 풍광에 걸맞는 구도와 필묵법으로 다채롭게 펼쳤다.

그중 간송미술관과 서울대학교박물관에 소장된 두 폭의 〈만폭동도〉가 압권이다. 만폭동은 골짜기 계곡물이 수많은 폭포를 이루며 금강대 앞을 맴돌아 가는 내금강 최고의 명승으로, 일찍이 금강산에 파묻혀 살았던 조선 전기 명필인 봉래(蓬萊) 양사언(楊士彦, 1517~84)이 특유의 유려한 초서체로 쓴 "봉래풍악 원화동천(蓬萊楓嶽 元化洞天)"이라는 글씨가 암반에 새겨져 있는 곳이다.

두 그림 모두 금강산 일만이천 봉이 병풍처럼 둘러진 가운데 불

그림5-26.《관동8경도》중〈만폭동도〉| 종이에 수묵담채, 56.0×42.8cm, 간송미술문화재단 소장. 만폭동은 내금강 계곡물이 한 곳으로 모이는 절경이다. 너럭바위를 중심으로 왼쪽에는 대향로봉 뒤 사자암을 구름처럼 표현하고, 오른쪽의 좌선암은 이름 그대로 참선에 든 사람 모습으로 그렸다.

그림5-27. 〈만폭동도〉 | 비단에 수묵담채, 33.0×22.0cm, 서울대학교 박물관 소장. 겸재의 진경산수에서 구도와 필묵의 힘을 가장 극명하게 보여주는 명작이다.

쑥 솟은 금강대 흰 기둥바위 아래로 계곡물이 폭포를 이루며 흘러가는 장관을 그린 것인데, 스스럼없는 필치로 묘사한 준봉들과 화면에 리듬을 가하듯 나타낸 소나무들이 혼연히 어울리면서 화면상에는 더할 수 없는 동감(動感)이 일어나고 있다. 간송미술관 소장

그림5-28. 〈금강대〉 | 종이에 수묵담채, 28.8×21.9cm, 80세 무렵, 간송미술문화재단 소장. 금강대는 돌기둥 모양의 석대로 만폭동의 시작점을 이룬다. 금강대를 강하게 클로즈업하고 배경은 과감하게 추상화해놓았다.

그림5-29. 〈정양사〉 | 종이에 수묵담채, 28.8×22.0cm, 80세 무렵, 간송미술문화재단 소장. 〈금강대〉와 한 쌍의 그림이다. 햇볕이 항상 밝아 정양사라는 이름을 얻은 사찰을 그렸다. 정양사의 뒷산인 방광대, 천일대만 그리고 나머지 풍광은 생략함으로써 신비한 화면을 펼쳐냈다.

본은 시야를 넓게 펼쳐 마치 바람 소리가 들리는 듯하고, 서울대학교박물관 소장본은 내금강 계곡의 물소리가 울려 퍼지는 듯한 생동감이 일어난다.

간송미술관 소장의 〈금강대〉와 〈정양사〉 쌍폭은 담묵의 은은한 설채와 필선으로 아름답고도 신비한 화면을 펼쳐 보여준다. 마치 망원렌즈로 포착한 듯 금강대를 강하게 클로즈업한 시각부터 노련

그림5-30. 〈비로봉도〉 | 종이에 수묵, 34.8×25.5cm, 개인 소장. 비로봉은 금강산의 가장 높은 봉이다. 겸재는 비로봉의 장중한 모습을 근접 촬영하듯 포착하고 안개를 번지기로 표현하여 이질적인 두 조형요소를 아우르는 방법을 찾았다.

한 경지인데 유연한 묵법은 실경의 사실성을 넘어 필법과 묵법 자체의 아름다움으로 나아가고 있다. 현대미술에서나 볼 수 있는 자유로운 창작 태도를 보여주는 것만 같다.

두 폭의 비로봉도

〈비로봉도〉(毘盧峯圖, 개인 소장)는 뾰족한 중향성 봉우리 위로 우

그림5-31. 〈비로봉도〉 | 종이에 수묵, 99.6×47.4cm, 국립중앙박물관 소장. 칼날처럼 뾰족하게 솟은 암산들 위로 거대한 비로봉이 솟구쳐 있다. 순수 조형으로 나아가는 듯한 선묘의 유희가 돋보인다. 겸재의 노필 금강산 그림 중에서 단연 명작이다.

毗盧峯
謙齋

람하게 솟아 있는 비로봉의 장중한 모습을 근접 촬영한 듯한 시각으로 포착한 것으로, 거침없는 필세로 날카로운 수직준과 부드러운 피마준이 강한 대비를 이루고 있다. 그리고 그 사이에 안개를 능숙한 번지기로 표현하여 이 이질적인 두 조형 요소를 하나로 연결시킨다. 이쯤 되면 대상을 매개로 한 필묵의 순수 조형적 탐구라고 할 만하다.

〈비로봉도〉(국립중앙박물관 소장)는 수직준의 직선과 피마준의 곡선이 파도치는 물결처럼 어울리며 겸재 필법의 진면목을 보여준다. 형태의 과장이 극대화되어 비로봉 아래로 펼쳐지는 중향성의 뾰족한 연봉들은 마치 칼날을 세운 듯이 짧고 강한 필치를 반복적으로 가해놓았다. 여기서는 묵법이 없이 오직 필법 하나로 대상의 특징을 잡아내는 순수 조형의 의지가 있을 뿐이다.

여기에 이르면 대상을 추상화시키면서 순수 조형으로서 선묘의 유희를 보여주는 것만 같다. 300년 전에 이처럼 모더니즘적 조형 사고를 보여주고 있다는 것이 감탄스럽고 신기하다.

선묘의 추상성

〈통천문암(通川門巖)〉은 바닷가에 두 바위가 마주 보고 서 있어 사람들이 그 사이로 다니는 것이 마치 대문으로 들어가는 것 같다는 해금강 절경의 하나이다. 겸재는 우뚝 솟은 문암의 두 바위를 짙고 굵은 수직준으로 나타내고, 나머지 넓은 공간은 넘실대는 파도로 가득 채웠다. 그리고 하늘에도 구불구불 흘러가는 구름을 묘사

그림5-32. 〈통천문암〉 | 종이에 수묵, 131.8×53.8cm, 간송미술문화재단 소장. 강원도 통천군의 문암 바닷가에는 마주 보고 우뚝하게 서 있는 두 바위가 있다. 겸재는 파도치는 동해바다를 필선만으로 표현하였다.

하여 화면 전체에 일렁이는 곡선 물결의 율동을 느끼게 한다. 지팡이를 짚고 가는 유람객도 고개를 돌려 장엄한 파도를 바라보고 있다. 필선이 반복적으로 그어졌는데 그것이 전혀 도식적이지 않고 무척 자연스럽다. 이는 화가가 필묵을 장악했다는 얘기다. 여기에서는 사실성이 다 사라지고 곡선의 아름다움만 다가온다.

관아재의 겸재에 대한 증언과 존경

관아재 조영석은 겸재의 진정한 예술적 동반자이고, 예리한 비평가이고, 전폭적인 지지자였다. 그가 겸재의 그림을 얼마나 높이 평가하고 치밀히 관찰했는가는 그의 「《구학첩》 발문」에 잘 나타나 있는데, 이 글에서 관아재는 겸재가 필선을 반복적으로 구사하는 것에 대해 이렇게 말했다.

> 내가 원백이 그린 여러 금강산 화첩을 보니 모두 붓 두 자루를 뾰족하게 세워서 비로 쓸 듯하여 난시준(亂柴皴, 장작을 마구 흩어놓은 듯한 주름)을 만들었는데 이 화첩 또한 그렇다. 아마도 영동과 영남의 산 모양이 본래 비슷하기 때문인가. 아니면 원백이 붓을 놀리는 데 싫증이 나서 일부러 이처럼 편하고 빠른 방법을 취했던 것인가.

관아재의 평 중 뒤의 말은 농담이고 앞의 말이 진심인데, 이 쌍필법(雙筆法)은 겸재가 반복적인 획의 통일성을 획득하는 하나의 기법이었다.

관아재가 겸재의 예술을 얼마나 존경했는가에 대해서는 위창 오세창이 역대 명현 명필의 간찰과 시고를 집대성한 『근묵』(槿墨, 성균관대학교박물관 소장)에 실린 관아재의 글에 잘 나타나 있다. 여기에서 관아재는 중국에서 역대 명화를 화본으로 펴냈듯이 《겸재화본》이 출간되어야 한다는 이야기를 하고 있다. 이 글은 관아재가 1747년 8월에 누군가가 소장하고 있는 겸재 화첩을 보고 쓴 글이다.

> 〈수옥정(漱玉亭)〉은 그윽하고 윤기가 있어 사랑스럽다. 《고씨화보》 중의 형호의 그림 같은 느낌이 있다. (…) 〈조경대(釣鯨臺)〉에 이르면 분위기가 아득하여 사람의 마음과 눈을 모두 열게 한다. 바라보면 문득 긴 바람이 물결을 부수는 듯한 생각이 든다. 경치와 그림이 한 권을 압도한다.
>
> 겸재의 《해악첩》《영남첩》《사군첩》은 바로 우리나라(동국)의 《산해경(山海經)》 같은 것으로 세간에 없어서는 안 된다. 그러나 유독 아쉬운 것은 우리나라는 각법(刻法)이 거칠어 널리 퍼뜨리거나 오래 전할 수 없다는 것이다. 대저 우리나라에서 나오는 서화는 그 전함이 더욱 짧은 것도 새기는 법에 기술이 없기 때문이 아니겠는가.

요즘으로 치면 관아재는 참으로 대안목을 지닌 미술평론가였다는 생각이 든다.

動扶桑外
積氣雄蟠
世界
間
幾朶
芙蓉揚素
半林松
栢隱玄關縱令脚
踏須今遍爭似枕邊看不慳
甲寅冬題
金剛全圖
謙齋

국보 〈금강전도〉

겸재의 금강산 그림의 하이라이트는 뭐니 뭐니 해도 그의 대표작으로 꼽히는 국보 〈금강전도〉이다. 이 그림은 상단에 찬시와 함께 갑인년 겨울에 썼다는 '갑인동제(甲寅冬題)'가 낙관처럼 적혀 있어서 1734년, 겸재 59세에 그린 것으로 생각되어왔다. 그러나 이 화제는 겸재가 쓴 것이 아니라 훗날 누군가가 이 작품에 찬시를 써넣은 것이다. 따라서 '갑인동제'의 갑인년은 겸재 당년이 아니라 60년, 또는 120년 뒤 갑인년에 이 그림에 매료된 문사가 멋을 한껏 내며 겸재의 그림에 찬사를 보낸 것으로 생각되고 있다. 만약 '갑인동제'라는 낙관을 무시한다면 화풍으로 미루어 겸재 70대의 작품으로 편년된다.

이 명화에 누군가가 '갑인년 겨울'에 써넣은 찬시는 칠언율시(七言律詩)로 글자의 구성도 디자인적으로 행을 조절하여 아래쪽을 둥근 모양으로 만들고, 그 아래에 갑인동제라는 낙관을 사각형의 인장처럼 써 넣는 멋진 구성으로 되어 있다. 게다가 그 내용 또한 품격이 높다.

일만이천 봉 개골산을	萬二千峯皆骨山
누가 마음 기울여 참모습 그리려고 하였는가	何人用意寫眞顏

그림5-33. 명작의 조건, 〈금강전도〉 | 이 글의 시작점에서 보았던 〈금강전도〉를 다시 보자. 어느 부분을 보아도 아름다우며, 얇은 선에서 굵은 선까지 모든 필법에 이유가 있다. 이 그림에서 진경산수는 하나의 장르로서 확고한 위치를 갖는다.

뭇 향기는 동해 바다 밖으로 퍼지고　衆香浮動扶桑外
쌓인 기운은 온 누리에 웅장하게 서렸구나　積氣雄蟠世界間

몇 송이 연꽃 봉오리는 (해맑은 자태 드러내고)　幾朶芙蓉揚素彩
반쪽 수풀의 송백은 그윽한 관문을 숨겼어라　半林松栢隱玄關
설령 직접 밟으며 두루 유람한다 한들　縱令脚踏須今遍
어찌 머리맡에 두고 실컷 보는 것만 하랴　爭似枕邊看不慳

갑인년 겨울에 제하다　甲寅冬題

화제를 쓴 이는 베개맡에 이 그림을 걸어놓고 누워서 실컷 보며 와유(臥遊)을 즐기겠다는 것이다.

겸재 금강전도들의 편년

겸재의 국보 〈금강전도〉를 70대 중엽 작품으로 추정하는 것은 미술사에서 양식사적 편년에 따른 것이다. 겸재가 그린 〈금강전도〉는 여러 폭이 있다. 그중 절대연대를 갖고 있는 작품은 1711년, 36세 때 그린《신묘년 풍악도첩》과 1747년, 72세 때 그린《정묘년 해악전신첩》에 실려 있는 〈금강내산〉이다. 이 두 작품을 비교해보면 다

그림5-34. 〈풍악내산총람〉 | 비단에 채색, 100.8×73.8cm, 60대 후반, 간송미술문화재단 소장. 부감법의 웅장한 구도를 유지하면서 골산과 토산의 대비를 섬세하게 나타냈고, 바위와 소나무, 사찰과 암자의 표현이 정밀하다. 〈금강전도〉처럼 드라마틱하지 않고 차분하면서 조용하다.

楓岳內山總覽

른 화가가 그린 것처럼 보일 정도로 기법과 화풍에 큰 차이가 드러난다.

《신묘년 풍악도첩》의 〈금강내산총도〉(그림2-1)는 회화식 지도로 보일 정도로 평면적이어서 회화미가 약하다. 반면에 《정묘년 해악전신첩》의 〈금강내산〉(그림2-16)은 대상을 회화적으로 재구성하여 입체미가 완연하고, 골산의 흰 빛깔과 토산의 초록색 대비가 뚜렷하며, 골산 사이 계곡을 녹색으로 표현하여 흔연히 조화를 이룬다. 사생에서 전신으로의 비약이 완연하다. 이것은 초년작과 노년작의 차이를 말해주는 것인데 그사이 35년간의 긴 공백 기간 중에는 이런 변화의 중간 단계를 말해주는 작품이 있었을 것이다. 나는 간송미술관 소장 〈풍악내산총람(楓岳內山總覽)〉이 겸재의 60대 후반의 작품으로 사실상 겸재의 〈금강전도〉 형식은 여기서 진일보를 보여주고 있다고 생각한다.

〈풍악내산총람〉은 그 자체로 명화이고 대작이다. 부감법의 웅장한 구도를 유지하면서 골산과 토산을 섬세하게 나타냈고, 계곡의 바위와 소나무, 그리고 사찰과 암자의 표현이 정밀하다. 시각의 정직성과 대상을 사실에 가깝게 나타내는 성실성이 완연하다. 그러나 국보 〈금강전도〉처럼 드라마틱하지 않고 차분하면서 조용하다. 그 점에서 이 그림은 겸재가 양천현령 시절 《경교명승첩》에서 보여준 안정적이면서 은은한 분위기가 있다. 채색을 사용한 기법이 《경교명승첩》의 〈녹운탄(綠雲灘)〉 〈우천(牛川)〉 그림과 비슷하여 나는 이 그림을 겸재의 60대 후반 양천현령 시절로 편년하고 있다.

그리고 72세 때 그린 《정묘년 해악전신첩》「금강내산」(그림

그림5-35. 《겸재정선화첩》 중 〈금강내산전도〉 | 비단에 수묵담채, 33.0×54.3cm, 왜관수도원 소장. 먹빛을 강하게 사용해 뾰족한 암봉의 형태를 잡고 금강산의 요체를 섬세하게 살렸다. 《정묘년 해악전신첩》 중 〈금강내산〉과 구도가 비슷해 그 이후에 그린 작품이 아닐까 싶다.

2-16)에 이르면 대상의 왜곡과 과장이 능숙하게 나타난다. 왜관수도원 소장 《겸재정선화첩》 중 〈금강내산전도(金剛內山全圖)〉(그림 5-35)는 이와 거의 같은 구도로 먹빛을 아주 강하게 사용했다는 점만 다르다. 어쩌면 《정묘년 해악전신첩》을 그린 직후에 제작된 것이 아닐까 싶다. 국보 〈금강전도〉는 여기에서 한 걸음 더 나아가 웅장한 원근법으로 토산과 골산의 음양을 극명하게 드러냈다. 이 강한 동세를 강조하기 위하여 화면 맨 아래쪽 골산의 뮛뿌리가 강하게 휘어져 있다. 그래서 나는 국보 〈금강전도〉를 겸재의 70대 중엽

작품으로 편년하며, 여기가 겸재 금강산 그림의 정점이라고 생각하고 있다.

위대한 예술가의 작품 세계를 연대순으로 따라가다 보면 어느 정점에 도달한 뒤에는 거의 반드시 그 여맥이 은은하게 또는 더욱 원숙하게 나타난다. 우리나라 서화가 중에서는 추사(秋史) 김정희(金正喜, 1786~1856)가 말년에 아주 극명하게 보여주는데, 겸재의 금강산 그림도 국보 〈금강전도〉 이후에 부채에 그린 수묵 〈선면 금강내산〉(그림5-36)이 등장한다.

그림5-36. 〈선면 금강내산〉 | 종이에 수묵, 28.2×90.7cm, 간송미술문화재단 소장. 금강전도를 장쾌하게 펼쳐놓은 그림으로 구도의 변형을 한껏 보여준다. 봉우리 사이에 안개띠를 설정하여 원근감을 나타냈고 먹빛의 강약으로 광선을 처리했다. 개인적으로 겸재 그림 중에서 가장 황홀한 작품이다.

이 그림은 금강산 일만이천 봉우리를 부챗살 모양에 따라 꺾어 돌리듯 한껏 펼쳐놓은 구도로 더할 수 없는 박진감이 느껴진다. 이런 대담한 구도의 변형을 보여준 것만으로도 만년의 자신감이 아니면 다다를 수 없는 경지라는 감탄이 절로 나온다. 봉우리와 봉우리 사이에 안개를 표현한 담묵의 번지기는 그야말로 원숙미의 극치로, 그 감동이란 실경을 보는 그 이상의 것이라는 생각이 들 때도 있다. 그리고 나는 이규상의 『일몽고』의 「화주록」에 나오는 다음과 같은 이야기가 혹 이 작품이 아닌가 생각하곤 한다.

당시 사람들은 부챗살이 50개나 되는 합죽선에다가 겸재가 그린 〈금강산도〉를 받으면 손에 쥐는 기품(奇品)이라 여겼다.

그렇다고 나는 〈금강전도〉가 겸재 예술의 정점이라고 생각하지는 않는다. 여기까지가 겸재 금강산 그림의 정점이라는 것일 뿐, 겸재 예술의 정상으로 오르기까지는 아직 갈 길이 멀다.

왜관수도원 소장《겸재정선화첩》

왜관수도원에는 겸재 그림 21점으로 꾸며진《겸재정선화첩》이 소장되어 있다. 이 화첩은 1925년에 한국을 방문한 노르베르트 베버(Norbert Weber) 신부가 구입해 간 것으로 오랫동안 독일 오틸리엔(Saint Ottilien) 수도원이 소장하고 있던 것인데, 1975년 당시 독일에 유학 중이던 유준영(전 이화여대 교수)이 발견하여 세상에 널리 알려지게 되었고, 오틸리엔 수도원은 2005년 영구임대 형식으로 왜관수도원에 보내준 것이다.

이 화첩에는 〈금강내산전도〉 〈만폭동도〉 〈구룡폭도〉 등 금강산 그림과 〈연광정(練光亭)〉 〈압구정〉 등 진경산수화, 〈함흥본궁송(咸興本宮松)〉의 소나무 그림, 그리고 〈야수소서도(夜授素書圖)〉 〈청우출관도(青牛出關圖)〉 등 고사인물도가 총 21점이 소장된 겸재 회화의 종합선물세트 같은 화첩이다. 기년이 밝혀진 작품은 없지만 한결같이 겸재 노년의 능숙한 필치를 보여주는 명작들이다.

그림5-37. 《겸재정선화첩》 중 〈연광정〉 | 비단에 수묵담채, 28.7×23.9cm, 왜관수도원 소장. 대동강변의 연광정을 중심으로 평양 지역 경관을 그린 그림이다. 왼쪽 하단에는 평양의 대동문(大同門)이 보인다.

이 중 〈금강내산전도〉는 국보 〈금강전도〉와 비슷한 시기에 그린 장쾌한 그림이고, 대동강 〈연광정〉은 겸재가 평양 지역을 그린 유일한 작품이다. 〈압구정〉은 《경교명승첩》의 〈압구정도〉와 달리 정자의 늠름한 자태를 클로즈업하여 그린 것이다. 〈함흥본궁송〉은 태조 이성계가 함흥의 고향집에 심었다는 소나무를 그린 대단히 아

그림5-38. 《겸재정선화첩》 중 〈기우출관도〉 | 비단에 수묵담채, 28.7×23.9cm, 왜관수도원 소장. 푸른 소와 인물, 노송과 함곡관 건물이 생생하게 그려져 있다. 겸재의 뛰어난 채색 솜씨를 확인할 수 있다.

름다운 그림이다.

특히 이 화첩에는 많은 고사인물도가 실려 있어서 겸재의 또 다른 면모를 보여주고 있다는 큰 의의가 있다. 고사인물도는 역대 명현의 상징적 장면을 그린 것으로, 〈기우출관도(騎牛出關圖)〉는 노자가 주나라가 기울어가는 것을 보고는 서역으로 떠나가 버리려고

그림5-39.《겸재정선화첩》중〈야수소서도〉 | 비단에 수묵담채, 28.7×23.9cm, 왜관수도원 소장. 버드나무 아래에 앉은 지팡이 든 노인이 동자에게 책을 받고 있다. 무릎 꿇은 자세와 공손한 손 모양 등 인물 묘사가 정확하고 나무 윗부분을 짙게 드리운 밤안개로 표현했다.

푸른 소를 타고 나서서 함곡관에 다다랐을 때 윤희라는 관리가 노자를 알아보고 가르침을 구하자 『도덕경(道德經)』 5천 자를 써주었다는 이야기를 그린 것이다. 함곡관의 성문을 멀리 두고 노송 아래 길목에서 푸른 소를 탄 노자와 윤희가 대화를 나누는 장면인데, 인물이며 푸른 소며 노송이며 함곡관이며 모두 사실적으로 묘사하고

그림5-40.《겸재정선화첩》중〈초당춘수도〉 | 비단에 수묵담채, 28.7×21.5cm, 왜관수도원 소장. 유비가 초가집에 누워 있는 제갈량을 찾아간 장면이다. 이처럼 겸재는 진경산수뿐 아니라 잘 알려진 옛 이야기도 그림의 주제로 다루었다.

상서로운 구름으로 이 모두를 감싸안아 전설적인 이야기가 생생히 다가온다. 특히 겸재가 수묵채색에 얼마나 뛰어났는가를 여실히 보여준다.

〈야수소서도〉에 담긴 이야기는 다음과 같다. 한나라의 장수인 장량(張良)이 어렸을 때 우연히 이교(圯橋) 다리 아래에서 황석공(黃

石公)이라는 노인을 만났다. 노인이 장량의 사람됨을 시험해보려고 신발을 다리 밑에 던지고 주워 오라고 하자 장량이 신을 주워 와 공손히 신겨드렸다. 그래서 두 사람은 다시 만나기로 약속했는데, 장량이 약속 시간보다 늦게 나오자 노인은 이를 꾸짖고 다시 오라고 하기를 반복했다. 그래서 장량은 밤을 새워 노인을 기다렸고, 마침내 노인으로부터 병법(兵法)이 담긴 『소서(素書)』라는 책을 받을 수 있었다. 그 후 장량은 이를 공부하여 개국공신이 되었다는 이야기이다. 이 이야기를 충실하게 전하기 위해 겸재는 황석공을 신령스럽게, 장량은 무릎을 꿇고 공손히 『소서』를 받는 모습으로 그리고, 계곡 한쪽에 다리를 설정하고 짙게 드리운 밤안개로 화면 위를 덮었다.

이 외에도 유비가 제갈량을 찾아 삼고초려하는 〈초당춘수도(草堂春睡圖)〉, 송나라 유학자 장횡거(張橫渠)가 파초를 바라보는 〈횡거관초도(橫渠觀蕉圖)〉 등 당시 문인들이면 다 익히 알고 좋아했던 고사들을 그렸다. 이는 겸재의 예술 세계가 진경산수에 국한되지 않고 폭넓게 전개되었음을 잘 말해준다.

74세, 《사공도시품첩》

겸재의 기년 작품 중에는 1749년 74세 때 그린 《사공도시품첩(司空圖詩品帖)》이 있다. 이는 당나라 시인 사공도(司空圖, 837~908)가 「시품(詩品)」, 즉 미적 범주 24가지를 4언시로 서술한 것을 겸재가 그림으로 그리고 원교(圓嶠) 이광사(李匡師, 1705~77)가 원문

그림5-41.《사공도시품첩》중 〈유동도〉 및 시품 필사 | 비단에 수묵담채, 그림 및 글씨 34.5×29.6cm, 1749년(74세), 국립중앙박물관 소장. 당나라 시인 사공도가 정리한 미적 범주 24가지 중 '유동'을 그린 것이다. 이 그림에 화평을 쓴 이광사는 이 화첩 중 제일이라고 평했다.

을 필사해 넣은 서화합벽첩(書畫合璧帖)이다. 24품은 시의 품격이라는 추상적 개념을 언어로 형상화한, 이른바 '시를 논한 시'이다. 그 내용은 ①웅혼(雄渾, 웅장하여 막힘이 없음), ⑥전아(典雅, 법도에 맞아 아담함), ⑩자연(自然, 자연스러움), ⑪호방(豪放, 작은 일에 거리낌이 없음), ㉒표일(飄逸, 청신하고 뜻이 고고함), ㉔유동(流動, 거침없이 흘러감) 등이다. (국립중앙박물관,『겸재 정선, 붓으로 펼친 천지조화』, 2009)

이 시론은 후대에 큰 영향을 주어 명나라 때 간행된 것이 있고, 또 청나라 왕사정(王士禛, 1634~1711) 등이 이를 논한 글이 있으며, 나아가 화론에도 영향을 주어 청나라 황월(黃鉞, 1750~1841)은

「24화품(二十四畫品)」을 펴내기도 했다. 이 사공도의 「24시품」은 조선에도 17세기에 전래되었을 가능성이 큰데, 특히 정조·순조 연간에 크게 유행하였다(안대회, 『궁극의 시학』, 문학동네 2013).

겸재의 그림과 이광사의 글씨로 구성된 《사공도시품첩》은 원래 24편의 시와 그림으로 이루어졌겠으나 현재 화첩엔 겸재의 그림 22폭과 이광사의 글씨 18폭만이 실려 있다. 그리고 화첩의 맨 마지막 화폭인 〈유동도(流動圖)〉에 "기사 오월 하순 74세옹 겸재(己巳午月下浣七十四歲翁謙齋)"라고 적혀 있어 겸재가 74세 되던 기사년(1749) 오월(午月, 5월) 하순에 그린 것임을 알 수 있다.

그리고 각 그림에는 해당 그림에 대한 화평이 적혀 있는데 그 필자는 아직 밝혀지지 않고 있다. 예를 들어 마지막 화폭인 〈유동도〉의 화평을 보면 다음과 같다.

> 필세는 짙으면서도 살찌지 아니하였고, 구도가 정리되어 잡스럽지 아니하며, 뜻〔用意〕이 깊고, 교묘하게 꾸미지 아니하니 이 그림은 마땅히 전체 그림에서 제일간다고 하겠다.
>
> 筆勢濃而不肥 位置整而不雜 用意深而不巧 此幅當屬第一

한편 〈유동도〉에 붙어 있는 이광사의 글씨 끝에는 이광사가 이 글씨를 "신미년(1751) 윤5월 사공도 24시품을 번천(樊川) 견일정(見一亭)에서 썼다〔辛未閏夏 書司空表聖 詩評二十四則于樊川見一亭上圓嶠〕"는 기록이 있다. 겸재가 그림을 그린(1749) 지 햇수로 3년째 되는 해에 글씨를 쓴 것이다.

豪放
觀花匪禁呑吐大荒由道
返氣處得以狂天風浪浪
海山蒼蒼眞力彌滿萬象
在旁前招三辰後引鳳凰
曉策六鼇濯足扶桑

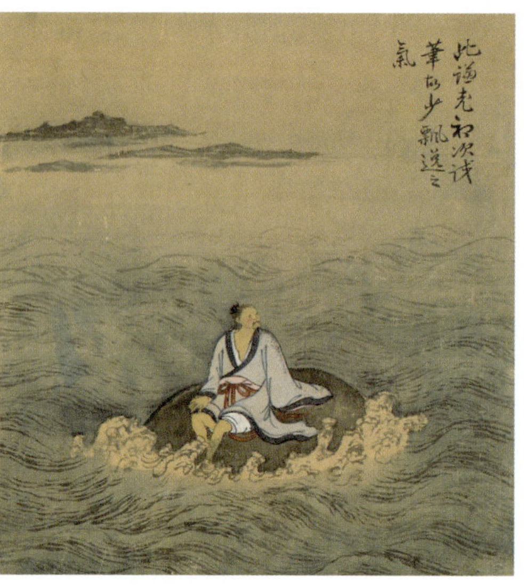

그림5-42. 《사공도시품첩》 중 〈호방도〉 및 시품 필사 | 비단에 수묵담채, 그림 및 글씨 34.5×29.6cm, 1749년(74세), 국립중앙박물관 소장. 거북의 등에 올라 앉아 발을 씻으며 먼 데를 바라보는 선비를 그렸다. 사공도의 글과 맞물려 시화일치(詩畫一致)를 보여준다.

《사공도시품첩》 중 〈호방도〉와 〈자연도〉

《사공도시품첩》에 실려 있는 겸재의 그림은 각 시품에 맞추어 사공도가 읊은 시에서 그 이미지를 빌어 그림으로 그린 것이다. 한 예로 제11품 '호방'에 대한 사공도의 시는 다음과 같다.

앞에서는 달과 별과 해를 부르고	前招三辰
뒤에서는 봉황새를 데려온다	後引鳳凰
해 뜰 무렵 큰 거북을 채찍질하여	曉策六鰲

그림5-43.《사공도시품첩》중〈자연도〉및 시품 필사 | 비단에 수묵담채, 그림 및 글씨 34.5×29.6cm, 1749년(74세), 국립중앙박물관 소장. 전형적인 남종문인화풍이지만 호방한 기상은 보이지 않는다. 얼마든지 중국 화본을 능숙하고 탁월하게 방작할 수도 있었지만 그 길을 택하지 않고 일부 필치를 겸재풍, 조선풍으로 재해석했기 때문이다.

동해 바다 부상에서 발을 씻는다　　濯足扶桑

겸재는 이 시에 맞추어 일렁이는 파도 속에 거북의 등에 올라앉아 발을 씻으며 먼 데를 바라보는 선비를 그렸다. 겸재가 익히 보여주던 시의도의 한 폭을 연상케 한다.

또 제10품 '자연'의 사공도 시는 다음과 같다.

인적 없는 빈산에 숨어 사는 사람　　幽人空山
물가를 지나면서 마름을 따노라　　過雨采蘋
말은 적어도 마음은 밝아　　薄言情悟

자연의 법칙은 그윽하기만 하도다　　　　悠悠天鈞

겸재는 시의 이미지대로 물가에 앉아 마름을 따는 은일자를 담백한 남종문인화풍으로 그렸는데 왠지 좀 심심한 맛이 있다. 그런데 화평은 이렇게 쓰여 있다.

진한데 맛은 적으니, 이것은 영웅이 사람을 속여먹는 솜씨이다.
濃而少味, 此英雄欺人手也

즉, 잘 그릴 수 있지만 일부러 붓질을 어눌하게 해서 그림의 맛을 담백하게 했는데 이는 영웅이 자신의 역량을 평소에는 어수룩하게 감추고 있는 것처럼 맛을 조금 덜어내어 농밀함을 보이지 않은 것이라고 평한 것이다. 이 표현은 명나라 이반룡(李攀龍, 1514~70)이 『당시선(唐詩選)』의 서문에서 이백의 시를 두고 한 말이다(안대회, 앞의 책).

겸재의 《사공도시품첩》 그림들은 겸재가 시품을 읽고 그 이미지를 형상화한 것이지만 겸재의 호방한 기상은 보이지 않는다. 그 이유는 중국의 어떤 화본에 나온 도상을 옮겨 그리면서 나무, 바위, 산, 정자 등을 그린 필치만 겸재풍, 또는 조선풍으로 바꾸었기 때문이라고 생각된다. 그러니까 소설로 치면 번안소설 같은 것이다. 이에 대해 이동주는 『우리나라 옛그림』에서 이렇게 말했다.

이 화첩은 본시 중국 화본의 임모(臨摸)로서 (특히 마지막 폭 〈유동도〉는) 구도에 있어서 기우뚱한 주봉과 전경의 인물을 중심으로 한 것으로 미루어 보아 전형적인 화본식의 정형산수였다. 그러나 이 그림을 보는 순간 중국 화본에 눈 익은 사람은 매우 기이한 인상을 받을 것이다. 왜냐하면 이 그림의 구도는 아마 방작하였을지 몰라도 그 기법과 화풍은 이미 완전히 달라져서 이것은 얼핏 보면 중국의 정식(定式)을 한국화한 것 같은 묘한 것이 되고 있는 까닭이다.

중국 산수의 전통적인 이념미는 본래 중봉연만(重峯連巒, 겹쳐진 봉우리와 연이어진 산세), 괴송심학(怪松深壑, 기굴하게 자란 소나무와 깊은 골짜기)의 심오감(深奧感, 깊이감)을 중심으로 하거나 유원심원(幽遠深遠, 멀고 깊고 그윽한) 운기(韻氣, 여운)에서 그 본보기를 찾는 것인데 겸재의 경우는 이 간단한 예에서도 보이듯이 심오감, 유원미는 고사하고 원근감마저 희박하며 다만 농담이 격심한 수법(樹法, 나무 그리는 법), 태점(苔點, 이끼 모양을 나타낸 점), 그리고 골력이 강한 주름이 주로 화면의 양감을 이룩하여 거세고 호방한 시감을 줄지언정 철학적인 산수미란 아랑곳없는 느낌이다.

즉, 중국식 정형산수를 그대로 임모한 것이 아니라 조선풍으로 재해석하였다는 것이다.

천취와 활필

겸재는 자신의 예술에 대해 아무 말도 남기지 않았다. 그런데 이원명(李源命, 1807~87)의 『동야휘집(東野彙輯)』에는 겸재가 어느

화가의 작품을 보고 평한 이야기가 실려 있다. (최완수, 『겸재 정선 진경산수화』에서 재인용)

> 이 그림은 참으로 잘 그렸다. 다만 천취(天趣)가 부족할 뿐이다. (…) 정신이 깨달아서 뜻이 만들어지되 황홀한 가운데 사람과 새와 풀과 나무가 날아 움직이며 오가는 형상이 있거든 곧 마음 내키는 대로 붓에 맡겨라. (그러면) 자연히 경치가 모두 천취가 되어 인위(人爲)와 같지 않으리니 이는 곧 살아 있는 필치, 즉 활필(活筆)이 되는 것이다.

천취와 활필, 이는 어쩌면 그가 스스로 터득한 만년의 스스럼없는 필치에 대한 소견이 아닌가 생각된다. 이는 손과 마음과 붓이 하나 되는 경지에서 자신의 손이 가는 대로 붓을 맡겼을 때에야 얻어지는 대가의 경지에서나 나오는 것이다.

음양의 산수화 두 폭

겸재의 만년 그림에는 그 누구도 흉내 내기 힘든 또 하나의 독특한 그림 세계가 있다. 겸재가 대련으로 그린 쌍폭의 음양산수도로 〈폭포〉와 〈바위〉 그림은 상징성이 강한 매우 매력적인 작품이다. 담묵을 주조로 하면서 농묵으로 폭포와 바위에 슬쩍 강약의 리듬을 주어 담백하고 은은하다. 그런데 자세히 음미해보면 이 작품은 사실상 남자와 여자의 성기를 그린 것이다. 아니라면 최소한 그런

그림5-44. 음양산수도 중 〈폭포〉(상) | 종이에 수묵, 30.0×39.8cm, 개인 소장. 간결하게 폭포를 그렸지만 사실은 여성을 상징적으로 그린 것이다.

그림5-45. 음양산수도 중 〈바위〉(하) | 종이에 수묵, 30.0×39.8cm, 개인 소장. 간결하게 폭포를 그렸지만 사실은 남성을 상징적으로 그린 것이다.

은유를 이 바위와 폭포에 삽입한 것이다. 이런 식으로 겸재는 만년에 대상의 사실적 의미를 관념적으로 해체시켜갔다. 그런 의미에서 이 작품은 겸재의 유머와 『주역』의 사상과 진경산수가 혼연히 하나가 된 겸재만의 예술 세계였던 것이다.

겸재에게 『주역』을 배운 금석 박준원이 다음과 같이 찬사를 보냈다.

> 겸재는 『주역』을 좋아하여 자못 역리(易理)를 잘 풀었는데 역의 이치를 잘 푸는 이는 변화를 잘하는 법이니, 겸재의 화법은 『주역』에서 얻어 그러하던가.

이는 겸재 그림에서 음양의 대비란 외형상의 형태만이 아니라 그 내용과 정신까지 말한 것이었다.

76세, 〈인왕제색도〉

1751년 그의 나이 76세 되는 신미년 윤5월 하순에, 겸재는 생애 최고의 명작 중 하나로 꼽히는 〈인왕제색도〉를 그렸다. 인곡정사 너머로 비안개 걷히는 인왕산의 모습을 그린 이 대작은 겸재 만년의 필치가 원숙미에 달한 진경산수의 절정을 보여준다.

언제나 그랬듯이 화가의 시점인 인곡정사가 솔밭 속에 머리를 내민 모습을 화면 아래쪽에 배치하고, 비안개 걷히며 환히 드러나는 인왕산의 준수한 자태를 거의 영웅적인 감정으로 보여주고 있다. 바위 봉우리의 미끄러운 질감을 나타내기 위해 몇 겹으로 붓질을 가하는 '중묵의 찰필(擦筆)'을 행하였는데, 그 붓길이 오직 종(縱)으로 내리긋는 한 방향으로 이루어지면서 각도만 달리하여 나타냄으로써 인왕산 바위 봉우리의 양감과 질감, 그리고 음영까지 실감 나게 보여주고 있다. 그리고 좌우의 산봉우리들이 햇살에 반사되는 밝은 모습을 흰빛으로 나타내어 짙은 먹빛과 강한 대비을 이루는 가운데 흔연히 어우러지고 있다. 그 천연스런 붓놀림에서 인왕산 준봉은 말할 수 없는 박진감이 살아나고 있다. 디테일을 보면 숲은 농담의 밀도를 지니고 있고 산자락을 타고 오르는 성곽의 모습은 아련하다. 적묵의 시커먼 바위 위에는 무리 진 소나무 행렬과 자연스러운 태점이 산세의 질감을 느끼게 한다.

이동주는 겸재가 〈인왕제색도〉에서 보여준 화법을 『우리나라 옛 그림』에서 "겸재는 실경의 한 특색을 용감하게 뽑아서 그림화하여 (중국 산수화의 정형화된 양식과 달리) 필연적으로 양감의 강조를 가져오고 그리고 양감의 강조는 결국 필세가 보태주는 중첩과 흑백의 대조에서 화면 구성의 핵심을 구하게 된다"고 하였다.

겸재는 개인 소장 《장동8경첩》에서도 〈인왕산〉을 그린 바 있다. 이 〈인왕산〉 그림은 〈인왕제색도〉에서 오른쪽 부분만을 그린 셈인데 여기서는 실경의 아기자기한 멋을 보여주었을 뿐 장중한 느낌이 담겨 있지는 않다. 그런데 〈인왕제색도〉에는 보는 이의 심금을 울리는 웅혼한 기상이 서려 있다.

최완수는 『겸재 정선』 제3권에서 겸재가 이 그림을 그린 시점이 그림자 같은 벗 사천 이병연이 바로 그해 윤5월 29일에 향년 81세

그림5-46. 〈인왕제색도〉 | 종이에 수묵, 79.0×138.0cm, 1751년(76세), 국립중앙박물관 소장. 겸재의 3대 명작을 꼽으라 하면 누구든 〈금강전도〉 〈박연폭도〉와 함께 〈인왕제색도〉를 우선적으로 염두에 둘 것이다. 그중에서도 최고 명작을 꼽으라고 하면 이 작품에 손을 들어줄 사람이 적지 않을 것이다.

仁王霽色
謙齋
辛未閏月下浣

로 세상을 떠났을 무렵으로, 그 무너질 듯한 슬픔과 함께 그와 한생을 같이한 회한의 감정을 담아 그렸던 것이기 때문이라고 했다.

〈인왕제색도〉, 그 이후

〈인왕제색도〉는 원래 겸재 집안의 소유로 전래되었지만, 막내아들 정만수와 그의 조카인 정황이 정조 때 영의정을 지낸 만포(晩圃) 심환지에게 《경교명승첩》과 함께 넘겨주었다. 이에 심환지는 1802년 4월에 다음과 같은 제발을 붙였다.

꽃 같은 산 봄 구름 비 보내고 넉넉하니	華岳春雲送雨餘
만 그루 소나무의 푸르름이 그윽한 집을 두른다	萬松蒼潤帶幽廬
주인옹은 아마도 깊은 장막 아래에	主翁定在深帷下
홀로 하도와 낙서를 완상하겠지	獨玩河圖及洛書
임술년(1802) 초여름 하순 만포 쓰다	壬戌 孟夏 下澣 晩圃 書

하도(河圖)는 복희씨(伏羲氏) 때 황하에서 나온 용마의 등에 그려져 있었다는 그림이고, 낙서(洛書)는 우임금〔禹王〕이 홍수를 다스릴 때 낙수에서 나온 신기한 거북의 등에 쓰여 있었다는 글이다. 복희는 하도에 의해 팔괘를 그렸고, 우임금은 낙서에 의해 홍범구주(洪範九疇)를 지었다고 한다. 송나라 소옹은 하도와 낙서를 음양오행의 상생(相生)과 상극(相剋)으로 도상화했다.

심환지의 이 제화시는 소장가가 바뀌는 과정에서 떨어져 나가

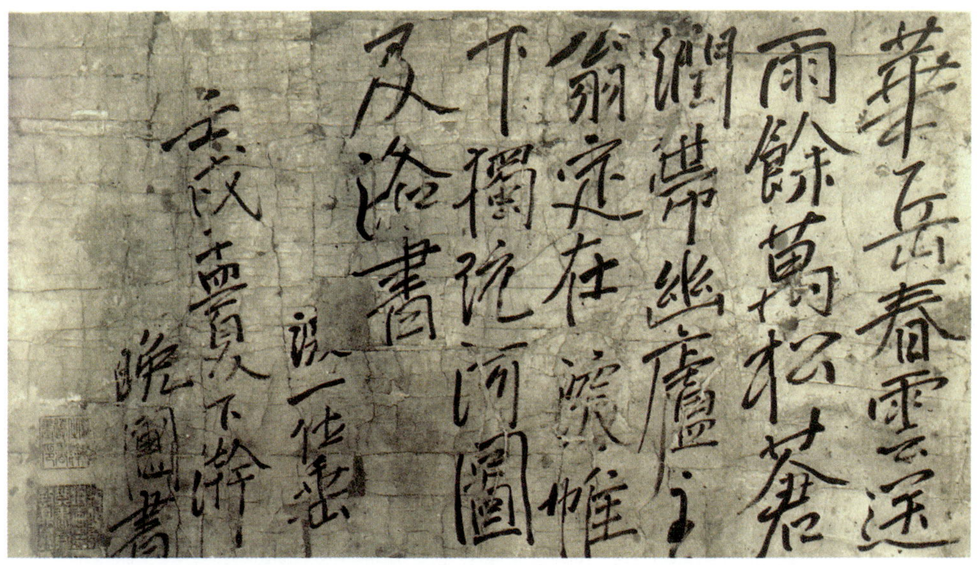

그림5-47. 심환지의 〈인왕제색도〉 제화시 | 〈인왕제색도〉는 원래 겸재 집안에 비장되어 있다가 『경교명승첩』 등과 함께 만포 심환지에게 넘어간다. 이에 만포는 1802년 4월에 이 발문을 썼다.

지금은 전하지 않지만 우현(又玄) 고유섭(高裕燮)이 「인왕제색도에 대하여」라는 글을 쓰면서 배관기로 실어서 알 수 있다. 〈인왕제색도〉는 이후 여러 사람의 손을 거쳐 마지막으로 소전(素荃) 손재형(孫在馨)이 호암미술관에 넘겨주었고, 고 이건희 회장의 기증으로 현재는 국립중앙박물관에 소장되어 있다.

최후의 명작 〈박연폭도〉

안경을 끼고 능히 섬세하게 그림을 그리는 노익장 겸재는 70대 후반 어느 때인가 생애 최후의 명작 〈비로봉도〉와 〈박연폭도(朴

淵瀑圖)〉를 그렸다. 이 두 작품은 대단히 파격적인 작품으로 능숙한 필치와 노년의 허허로운 경지가 아니면 그릴 수 없는 그림이다. 〈금강전도〉나 〈인왕제색도〉만 해도 대상을 치밀하게 관찰하고 그것을 정확하게 표현하며 미세한 디테일까지 놓치지 않는 시각의 성실성을 유지하고 있다. 그런데 〈비로봉도〉와 〈박연폭도〉는 극심한 과장으로 대상의 이미지를 극대화시키고, 그의 독특한 묵법과 필법으로 순수 조형의 힘과 아름다움을 보여주는 작품이다.

〈박연폭도〉는 폭포수를 실제 크기보다 몇 배나 더 길게 그리고, 수직으로 쏟아지는 폭포수의 흰 물줄기를 강조하기 위해 양옆 벼랑을 짙은 먹으로 겹겹이 비비듯 칠하여 먹빛과 흰빛이 대비가 대단히 강렬하다. 겸재는 일찍이 〈박생연도(朴生淵圖)〉(간송미술관 소장)라는 그림을 그린 적이 있다. 여기서만 해도 겸재는 바위의 형태, 소나무의 자태 등이 그런대로 사실성을 유지하고 있다. 그러나 〈박연폭도〉에서는 바위를 거의 추상화시키고 있다. 마치 큐비즘을 떠올리게 하는 재해석으로 윤곽을 강한 붓질로 구획하고 그 질감과 양감을 극대화시키고 있다.

그러고는 그 강렬함을 생경한 곳으로 흐르지 않게 하기 위해 곳곳에 소나무와 태점을 가하여 화면상에 생기를 넣어주고 있다. 화면 맨 아래에는 정자와 갓 쓰고 도포 입은 조선 선비의 모습을 그

그림5-48. 〈박연폭도〉 | 종이에 수묵, 119.4×51.9cm, 70대 후반, 개인 소장. 개성의 박연폭포를 그린 것이다. 겸재 필치에서 강약의 대비가 얼마나 능숙하게 구현되었는가를 유감없이 보여주고 있다. 그러면서도 폭포수가 떨어지면서 일으키는 포말을 생동감 있게 표현하였다. 나아가 갓 쓰고 도포 입은 조선의 선비를 점경인물로 표현하여 화면상에 현장감과 스케일을 동시에 느끼게 하는 조형적 배려를 보여주고 있다.

朴淵瀑

려 넣어 현장감과 함께 풍광의 스케일을 보여주는가 하면, 화면 오른쪽 상단에는 절벽 위에 나 있는 성문을 그려 넣어 시점이 분주히 오르내리는 역동감을 보여주고 있다. 참으로 감동적인 작품이다.

동서고금을 막론하고 만년의 무르익은 경지로 들어선 대가들은 언제 그랬더냐 싶을 정도로 치밀한 묘사를 버리고 대상을 되도록 간략하게 요약하려 든다. 디테일을 과감히 생략하는 것은 물론이고 형상의 골격 자체에 과장과 변형을 가하여 요점만 제시하며 단색조를 유지하면서 순수 조형의 세계로 나아가곤 했다. 그 점에서 사실상 여기가 겸재 예술의 종점이었다.

그림5-49. 〈박생연도〉 | 종이에 수묵담채, 1740년대, 98.2×35.8cm, 간송미술문화재단 소장. 박생연은 박연폭포의 다른 이름이다. 아직 바위의 형태, 소나무의 자태 등이 사실성을 유지하고 있으나, 훗날 〈박연폭도〉에서 보여줄 과감한 재구성을 예비하고 있는 그림이다.

말년의 관운

겸재는 70대에도 관운이 이어졌다. 사마시에 오르지 못했으면서 하양, 청하, 양천 고을의 원님이 된 것만도 그러한데 73세(1748)엔 세자익위사의 위수가 되었고, 77세(1752)에는 장흥고 주부가 되었고, 78세(1753)에는 헌릉령이 되었다.

세자익위사의 위수는 세자를 호위하는 종6품 무관직으로 이때 세자빈인 현빈궁(賢嬪宮, 추존 진종의 비)이 창덕궁으로 거처를 옮길 때 이를 호위하고 5일 만에 끝낸 임시직이었다.

그러나 77세 되는 1752년 11월에 제수받은 장흥고 주부는 월급을 받는 실직이었다. 그리고 10개월이 지나 이듬해(1753) 9월에는 헌릉령(종5품)으로 승진하였다. 서울 내곡동 대모산 자락에 있는 헌릉은 태종과 태종비를 모신 능이다.

그리고 헌릉령을 지낸 지 5개월이 지나 79세 되던 1754년 2월에는 정5품 종친부(宗親府) 전부(典簿)로 승진하고, 바로 그날 곧바로 종4품 사옹원(司饔院) 첨정으로 발령받았다. 그런데 영조는 이날 승지(承旨)들을 입시시킨 가운데 인사 발령 명단을 본 뒤 특별히 배려해야 될 사람이나 관심이 가는 인사들에 대해 궁금한 점을 점검하다가 겸재의 이름을 보고 몹시 반가웠던지 "정선이 아직도 있느냐"고 물었다. 그러자 우부승지 한광조(韓光肇)가 "나이가 거의 80입니다"라고 대답했다. 영조가 "요즈음도 아직 그림을 그릴 수 있느냐"고 물으니, 우부승지는 "그렇습니다"라고 대답했다.

겸재가 사옹원 첨정으로 발령받은 4일 뒤인 2월 29일 영조는 겸재에 대해 더욱 특별한 관심과 애정을 보여준다. 영조는 이날 이조판서 신만(申晩)과 이조참판 조명리(趙明履)를 특별히 입시시킨 가운데 날씨와 건강에 대해 이야기를 나누면서 "정선은 첨정에 제수되었는데, 나이가 70을 넘었지만 아직도 능히 그림을 그린다고 하니, 쉬운 일이 아니다. 안경을 끼는가" 하고 물으니, 홍봉한(洪鳳漢)이 "안경을 끼면 비록 밤중이라도 능히 그림을 그릴 수 있다고 합니다"라고 아뢰었다.

77세, 〈괴단야화도〉

1752년 77세 되던 2월 겸재는 한 해 전에 세상을 떠난 사천 이병연을 그리워하며 그와 한때 외조부 박자진의 집 괴단(槐壇)에서 박자진의 손자 박창언(朴昌彦, 1677~1731)과 밤새 이야기꽃을 피웠던 옛 추억을 새기며 한 폭의 그림을 그렸다. 그것이 〈괴단야화도〉이다. 기와 흙담이 둥그렇게 둘러진 마당 한쪽 회화나무 노목 아래 돌축대로 쌓은 단에서 세 사람이 둘러앉아 이야기를 나누고 있고, 그 곁에 동자가 시립해 있다. 그리고 다음과 같은 화제를 써넣고 겸재라 낙관하였다.

추억하노라. 이병연과 박창언을 홰나무 아래 단〔槐壇〕에서 깊은 밤 이야기 나누던 일을. 임신년(1752) 2월.

憶一源公美 槐壇夜話 壬申二月

그림5-50. 〈괴단야화도〉 | 종이에 수묵담채, 32.0×51.0cm, 1752년(77세), 개인 소장. 시와 그림을 나누며 평생을 교류한 이병연, 박창언과의 우정을 추억하는 그림이다. 겸재의 쓸쓸한 마음이 담겨 있기 때문인지, 둘러 앉아 밤새 이야기꽃을 피우는 세 사람의 모습에서 우수 어린 빛이 역력하다.

그런 쓸쓸한 마음으로 그린 것이라 그런지, 밤공기를 나타낸 어두운 빛 때문인지 그림에는 우수의 분위기가 역력하다. 이 작품은 2011년 5월, KBS 1TV 'TV쇼 진품명품'에 소개되어 화제를 모으고 그해 옥션 단 경매에 출품되면서 세상에 공개된 것이다.

그리고 같은 해 같은 달인 임신년 중춘에 빗속에 나귀를 타고 가는 나그네를 그린 〈우중기려도〉에도 그런 우수의 감정이 짙게 풍기고 있다. 이제 막 물이 오르기 시작하는 버드나무 아래로 봇짐을 둘러맨 동자를 데리고 한 노인이 고개를 숙인 채 나귀를 타고 먼 길을 가고 있다. 강 건너에는 물안개에 덮인 마을 집들이 어렴풋이

그림5-51. 〈우중기려도〉 | 종이에 수묵, 30.0×38.3cm, 1752년(77세), 개인 소장. 어딘지 이 그림에서는 우수가 느껴진다. 남종문인화에서도 원숙한 경지에 들어선 겸재를 보여준다.

보인다. 그리고 송나라 진여의(陳與義)의 시를 화제로 써넣었다.

나그네 세월은 시권 속에 있고　　客子光陰詩卷裏
살구꽃 소식이 빗소리 속에 전하네　　杏花消息雨聲中

이 그림은 겸재가 노년에 들어 얼마나 원숙한 경지의 남종문인화를 선보이는지 말해주는데, 일본 도쿄국립박물관의 오쿠라(小倉) 컬렉션에 있는 〈강안선유도〉(江岸船遊圖)는 한 폭의 명화라는 평을 들을 만한 가품(佳品)이다. 화가의 생리를 본다면 만년의 필법은 소략해지는 것이 특징인데 그 소략한 가운데 오히려 회화로서 깊은

그림5-52. 〈강안선유도〉 | 종이에 수묵담채, 33.0×52.0cm, 일본 도쿄국립박물관 오쿠라 컬렉션 소장. 겸재의 말년 관념산수 중 대표작으로 생각되는 명작이다. 김응환, 강세황도 이런 강안 풍경의 명작을 남겼지만 겸재의 이 그림이 선구적이었다고 할 수 있다.

맛을 내는 것이 노년의 경지인 것이다.

〈한아군상도〉

겸재의 스스럼없는 필치를 보여주는 작품 중 하나로 〈한아군상도(寒鴉群翔圖)〉라는 아주 예외적인 작품을 소개하고 싶다. 이동주 선생은 생전에 좋은 작품을 보면 흑백사진으로 찍어 스크랩북에 붙여두곤 하였는데, 사후 이동주 선생의 장서가 명지대학교에 기증될 때 이 스크랩북을 정리하면서 이 작품의 흑백사진을 보고 참으로 재미있고 귀한 그림이라고 생각해왔다. 그러다 개인 소장가

그림5-53. 〈한아군상도〉 | 종이에 수묵담채, 22.8×17.0cm, 개인 소장. 스스럼 없는 필치로 그려낸 예외적인 작품으로, 오른쪽 상단을 맴도는 갈까마귀 떼가 외로운 가을 풍경에 아련함을 더한다.

가 감정받고자 이 작품을 갖고 왔을 때 나는 동주 선생을 뵙는 것만 같은 반가움이 있었다.

바람이 많이 부는 어느 가을날 나귀를 탄 한 선비가 동자를 데리고 울타리 높이 쳐 있는 강변 외딴집 앞을 지나간다. 길가의 노목에 선 성근 가지의 나뭇잎이 바람에 휘날리고, 강 건너엔 바람에 한쪽으로 기울어진 수풀 너머로 초가 마을이 고즈넉이 자리하고 있다. 그 인물, 나무, 울타리, 초가집이 모두 소략하게 붓 가는 대로 그린 것 같은데 뒷산 너머로 갈까마귀가 떼를 지어 맴을 돌면서 날아가고 있다. 그 점점이 돌아가는 갈까마귀 군무에 겸재는 다음과 같은 수양제(隋煬帝)의 유명한 싯구를 화제로 달았다.

갈까마귀는 천만 점을 이루는데	寒鴉千萬點
흘러가는 물은 외로운 마을을 감싸고 도네	流水繞孤村

이 작품을 소장하고 있던 분도 이 갈까마귀의 비상에 감동했던지 "까마귀 까마귀 너 갈 대로 가거라 / 어둑말 끝말 멀리멀리 날러라"라는 감상을 그림 옆에 써넣었다.

79세, 사도시 첨정

겸재는 79세 되는 1754년 4월, 사옹원 첨정을 지낸 지 얼마 되지 않아 사도시 첨정(종4품)으로 승진하였다. 그러자 사간원(司諫院) 정언(正言)인 정술조(鄭述祚)가 4월 5일, 대리청정하던 왕세자(사도세자)에게 그간 인사 발령상의 여러 문제점을 지적하면서 다음과 같이 겸재를 이른바 "천기(賤技)로 득명(得名)하고 잡로(雜路)로 발신(拔身)한 자"라고 격렬하게 비난했다.

> 사도시 첨정 정선은 천한 기예(技藝)로 이름을 얻고 잡직으로 몸을 일으켜 종전의 이력이 이미 분에 넘치거늘, 지금 이렇게 새로 제수된 것은 더욱 터무니없어 동료들이 더불어 반열을 같이하기를 수치로 여겨 시간이 지날수록 물의가 더욱 해괴하니, 청컨대 사도시 첨정 정선을 쫓아버리십시오.

그러나 왕세자는 이를 받아들이지 않았다. 그러자 정술조는 다음 날인 4월 6일에도 계속 겸재의 파직을 청하면서 겸재를 더욱 신랄하게 비난했다. 그리고 이틀 뒤의 4월 8일 영조는 승지들로부터 정술조가 인사 발령에 대해 탄핵한 일을 보고받았다.

동부승지 성천주(成天柱)가 "사도시 첨정 정선도 외람되이 터무니없는 자리를 차지했다고 하여 탄핵을 당했습니다" 하자 임금께서 "사간원 대신(臺臣)이 누구냐"고 물었다. 동부승지가 "정언 정술조입니다"라고 대답했다.

영조가 "그렇다면 세자가 따랐느냐"고 묻자 김상복(金相福)이 "정선의 일은 '지나치다'는 하교가 있었습니다"라고 대답했다. 그러자 영조는 웃으며 "세자가 어찌 그것이 지나치다는 것을 알았겠는가. 밖에 있는 사람들은 필시 내가 안에서 세자에게 이와 같이 하교한 것으로 생각할 것이다"라고 말했다.

그리고 영조는 이날 밤 세자에게 다음과 같이 물었다. "대간이 진달(進達)한 가운데 정선의 일은 네가 어떻게 그것이 지나치다는 것을 알았느냐? 네가 만약 그림으로 그의 이름을 알아서 지나치다고 말했다면, 이는 곧 사사로운 뜻이다."

영조는 이렇게 겸재를 중용한 것이 단순히 그림을 잘 그리기 때문이 아니라는 사실을 강조하였다. 결국 이 일은 영조의 비호 속에 겸재는 살아나고 오히려 정술조는 다른 사건과 연계되어 파직되고 끝났다.

겸재는 이때 영조로부터 받은 은혜를 잊지 못했을 것이다. 그러나 완고한 문신으로부터 받은 모욕은 지울 수 없는 상처로 남아 있었을 것이다. 그래서 그랬는지 겸재는 한 달 뒤 "신병이 매우 중해 소임을 보기 어렵다"고 사직을 청하였고 5월 12일, 이조판서와 도승지가 영조에게 보고하여 윤허를 받았다. 그리하여 겸재는 거의 40년에 걸친 긴 벼슬 생활을 실질적으로 마무리하고 80대로 들어서게 된다.

6부

80세~84세

만년의 명예

겸재 80대

겸재의 관직은 79세(1754)에 종4품 사도시 첨정으로 끝났지만 80세에는 정3품 첨지중추부사(僉知中樞府事)로 승진하였다. 조선시대에는 경로사상이 극진하여 『경국대전(經國大典)』의 「노인직(老人職)」 조항에 "연령이 80세 이상이면 양민과 천인을 막론하고 1품계를 올려준다"는 내용이 있었다. 이를 수직(壽職)이라고 한다. 겸재는 비록 수직이지만 당상관(堂上官)에 오른 것이다.

그런데 이듬해 81세 되던 1756년에 겸재는 왕실의 경사를 축하하는 수직으로 또 1품이 더 올라 종2품 동지중추부사가 되었다. 이해에는 대왕대비인 숙종의 비 인원왕후(仁元王后)가 칠순을 맞으면서 이를 경축하기 위해 죄수들을 석방하고 조정의 신하로 70세 이상인 사람과 사서인(士庶人)으로서 80세 이상인 사람에게 모두 품계를 올려주도록 한 조치가 있었던 것이다. 겸재는 이제 가선대부(嘉善大夫)의 아경(亞卿, 차관급)에 오르는 영예를 누리게 된 것이다.

게다가 『경국대전』에 따르면 종친 및 문무관으로서 실직 2품 이상인 자는 그의 아버지와 할아버지 3대를 추증(追贈)하여, 부모는 그의 품계를 추증하고, 증조부는 그의 품계에서 1품씩 순차로 내려서 추증한다고 되어 있어 아버지 정시익은 종2품 호조참판, 할아버지 정륜은 정3품 당상 좌승지, 증조할아버지 정창문은 정3품 사복시정(司僕寺正)으로 추증되는 집안의 대경사를 맞았다. 겸재가 3대에 걸친 조상에게 복을 드렸다는 말은 이 사실을 가리키는 것이다. 만년의 복치고는 너무도 큰 복이었다.

그러나 수직이란 명예에 관한 것이어서 80대 겸재의 집안 형편은 다소 곤궁하게 되었던 듯하다. 겸재의 두 아들과 손자 셋 모두 사마시도 나가지 못하고 벼슬도 하지 못해 집안 형편이 넉넉할 수 없었던 것이다. 그래서 한동네에 살아 겸재의 사정을 잘 알고 있었던 신돈복은 "겸재의 집은 실로 가난하여 비록 몇 고을을 거쳤다 하나 늙도록 항상 식록(食祿)을 받지 못할까 걱정했으니 어찌 개결한 선비가 아니겠는가"라고 하였다.

또 근재 박윤원이 20대 청년 시절 겸재에게 『주역』을 배울 때, 겸재의 인곡정사를 찾아가면 바깥사랑채에는 나무도 때지 못한 채 안채에 거처하다 차가운 바깥사랑채로 나와 앉아 가르쳤기 때문에 오래 수강할 수 없었다고 했다.

80대 노화가의 건필

겸재의 가장 큰 복은 건강이었다. 80대에도 안경을 쓰고 작은 사물까지 묘사했을 정도로 노익장을 자랑하며 84세까지 천수를 다하도록 건필을 보였다. 박윤원의 동생인 박준원은 겸재 만년의 건필을 이렇게 증언한다(박준원, 『금석집(錦石集)』, 「겸재산수도기(謙齋山水圖記)」).

> 겸재 노인은 산수를 잘 그렸으니 나이 80여 세에도 필력이 더욱 신기로웠다. 나는 그림을 그려달라고 간청하여 소폭 하나를 얻었다. 봉우리가 겹겹이 싸여 있고 구름과 안개가 자욱하게 둘러 있는데, 두어 자밖에 안 되는 종이에 그 형세가 웅건하고 호활함이 우뚝하여 신

기롭고도 그윽하며, 얕고 깊고 멀고 가까움이 각각 묘한 경지에 이르지 않은 것이 없었다. 그 변화를 예측할 수 없었으니 마치 발은 층층한 절벽에 오르는 것 같고, 눈은 깊고 깊은 바다를 꿰뚫어 보는 것 같았다.

또 송호(松湖) 유언술(兪彦述, 1703~73)은 박대원(朴大源, 1694~1766)이 소장하고 있는《겸재화첩》에 부쳐 다음과 같이 말했다.

이는 겸재 팔십 노인의 그림으로 박대원의 소장품이다. 박대원은 그림을 잘 알지 못하나 이 그림을 아주 사랑하여 보배로 여기며 손에서 놓지 못하고 있으니 어찌 그 사랑하는 바가 그림에 있지 않고 사람에 있다고 하지 않겠는가. (…) 겸재는 그 흉중에 있는 바를 붓끝에 정신을 실어 발현한 분으로 그는 늙어서까지 이를 잃지 않았다. (…)

겸재의 그림을 말하는 세상 사람들은 문득 그 빼어나고 기이함을 보면서 절규하듯 말하기를 "핍진하도다" "신운이 감돈다"라고 하니 이는 그림을 아는 소리이다. 그러나 겸재는 모르는 말이다. 박대원은 홀로 필법의 기교를 뛰어넘어 신회(神會)가 통하듯 겸재의 마음을 얻고 팔뚝 아래에 두며 마음으로 그것을 사랑하니, 박대원은 이른바 그림을 아는 자는 아니지만 그림 보는 법은 아는 자가 아니겠는가.

이 글은 겸재 80대 그림을 증언한 소박한 감상론이지만, 실상은 겸재 미학의 핵심을 잡아낸 명문이다.

겸재 80세, 〈노송영지도〉

80대 겸재의 건필을 직접 보여주는 것은 80세 되는 1755년 가을에 그린 〈노송영지도(老松靈芝圖)〉라는 대작이다. 구불구불하게 자란 해묵은 소나무 아래 영지버섯을 그리고 나서, 노필임이 역력히 느껴지는 작은 글씨로 "을해년 가을날 겸재가 80세에 그림〔乙亥 秋日 謙齋 八十歲 作〕"이라고 낙관하였다. 〈노송영지도〉 속 수령이 수백 년 된 소나무의 늠름한 자태에는 풍상을 이겨낸 옹이 자국이 곳곳에 드러나 있다. 사실 그것이 굳센 생명력을 지닌 조선 소나무의 아름다움이다. 소나무 가지는 아무렇게나 휘어 뻗으면서 흐드러진 자태의 멋을 보여주는데 그 형상은 목숨 수(壽) 자, 특히 초서체로 쓴 수 자에서 따온 것이라 더 깊은 상징성을 지닌다. 여기에 싱싱하게 자란 영지버섯을 곁들여 장수를 기원하는 마음을 담았다. 80대 노화인의 작품이라고 믿기지 않을 정도로 필치에 힘이 들어 있다.

〈사직노송도〉와 〈노백도〉

겸재의 소나무 그림으로는 〈사직노송도(社稷老松圖)〉가 일찍부터 알려져왔다. 아마도 사직단에 있었던 누운 소나무가 옆으로 퍼져나가며 자란 모습을 그린 것으로 보이는데, 설해목(雪害木)으로 부러지는 것을 방지하기 위하여 가지마다 버팀목을 세워놓은 것이 오히려 이 노송의 연륜을 말해준다. 솔잎을 성글게 표현하여 줄기의 모습이 더욱 강조되면서 그 자연스러운 아름다움을 한껏 강하

그림6-2. 〈사직노송도〉 | 종이에 수묵담채, 61.5×112.0cm, 고려대학교박물관 소장. 사직단에 있던 누운 소나무를 그린 것으로 보인다. 가지마다 세운 버팀목과 뒤틀린 가지들이 어우러져 노송의 역동성과 연륜을 드러낸다.

게 드러내고 있다.

〈노백도(老柏圖)〉는 소나무가 아니라 해묵은 향나무가 목숨 수(壽) 자 형태로 줄기를 휘어가며 자란 모습을 그린 것으로, 향나무

특유의 매끄러운 질감이 중첩된 열은 필세로 실감 나게 표현되어 있다. 줄기 가운데 부분을 하얗게 남겨 입체감까지 나타내고 있다. 상단에는 심능태(沈能泰, 1758~1821, 자 대래大來)가 이로재(李魯在,

그림6-3. 〈노백도〉 | 종이에 수묵담채, 132.1×55.7cm, 삼성문화재단 소장. 힘차게 뻗으며 멋있게 자란 이 향나무는 목숨 수(壽) 자를 닮아 그 자체로 예술적 구성을 보여준다. 겸재는 그 줄기와 잎을 생김새에 따라 그리면서 필선과 농묵의 멋을 한껏 살려냈다.

1758~?, 자 예백禮伯)에게 써 준 다음과 같은 시가 쓰여 있다.

겸재의 필법은 오묘해 신령과도 통하고	謙齋筆法玅通靈
백 척의 반송은 늙은 스님의 모습이네	百尺盤松老釋形
가져와 친구에게 준 것은 참으로 의미가 있으니	持贈故人良有意
변하지 않은 마음씨 또한 능히 푸르리	歲寒心事也能青

그리고 그림 하단에 훗날 심전(心田) 안중식(安中植, 1861~1919)이 운양(雲養) 김윤식(金允植, 1835~1922)의 장수를 축원하며 이 그림을 선사하면서 쓴 찬문에 '노백(老柏)'이라고 해서 〈노백도〉로 불리고 있다. 그러나 식물학자 박상진은 틀림없는 향나무라고 고증하였다.

〈함흥본궁송〉

왜관수도원에 소장된《겸재정선화첩》에 실려 있는 〈함흥본궁송〉은 태조 이성계가 살았던 옛집에 이성계가 직접 심었다는 소나무가 300여 년 뒤 노송으로 늠름하고 아름답게 자란 모습을 그린 것이다. 겸재는 함흥에 가본 일이 없는데 1756년 함흥본궁을 다녀온 박사해가 부탁해서 그린 그림이라고 한다(박사해, 『창암집』, 「함흥본궁송도 기(記)」). 그렇다면 겸재 81세의 그림이 된다.

기와 흙담장 안에 본궁 건물 뒤편으로 준수하게 뻗어 올라간 세 그루의 소나무를 참으로 아름답고도 실감 나게 그렸다. 신기한 것

그림6-4.《겸재정선화첩》 중 〈함흥본궁송〉 | 비단에 수묵담채, 29.5×23.5cm, 왜관수도원 소장. 함흥본궁을 그린 것이지만 그림의 주제는 소나무에 있다. 소나무 줄기의 비늘을 표현한 것에 더없이 충실한 사실감을 느끼게 되며 노송의 기품에서 그림의 높은 품격을 맛보게 된다.

은 소나무 가지가 그렇게 드러나 있지 않을 것인데도 이렇게 솔잎 밖으로 노출시킴으로써 더욱 운치 있게 느껴진다는 점이다. 대상의 특징을 재해석해낸 노화가의 천재성이 느껴지는 대목이다. 겸재 낙관 옆에는 누군가가 쓴 화평이 있는데 나의 이런 감탄과 같은 뜻을 담았다.

> 겸재 노인의 필력이 비록 건장하다 해도 귀신의 도움이 아니었다면 어찌 능히 이와 같이 그릴 수 있겠는가.
>
> 謙老筆力雖健 非神助何能作此

다시 장동8경을 그리며

80대 겸재는 세상을 떠나기 전 자신이 살고 있는 동네 풍경인 장동8경을 또 한 번 그렸다. 이《장동8경첩》(국립중앙박물관 소장)의 내용은 앞서 70대에 그린 두 화첩과 비교할 때 〈청송당〉〈취미대〉〈청풍계〉 세 곳은 같으나 〈독락정〉〈대은암〉〈창의문〉〈백운동〉〈청휘각〉 등이 들어 있다.

이 말년작《장동8경첩》은 앞의 두 화첩과는 필치가 완연히 다르다. 대상을 소략하게 표현했고, 필치는 스스럼없이 그어간 스케치풍으로 노필이 주는 간명함이 역력하다.

그중 〈백운동〉은 이 화첩의 백미로 건물과 수목의 배치가 안정감 있고, 먹으로 짙게 나타낸 우람한 바위의 육중한 질감과 줄지어 선 소나무의 행렬, 그리고 토산을 나타낸 미점이 강약의 대비를 이루며 흔연히 어울리고 있다. 즉, 먹·선·점이라는 순수 조형의 능숙한 구사가 드러나는 가운데 그 앞을 지나는 나귀를 탄 선비와 동자가

그림6-5. 《장동8경첩》 중 〈창의문〉 | 종이에 수묵담채, 33.6×29.8cm, 70대 후반~80대 초반, 국립중앙박물관 소장. 머리에 소나무를 이고 흩어 치는 박수처럼 자유분방하게 배치된 바위들이 눈에 띈다. 창의문 밖으로 멀리 위치한 인왕산의 벽련봉은 족두리처럼 바위 하나를 머리에 이고 원경으로 서 있으면서도 겸재 특유의 강한 붓질로 도드라져 그림의 무게를 잡고 있다.

아주 선명하여 이 그윽한 풍광에 인간적 체취를 한껏 풍기고 있다.

〈창의문〉은 겸재 노년의 즐거운 조형 유희를 보는 듯한 각별한 감동이 일어난다. 창의문으로 오르는 언덕길 주변에는 소나무를 머리에 이고 있는 바위들이 흩어 치는 박수처럼 자유분방하게 배

그림6-6. 《장동8경첩》 중 〈독락정〉 | 종이에 수묵담채, 33.6×29.8cm, 70대 후반~80대 초반, 국립중앙박물관 소장. 자유로운 필묵의 쓰임을 보여주는 또 하나의 그림이다. 거리에 따라 자유자재로 먹의 농담을 조절해 바위와 소나무, 산자락을 그린 서로 다른 질감의 붓질이 행복한 조화를 이루고 있다.

치되어 있고, 창의문 위 안개 너머로 족두리처럼 바위를 머리에 인 벽련봉(碧蓮峯)을 겸재 특유의 강한 붓질로 짙게 나타내어 그림의 무게를 잡고 있다. 참으로 능숙하고도 자유로운 필묵의 세계이다.

이 외에도 《장동8경첩》의 다른 작품들은 노필만이 보여줄 수 있는 담백하고 은은한 분위기로 일관하고 있다. 〈독락정〉은 백악산 부아암이 올려다보이는 계곡가의 초가 정자로 바위의 질감을 나타낸 붓질, 소나무 행렬을 그린 빠른 붓놀림, 산자락에 점점이 가한 태점이 행복한 조화를 이루고 있다. 모든 것이 순식간에 그려진 듯 자연스럽기만 하다. 옛사람들은 이런 작품을 "필묵의 쓰임에 자취가 없다"고 했다.

말년의 명작 〈강진고사도〉

제작연도가 밝혀진 겸재의 마지막 작품은 장동 백악산 아래 자리 잡고 있는 저택을 그린 〈장동고가(壯洞古家)〉이다. 기존의 도록 중에는 〈청송당〉으로 소개하는 경우도 있지만 오히려 겸재의 외가댁을 그린 〈풍계유택〉을 다른 각도에서 그린 것이 아닌가 싶기도 하지만 정확지 않다. 화면 상단에 "82세 늙은이 겸재〔八十二歲翁 謙齋〕"라고 낙관한 것인데 작품이 많이 손상되어 여기에 도판으로 소개하지 않는다.

그 대신 비록 명확한 연대가 밝혀지지는 않았지만 최완수가 『겸재 정선』 제3권에서 1756년, 81세 작으로 비정한 〈강진고사도〉(江津孤舍圖, 강나루의 외딴집)는 겸재 말년의 명작 중 하나로 꼽을 만하여 여기에 소개한다. 안개 가득한 강변의 초가집 두 채, 울타리 밖에는 강바람에 시달리며 자란 네댓 그루 나무에 성근 가지들이 가녀린 모습을 띠고 있다. 이 스산하면서도 처연한 분위기는 남종산수화의 대표적인 화가인 원나라 예찬의 〈용슬재도〉를 연상케 하는

그림6-7. 〈강진고사도〉 | 비단에 수묵담채, 23.5×27.5cm, 1756년(81세 무렵), 간송미술문화재단 소장. 겸재 말년의 명작 중 하나다. 조선의 강변을 무수히 그려낸 겸재의 붓끝에서 완벽하게 그 정수만 남기고 추상화한 조선 산수화다.

데 어디를 보나 이는 화본풍이 아니라 겸재풍의 조선 산수화이다. 여기에서 우리는 위대한 화가 겸재 정선 예술의 높은 화경(畫境)에 다시 한번 감탄하며 무한한 찬사를 보내게 된다.

겸재의 그림에 여기에 이르니 일찍이 신숙주(申叔舟, 1417~75)가 안평대군의 소장품 222축을 배관하고 쓴 「화기(畫記)」의 마지막 구절이 생각난다.

무릇 그림이란 반드시 천지의 조화를 자세히 살피고 음양의 운행을 파악하여 만물의 성정(性情, 타고난 본성)과 사리의 변화를 가슴속에 새긴 연후에 붓을 잡고 화폭에 임하면 신명(神冥)과 만나게 되어, 산을 그리고자 하면 산이 보이고 물을 그리고자 하면 물이 보이며 무엇이든 붓으로 그대로 그려내니 가슴속에 서린 물(物)의 가형(假形)을 통하여 그 안에 있는 진상(眞狀, 참모습)을 빼앗을 수 있는 것이니, 이것이 화가의 법이다.

나는 겸재의 노년 작품에 신숙주의 이 평을 그대로 바친다.

84세, 겸재 애사

겸재는 1759년 3월 24일 인곡정사에서 조용히 세상을 떠났다. 겸재의 지인들은 다투어 통곡의 애사를 지었다. 그중 누구보다 애통해한 것은 역시 관아재 조영석이었다. 겸재는 원체 장수했기 때문에 담헌 이하곤, 사천 이병연 같은 친구들은 벌써 세상을 떠났고 10년 연하인 조영석만 남았던 것이다. 그러나 관아재도 이미 74세의 노구로 늙고 병들어 영구 앞에 임하지 못하니 그 애사가 더욱 서글프고 애처롭다. 관아재 조영석은 「겸재 정동추 애사」를 쓰면서 어려서 겸재와 사귈 때부터의 잊을 수 없었던 일들을 소상하게 회상하고는 그 말미를 이렇게 장식했다.

내가 이제 연로하여 기거할 수도 없는지라, 공이 죽어 장사 지낸 지도 며칠이 되었건만 내가 아직 가서 곡을 하지 못했으니 공을 심히 저버렸도다. 공의 여러 아들이 만사(挽詞)를 부탁하기에 내가 차마 한마디 하지 않을 수 없어 이에 힘써 빠르게 애사(哀辭)를 지어 나의 슬픔을 서술하여 공을 만나게 된 대략을 보인다.

애사는 다음과 같다.

다시 직분 받들어 부모 봉양하였으니 再奉專城養兮
맛난 음식을 거르지 않았네 甘旨無缺
삼 대에 걸쳐 은혜를 내리시니 推恩三世兮
영화가 밝고 지극하도다 榮曜極兮
임금께서 그를 호로 부르시고 聖主稱其號兮
하인들도 그 이름을 알았다네 (…) 輿儓識其名 (…)

관아재 조영석 이외에도 겸재의 죽음을 애도한 애사와 만사는 많고도 많았을 것이다. 그런데 지금 우리가 알고 있는 것은 불과 몇 편뿐이다. 그중 박사석(朴師錫, 1713~74)은 만사를 지어 이렇게 읊었다.

세상에서 명화라면 반드시 겸재를 지목하니 世稱名畫必謙翁
이치는 하도에서 나왔고 그림의 공 이루었네 理本河圖後素功
우리나라 백 년에 이런 솜씨 없었으니 東國百年無此手
정건(鄭虔)의 삼절도 이보다 한 수 아래일세 鄭虔三絶下斯風

그림이 한가한 일이라고 사람이 속된 게 아니니 丹青餘事人非俗

담박한 당신의 마음 누가 그려낼 것인가 淡泊靈臺孰寫公
팔십 장수를 누렸고 이름도 또한 오래갈 것이니 八十壽長名亦久
높은 산과 흐르는 물과 더불어 끝이 없으리 高山流水可相終

겸재 예찬

조선 회화사상의 위대한 화가 중 한 분인 겸재의 일생은 이렇게 끝을 맺었다. 그런데 겸재의 전기(傳記)를 쓰면서 나는 겸재의 죽음에 대해 이상하리만치 애도의 염이 일어나지 않는다. 그의 죽음에 임하여 일어나는 감정이란 오로지 그의 위업에 대한 공경과 찬양뿐이다. 한 치도 모자람이 없는 고마운 인생이었다는 감사의 마음뿐이다.

겸재가 이룩한 진경산수의 세계는 진실로 위대한 것이었다. 그는 조선적 산수화를 창시하고 완성했다. 그는 당대의 문화적 성숙에 힘입어 이를 자신의 숙명적 과업으로 알고 신분을 떨쳐버리고, 남들이 천하다고 비웃는 소리에 괘념치 않고 "내 비록 환쟁이라 불릴지라도" 화인으로 살아가겠다는 열정과 의지로 이와 같은 위대한 성취를 이루었다. 그래서 그의 위업은 더욱 위대하게 다가온다.

겸재의 진경산수는 당대부터 문인들의 상찬과 존경을 받았다. 그로 인하여 시와 그림은 더욱 가까워졌고, 그림의 사회적 위치도 한껏 높아졌다. 뿐만 아니라 겸재의 진경산수는 당대부터 많은 화가들이 추종하는 바 되어 그의 제자는 물론이고 화가라 지칭하는 사람 가운데 겸재의 영향을 받지 않은 이가 없었다. 강희언, 김희겸, 김윤겸, 정충엽, 정황, 마성린, 김응환, 김홍도, 이인문…… 그리하여 18세기에는 '겸재 일파의 진경산수화풍'이 형성되었고, 진경산수는 마침내 하나의 회화 장르로 확립되었다.

진경산수의 미학은 중국인에게도 그대로 비치었다. 금석 박준원은 겸재의 그림에 대해 다음과 같은 중요한 증언을 남겼다.

> 겸재 노인의 이름이 세상에 퍼진 지 50, 60년 동안에 그 그림이 집집마다 보관되어 있으며, 우리나라에 온 중국 사람이 우리 산천을 보고는 "비로소 겸재의 그림이 신의 경지에 이른 줄을 알게 되었다"고 했다.

겸재에 대한 후대의 평가와 찬사는 무수히 계속되었다. 그중 우리의 심금을 울리는 것으로는 박사해의 글 이상의 것이 없다.

> 선비가 이 세상에 태어나서 부귀하게 살다가 사라져 기록되지 못하기보다는 차라리 한 가지 재주로 후세에 이름을 드날려야 하나니, 대개 차마 초목과 함께 썩어질 수는 없기 때문이다. (…) 겸옹(謙翁, 정선)은 성리학에 조예가 깊었지만 다만 그림으로 가려진 바 되어 이를 아는 자가 없었으니 단지 그림으로만 세상에 이름을 떨쳤기에 옹이 진실로 알아주는 이를 만나지 못한 것이다. 그러나 스스로 번민하지 않았으니 옹은 고고한 분이라 말하지 않을 수 없다. (…)
>
> 옹이 평생 쓸쓸하지 않았고 명성의 가치가 더욱 두터워져 이름이 날로 더욱 자자하였던 것은 옹이 불우(不遇)한 가운데에서도 인정을

받았기 때문이었다. 옹으로 하여금 화가가 아닌 공경(公卿)이 되게 하였다면 비록 한때의 부귀가 지극했을 수는 있었겠으나 그 이름이 능히 이처럼 반드시 전해질 수야 있었겠는가!

그리고 200년이 지난 오늘날까지 겸재에 대한 칭송과 그 고마움에 대한 후대인의 감사는 끊임없이 이어지고 있다.

정2품 한성판윤 추증

겸재의 홍복은 사후에도 계속되었다. 겸재 사후 13년 되는 1772년(영조 48년) 1월 27일, 겸재는 탁월한 효행으로 정2품 한성판윤(漢城判尹)의 정경(正卿, 장관)에 추증되는 영광까지 누리게 된다.

당시는 매년 새해 초에 각도의 관찰사가 뛰어난 효자와 열녀를 찾아 보고하면 조정에서 심의하여 정문(旌門)을 세워주거나 증직(贈職)하여 포상하였는데 이때 겸재가 추천된 것이다. 영조는 겸재가 효자로 추천된 것을 보고 이렇게 말했다.

> 고(故) 동지중추부사 정선은 내가 단지 그 필법만 알았지 어찌 이런 효행이 있는 줄 알았겠는가?

겸재 정선에게 과연 어떤 효행이 있었는가는 자세히 나와 있지 않다. 그러나 여기에서 영조의 겸재에 대한 관심이 얼마나 많았는가는 명확히 알 수 있다. 그동안 겸재가 70대 노년까지 관직에 있었던 것은 영조의 이런 관심에 힘입은 바가 없지 않았던 것이다. 관아재 조영석과 신돈복의 증언에 의하면, 영조는 겸재 정선을 평소 이름을 부르지 않고 '겸재'라는 호로 불렀다고 했다. 그래서 강관식은 "겸재가 대성할 수 있도록 도와준 최대의 후원자이자 최고의 후원자는 바로 영조대왕이라고 해도 과언이 아닐지 모른다. 조선 후기 회화사를 화려하게 꽃피운 단원 김홍도의 뒤에 정조대왕이 있었다면 겸재의 뒤에는 바로 영조대왕이 있었다고 할 수 있다"고 했다.

겸재 묘소

『광주정씨세보』에 의하면, 겸재의 묘소는 경기도 양주 해등촌면 계성리, 지금의 서울시 도봉구 쌍문동에 있다고 했다. 겸재의 손자 정황의 그림 중에는 〈양주송추도(楊州松楸圖)〉라는 그림이 있는데, 송추란 묘소라는 뜻이다. 묘소 둘레에는 소나무와 가래나무를 많이 심기 때문에 그렇게 부른다. 정황은 '양주송추'라 화제를 쓰고는 정황이 삼가 공경하는 마음으로 그린다는 뜻으로 '황 경사(榥 敬寫)'라고 낙관하였다. 그러니까 이 그림은 정황이 양주에 있는 겸재 묘소를 참배하러 가는 그림이다. 그림 한가운데는 북한산과 도봉산을 배경으로 한 양지바른 언덕 한쪽에 겸재의 무덤이 표시되어 있다.

지금으로부터 40년 전, 나는 나보다도 겸재를 더 잘 알고 있고, 더 사랑하는 나의 벗 이태호와 정황의 〈양주송추도〉를 들고 겸재의 묘소가 있던 곳을 찾아 나섰다. 쌍문동에 이르러 멀리서 북한산과 도봉산을 등에 진 양지바른 언덕을 바라보니, 겸재의 묘소가 있

참고 그림10 . 정황 〈양주송추도〉 | 종이에 수묵담채, 23.6×36.1cm, 겸재정선미술관 소장. 겸재 손자인 정황이 그린 양주송추도는 겸재의 묘소를 참배하러 가는 그림이다. 송추란 묘소라는 뜻이다. 겸재 묘소는 지금 서울의 쌍문동이 된 옛날의 양주 땅에 있었다. 그러나 이곳은 오늘날 연립주택으로 덮여 있어 아쉽기만 하다.

었을 그 자리엔 이미 연립주택이 가득 들어서 있었다.

바라보자니 허망하고, 생각하자니 민망한 마음만 일어났다. 우리가 선인들의 위업에 조금만 관심을 보였더라면 이곳에 당신을 기리는 비석 하나 세우는 것은 그리 어려울 일이 아니었을 것이다.

우리의 강산을 자랑과 사랑의 마음으로 화폭에 담아낸 겸재의 진경산수가 오늘의 우리들에게 주는 감동의 구체적인 내용은 무엇이던가. 나에게 그 비문을 쓰라면 나는 서슴없이 이렇게 말하고 싶다.

"아! 아름다워라, 우리 강산이여!"

'화성' 겸재 정선

우리는 위대한 업적을 남긴 역사 인물에게는 성인 성(聖) 자를 붙여 그의 위업을 기린다. 세종대왕을 성군(聖君), 이순신 장군을 성웅(聖雄)이라 부르는 것이 대표적인 예이다. 그러나 미술 분야에서는 아직 성현으로 모시고 있는 이가 없다. 그의 이름 앞에 성인 성(聖) 자를 붙여 화성(畵聖)이라고 부르려면 그의 예술적 위업과 함께 역사적 평가는 물론이고 대중적 합의가 이루어진 다음에 자연스럽게 이루어지는 것이다.

중국에서 4세기 남북조시대 고개지(顧愷之)를 일찍부터 화성으로, 왕희지(王羲之, 307~65)를 서성(書聖)으로 부르고 있다. 고개지는 감상화로서 회화의 길을 최초로 개척한 화가이고, 왕희지는 앞 시기 서예의 성과를 다 수렴하여 서체의 범본을 보여준 인물이기 때문이다. 일본에서는 15세기 무로마치 시대 셋슈(雪舟, 1420~1506)를 화성으로 모시고 있다.

우리나라의 역대 명화가로는 신라의 솔거, 고려시대 이녕, 조선 초기 현동자 안견이, 또는 조선 후기의 단원 김홍도 등이 있지만 겸재 정선이야말로 화성으로 받들 만하다. 최완수는 일찍부터 겸재를 화성으로 불러왔다. 그러나 이는 전문가만이 아니라 일반인들도 그의 작품에서 감동을 받고 존경하는 마음이 일어났을 때 생기는 것이다.

일본인들이 셋슈를 화성으로 일컫게 된 계기는 2002년 봄, 도쿄국립박물관과 교토국립박물관에서 열린 '셋슈 몰후(歿後) 500년 특별전'이었다. 셋슈의 대표작들을 모아 한자리에서 보게 된 일본인들은 장사진을 치며 그의 위대한 작품 세계에 깊은 감동을 받았다. 당시 이 전시회의 포스터에는 "우리는 그를 화성이라 부른다"라고 쓰여 있었다.

그동안 유감스럽게도 겸재의 작품은 여러 박물관과 개인 소장품으로 뿔뿔이 흩어져 있어서 일반인들에게는 겸재의 전 작품 세계를 감상할 기회가 좀처럼 주어지지 않았다. 그러다 마침내 2025년 '겸재 탄신 350주년'을 1년 앞두고 겸재 작품의 3대 컬렉션인 국립중앙박물관, 간송미술관, 호암미술관을 비롯해 18개 박물관과 개인 소장의 명품들을 총동원하여 165점을 한자리에서 전시하는 대대적인 회고전을 열게 되었다. 그중엔 국보 2건, 보물 7건 등 진귀한 작품 57점도 포함되어 있었다.

꿈만 같은 전시회였고, 앞으로 50년 내로 이런 전시회를 다시 볼 수 있을까 싶을 정도의 장대한 전시회였다. 관람객이 몰려들어 예약이 밀리고 밀렸다. 전시회를 본 관객들은 겸재가 이처럼 위대한 화가인 줄 미처 몰랐다고 했다. 이제 우리는 겸재 정선을 '우리나라의 화성'이라고 불러도 될 때가 온 것 같다.

나는 이 전시회를 계기로 20여 년 전 『화인열전』에 쓴 '겸재 정선'을 새로 쓰지 않으면 안 된다는 사명감이 일어났다. 그래서 나는 겸재 정선의 전기를 처음부터 새로 쓰면서 제목을 '진경산수를 개척한 우리나라 화성'이라 하였다.

부록

겸재 정선론 원문과 번역

1. 조영석의 「《구학첩》 발문」

2. 조영석의 「겸재 정동추 애사」

3. 박사해의 「정겸재선 수직동추 서」

김광국의 《석농화원》 해제

겸재 정선 연보

겸재 정선론 원문과 번역

1. 조영석의 「《구학첩》 발문〔丘壑帖跋〕」(『관아재고(觀我齋稿)』 권3)

원백(元伯, 정선)의 이 화첩은 먹을 사용함에는 흔적이 없으면서 번지기〔渲染〕에는 법도가 있다. 깊고 울창하며 윤택하고 빼어나 거의 송나라 미불(米芾, 1051~1107)과 명나라 동기창(董其昌, 1555~1636) 같은 대가들의 울타리 안에 들어갈 만하니, 조선 300년 역사 속에서 대개 이와 같은 사람은 볼 수 없었다.

가만히 생각해보건대, 우리나라의 산수화가들은 산수의 윤곽과 구도를 잡을 때 16준법(十六皴法, 산과 바위의 질감과 입체감을 표현하는 16가지 화법)이 있는데도 계곡이 여러 모양으로 흐르고 굽어 내리는 모습을 똑같은 형태로만 묘사한다고 하니 그것을 제대로 표현한 자가 없었다는 것이다. 그러므로 비록 여러 층의 산봉우리들과 잇따라 겹쳐진 봉우리들을 오직 한 가지 수묵법(水墨法)으로만 칠해버려서 그 앞과 뒤, 멀고 가까움, 높고 낮음, 얕고 깊음, 그리고 언덕과 바위의 평평하거나 험한 모습을 제대로 분별하지 못했다. 물을 그려도 졸졸 흐르는 물결과 용솟음치는 거친 물세를 따지지 않고 모두 두 붓으로 새끼 꼬듯 똑같은 형태로만 그렸으니 어찌 제대로 표현된 산수화가 있었겠는가! 내가 일찍이 이런 주장을 했을 때, 원백 또한 옳다고 여겼다.

원백이 일찍이 백악산 아래에 살았는데, 그림을 그릴 마음이 생기면 그때마다 산을 마주하고 그렸다. 산의 주름을 표현하고 먹을 구사함에 마음에 저절로 깨우침이 있었던 것은 그가 이미 내외 금강산을 드나들고, 또 영남을 두루 다니며 여러 승경지에 올라가 유람하며 그 물의 흐름과 산세를 모두 터득하였기 때문이니, 만약 그 공력의 지극함을 표현한다면 아마도 다 쓴 붓을 땅에 묻어 무덤을 만들 수 있을 정도였을 것이다. 이리하여 스스로 새로운 화법〔新格〕을 창출하여 우리나라 산수화가들이 한결같은 방식으로만 그리는 고루함을 씻어버렸으니, 우리나라의 산수화법은 대개 원백으로부터 비로소 새롭게 열리게 되었다 할 것이다.

그런데 내가 원백이 그린 여러 금강산 화첩을 보니 모두 붓 두 자루를 뾰족하게 세워서 비로 쓸 듯하여 난시준(亂柴皴, 장작을 마구 흩어놓은 듯한 주름)을 만들었는데 이 화첩 또한 그렇다. 아마도 영동과 영남의 산 모양이 본래 비슷하기 때문인가. 아니면 원백이 붓을 놀리는 데 싫증이 나서 일부러 이처럼 편하고 빠른 방법을 취했던 것인가. 또한, 그 배치는 이따금 모두 너무도 빽빽하여 언덕과 골짜기가 화폭에 꽉 차서 하늘빛을 조금도 볼 수 없으니 원백의 그림이 낙가수단(落茄手段)[1]에 있어서는 아마도 오히려 다하지 못한 바가 있는 듯한데, 원백이 어떻게 생각할지는 모르겠다.

元伯此卷, 用墨無跡, 渲染有法. 深沉森蔚, 濃潤秀麗, 殆可入於南宮華亭之藩籬, 本朝三百年, 盖未見有如此者也.

竊謂我東之畫山水者, 於輪廓位置十六皴之法, 萬流曲折一絲不亂之說,

1 낙가(落茄)는 낙가점(落茄點), 낙가준(落茄皴) 등으로 사용되는 동양화의 미술용어이다. 짙고 농밀한 먹점〔墨點〕으로 산이나 나무의 질감을 표현하는 남종화의 기법으로 송나라 미불이 창안했다고 알려져 있다. 원문의 '落笳'는 '落茄'를 의미하는 것으로 보이며, 원문에는 笳를 그대로 두었으나, 번역문에는 문맥을 고려하여 수정하였다.

未有能知之者. 故雖層峰疊嶂, 惟以水墨一例塗抹, 不復辨其向背遠近高下淺深土石夷險之勢. 畫水無論潺湲與洶湧, 並執兩筆, 作繩交形, 豈復有山水哉! 余嘗論之如此, 而元伯亦以爲是也.

元伯嘗家居白岳山下, 意至輒對山而寫. 掠皴行墨, 有自寤於心者, 旣而出入金剛內外山, 又遍嶺南上游諸勝, 盡得其流峙之勢, 而若其功力之至則亦幾乎埋筆成塚矣. 於是能自創新格, 洗濯我東人一例塗抹之陋, 我東山水之畫, 蓋自元伯始開闢矣.

然余見元伯所爲金剛諸山帖, 皆以兩筆竪尖掃去, 作亂柴皴, 是卷亦然. 豈嶺東嶺南山形故同歟. 抑元伯倦於筆硯而故爲是便捷耶. 且其鋪置, 往往太皆密塞, 滿幅丘壑, 無一窾天色, 元伯之畫於落筎手段, 似猶有所未盡者, 未知元伯以爲如何.

2. 조영석의 「겸재 정동추 애사(謙齋鄭同樞哀辭)」(『관아재고(觀我齋稿)』 권4)

정선의 자는 원백, 자호는 겸재로 본관은 광산(光山)이다. 어려서부터 한양의 북리(北里) 순화방(順化坊)의 백악산 아래에서 살았다. 나도 대대로 순화방에서 살았는데, 공(公, 정선)보다 나이가 열 살 어렸다. 내가 죽마를 타고 놀 때 공은 이미 엄연히 관례를 치렀기에 항상 그를 공경하면서 일찍이 '너'라고 부른 적이 없었다. 공이 그림으로 세상에 이름이 나 있었고 나도 좋은 그림에 빠져 있어서 그 삼매경(三昧境)을 대략 이해했다. 그러나 나는 거기에 매달리려 하지 않았고 공은 날마다 더욱 정진하고 익혀서 육요육법(六要六法)[2]를 정밀하게 이해하지 않음

2 남북조시대 사혁(謝赫)이 주장한 화6법(畫六法)과 오대·북송시대 형호(荊浩)가 주장한 화6요(畫六要).

이 없었다.

대개 우리나라의 화가들은 이것을 아는 이가 없었는데, 공에 이르러서 옛 그림을 널리 보고 공부 또한 독실히 하여 앞사람들이 이해하지 못했던 것들을 많이 내놓게 되었다. 이런 까닭으로 명성이 날마다 점점 두터워지자 그려달라는 비단도 날로 더욱 쌓여서 스스로 한가할 틈이 없었다. 또 예운림(倪雲林, 원나라 예찬倪瓚, 1301~74), 미남궁(米南宮, 미불), 동화정(董華亭, 명나라 동기창)을 배워 대혼점(大渾點, 큰 점을 섞어서 쓰는 묘사법)으로 신속하게 대응하는 화법을 사용하였다. 세상에 그림을 배우는 사람들은 다만 공의 중년 이후에 사용한 권필(倦筆)만을 보고 그림은 마땅히 이와 같아야 한다고 여기면서 다투어 서로 흉내만 내려 한다. 그러나 그의 그윽하고 윤택한 멋에는 세상 사람들이 미치지 못한다. 겸재는 매양 마음에 드는 그림을 그리면 나에게 보여주지 않은 적이 없었고, 또 우리 집 옆 마을로 이사 와서는 서로 수십 보 떨어진 가까운 곳이었으므로 각건(角巾)을 쓰고 청려장을 짚은 채 아침저녁으로 왕래하였는데 거르는 날이 거의 없었다. 그래서 30년이 지난 지금 겸재의 일생을 나만큼 아는 사람은 거의 없을 것이다.

대개 공의 성품이 본래 부드럽고 편안하여 부모에게 효도하고 형제간에 우애하며 남과 사귐에 일체 겉으로 꾸밈이 없었다. 집안이 몹시 가난하여 부모를 봉양할 음식을 자주 거르긴 했지만 일찍이 의(義)가 아닌 것으로 남에게 요구한 적은 없었다. 공이 또 경학(經學)에 깊이가 있어 『중용』과 『대학』을 논함에 처음과 끝까지 모두 꿰뚫어 마치 자신의 말을 외우듯이 하였다. 늦은 나이에는 또 『주역』을 좋아하여 주야로 노력하여 손수 승두(蠅頭, 파리 대가리만 한 잔글씨)처럼 베껴 쓰기를 조금도 게을리하지 않았다. 그러나 사람들은 공이 그림에만 유명한 줄 알았지 공이 경학에 이처럼 조예가 깊은 줄은 알지 못하였으니, 어찌 이른바 위정공(魏鄭公, 위징魏徵)의 문사(文辭)가 직간으로 가려지고, 구양공(歐陽公, 구양수歐陽脩)의 정사와 재주가 문장으로 가려지게 된 것과 같지 않겠는가! 공이 하양(河陽)과 청하(淸河)를 거쳐 판여(板輿)를 타고 두 읍에서 부모를 영화롭게 봉양하여 나이가 80이 넘었다. 벼슬은 2품에 올랐지만 영화는 삼세까지 미쳤으니 진실로 공의 어질고 두터운 덕(德)과 정성껏 효도하는 돈독함이 없었다면 어찌 이와 같을 수 있었겠는가!

임금 또한 공을 이름으로 부르지 않고 그 호로 불렀으며 위로는 재상으로부터 아래로는 여대(輿儓, 하인)에 이르기까지 공의 이름을 알지 못하는 자가 없었다. (공이 그린) 작은 종이 얻는 것을 마치 한 아름 되는 구슬을 얻은 것처럼 전가보(傳家寶, 집안에 전하는 보물)로 여겼으니, 그 청요직을 두루 거치고 한때의 보고 들음을 자랑하면서 그저 골골하게 소나무 아래에 있는 사람과 비교하면 어떠한가! 그러니 외물의 영욕과 청탁(淸濁)이 어찌 공에게 있었겠는가!

아아! 내가 아직도 무오년(1738, 영조14) 겨울을 기억하노니, 바람이 맑고 달이 밝은 어느 날 공이 나와 약속을 하였는데, 공이 그 막내아들을 데리고 와서는 말하기를 "내가 마땅히 약속하였으니 붓과 벼루를 찾아오라" 하고 문 위에 나아가 절강의 가을 물결을 이루며 순식간에 붓을 휘두르니 필세가 기이하고 웅장하여 볼만하였다. 내가 다음과 같이 시를 지었다.

정 노인 한밤중에 호방한 흥이 일어나 鄭老中宵豪興生
문 열고 바로 들어와 벼루를 가져오라 외치네 開門直入喚陶泓
얕고 깊게 먹 갈아 신명의 기운으로 정성 다하고 淺深磨墨供神運
좌우에 등불 켜서 눈 밝도록 돕네 左右張燈助眼明
육필을 함께 몰아 바람과 번개처럼 빠르게 六筆幷驅風雷迅
세 짝의 문에 젖은 물결과 놀란 파도를 그려내네 三扉盡濕浪濤驚
내 뜨락 이로부터 경관이 좋아지더니 吾堂自此增顏色
예원(藝苑)이 가만히 제대로 이루어지네 藝苑居然好事成[3]

다음날 백악 아래에 사는 이공(이병연)이 그 이야기를 듣고 또한 그 시에 차운하였다. 그런데 그날 내가 갑자기 안음현감으로 제수되어 말을 보내 출발하도록 하여 드디어 공과 잠시 이별하고 갔다. 6년을 살며 기한을 다 채우고 체직(遞職)되어 돌아와 다시 공의 문 위의 그림을 대하노라니, 마치 새벽의 일처럼 생생했다. 다시 공에게 요청하여 열게 채색하고 그려주도록 청하려 하였으나 미적거리다가 실행하지 못했다. 그 후에 내가 배천(白川)으로 가고 공 또한 외읍(外邑)으로 나가게 되었으며 문 위에 그림은 다른 사람이 가져가버렸다. 재임하는 사이에 벌써 20여 년이 지나버렸고 공 또한 저세상 사람이 되어 일의 자취가 사라져버렸으니, 서글프도다!

내가 이제 연로하여 기거할 수도 없는지라, 공이 죽어 장사 지낸 지

3 이 시는 『관아재고』 권1에도 「元伯乘夜來, 畫浙江秋濤於三戶扉, 眞奇觀, 賦篇謝元伯, 仍示槎川」이라는 제목으로 수록되어 있다.

도 며칠이 되었건만 내가 아직 가서 곡을 하지 못했으니 공을 심히 저버렸도다. 공의 여러 아들이 만사(挽詞)를 부탁하기에 내가 차마 한마디 하지 않을 수 없어 이에 힘써 빠르게 애사(哀辭)를 지어 나의 슬픔을 서술하여 공을 만나게 된 대략을 보인다.

애사는 다음과 같다.

다시 직분 받들어 부모 봉양하였으니, 맛난 음식을 거르지 않았네. 삼 대에 걸쳐 은혜를 내리시니, 영화가 밝고 지극하도다. 임금께서 그를 호로 부르시고, 하인들도 그 이름을 알았다네. 옛사람들이 이름을 이룸에 혹은 의술로, 혹은 검술로, 혹은 장기와 바둑으로 유명했으며, 심지어 몸을 뜨거운 화로에 던져 그 죽고 사는 것을 돌아보지 않았다네. 그러므로 '군자는 죽은 뒤에까지 이름이 알려지지 않는 것을 싫어한다(君子疾沒世而名不稱焉)'[4]라는 말이 있으니, 공과 같은 이는 비록 덕을 세우고 공을 세우지는 않았지만 살아서는 이미 한 세대에 명성을 날렸고 죽어서는 몸을 후세에 드러내 백 대의 오래도록 전하리니. 그 가히 죽어서도 썩지 않는 이라고 하겠도다!

鄭公諱歚, 字元伯, 自號謙齋, 光山人. 自少居于漢師之北里順化坊白岳山下. 余亦世居順化坊, 少公十歲. 余竹馬時, 公已儼然冠者, 故常敬之, 未嘗爾汝焉. 公以畫名於世, 余亦癖好畫, 略解三昧. 然余則不爲從事, 而公則日益精熟, 六要六法, 無不精解.

---

4 『논어』「위령공(衛靈公)」에 나오는 말이다.

盖我東畫者, 未有識此者, 至公博覽古畫, 工夫且篤, 多出前人所未解者. 是故名日益重, 縑素日益積, 而不自暇. 則又學倪雲林·米南宮·董華亭, 用大渾點爲應猝之法. 世之學畫者, 但見公中年倦筆, 意謂畫當如此, 競相效嚬. 然其淋漓潤澤, 世無及焉者. 每有得意筆, 未嘗不示余, 及移居于余家傍隣, 相距數十步近, 則角巾藜杖, 朝往夕來, 殆無虛日. 三十年于今, 則知公終始, 殆無如我矣.

盖公性本和夷, 孝於親, 友于兄弟, 與人交一切無表襮. 家甚貧, 菽水屢闕, 而亦未嘗以非義干人. 公且邃於經學, 論中庸大學, 首尾貫通, 如誦己言. 晚又喜周易, 晝夜用力, 手自抄錄如蠅頭, 不少懈. 然人徒知公名於畫, 而不知公邃於經學如此也, 豈所謂魏鄭公文辭, 爲直諫所掩, 歐陽公政事才, 爲文章所蔽者耶! 公歷河陽·清河, 以板輿榮養兩邑, 壽踰八耋. 官躋二品, 榮及三世, 苟非公仁厚之德誠孝之篤, 何能如此哉!

君上亦不名公而稱其號, 上自卿宰, 下至輿儓。無不識公之名. 得寸紙如得拱璧, 以爲傳家寶, 則其遍歷淸官, 以誇一時之觀聽, 而厭厭若松下人者, 何如哉! 然則外物之榮辱淸濁, 何有於公!

嗚呼! 余尙記戊午冬, 公與余有約, 一日風淸月白, 公携其季子而至曰: "吾當如約, 索筆硯." 就門扉上作浙江秋濤, 瞬息揮灑, 筆勢奇壯可觀. 余作詩曰: "鄭老中宵豪興生, 開門直入喚陶泓. 淺深磨墨供神運, 左右張燈助眼明. 六筆幷驅風雷迅, 三扉盡濕浪濤驚. 吾堂自此增顔色, 藝苑居然好事成."

翌日岳下李公聞之, 亦次其韻. 其日余忽除安陰, 給馬發遣, 遂與公暫別而行. 居六年限滿遆歸, 復對公門上畫, 若隔晨事. 復擬要公請以淡彩渲染, 因循未果. 其後余爲白川, 公亦出外邑, 而門上畫爲人奪去. 荏苒之間, 已過二十餘年, 而公亦下世, 事跡如掃, 可悲也夫!

吾今年老, 不能起居, 公之歿, 葬期隔日, 而余尙未往哭, 負公多矣. 公之諸孤以挽語見屬, 余不忍無一語, 玆敢力疾作哀辭一通, 以抒余悲, 一以見公之槩云.

辭曰: "再奉專城養兮, 甘旨無缺. 推恩三世兮, 榮曜極兮. 聖主稱其號兮, 輿儓識其名. 昔人重名成兮, 或以醫或以釰術或以博奕, 甚至投身紅爐, 不顧其死生. 故曰: '君子疾沒世而名不稱.' 若公者, 雖不能立德立功, 生旣名於一世, 歿而垂之身後, 傳之百代之久, 其可謂死而不朽者歟!"

3. 박사해의 「정겸재선 수직동추 서(鄭謙齋敾壽職同樞序)」(『창암집(蒼巖集)』 권8)

선비가 이 세상에 태어나서 부귀하게 살다가 사라져 기록되지 못하기보다는 차라리 한 가지 재주로 후세에 이름을 드날려야 하나니, 대개 차마 초목과 함께 썩어질 수는 없기 때문이다. 그러나 처음부터 어찌 명예를 마음에 두었겠는가! 재주가 지극함에 이르면 명예는 저절로 오래도록 전하게 되니, 공놀이를 잘했다는 시남의료(市南宜僚)의 일〔僚丸〕[5]이나 바둑을 잘 두었다는 추혁(秋奕)[6]과 같은 사례가 그런 경우이다. 겸옹(謙翁, 정선)은 성리학에 조예가 깊었지만 다만 그림으로 가려진 바 되어 이를 아는 자가 없었으니 단지 그림으로만 세상에 이름을 떨쳤기에 옹이 진실로 알아주는 이를 만나지 못한 것이다. 그러나 스스로 번민하지 않았으니 옹은 고고한 분이라 말하지 않을 수 없다.

---

5 요환(僚丸)은 시남의료(市南宜僚)의 공놀이다. 『장자』 '서무귀(徐无鬼)'에 시남의료가 두 손으로 공놀이를 하며〔弄丸〕 신기(神技)를 발휘하여 두 집안의 갈등을 해소시켰다는 이야기가 있다.

6 중국 전국시대에 활약한 고수로, 추혁이 본래 성명이 아니라 추(秋)라는 지방 사람으로 바둑을 잘 두었기 때문에 붙여진 이름이라는 설도 있다. 『맹자』에 나온다.

옹은 산수화로 천하에 이름났으니 산수는 또한 화가들의 청격(淸格)이다. 시인과 뛰어난 선비들이 이따금 깊이 파고들기를 좋아할 때면 삼연 김창흡과 사천 이병연이 글쓰기로 술모임을 담당하였으니, 진실로 술을 마시며 글을 쓰는 모임이 있을 때마다 옹이 일찍이 그 사이에 있지 않은 적이 없었다. 옹이 평생 쓸쓸하지 않았고 명성의 가치가 더욱 두터워져 이름이 날로 더욱 자자하였던 것은 옹이 불우(不遇)한 가운데에서도 인정을 받았기 때문이었다. 옹으로 하여금 화가가 아닌 공경(公卿)이 되게 하였다면 비록 한때의 부귀가 지극했을 수는 있었겠으나 그 이름이 능히 이처럼 반드시 전해질 수야 있었겠는가!

공이 비록 청빈하였으나 안으로는 집안에서 자손의 즐거움이 있었고, 밖으로는 봉록을 먹으며 벼슬하는 영화로움이 있었다. 삼현(三縣)을 다스리고 품계가 올라 금옥(金玉)과 세상의 복록에 있어 공이 또한 어찌 완전했겠는가. 쪽에서 나온 것이 반드시 푸른 것은 아니니, 공을 헐뜯는 자가 많았지만, 공은 차라리 남이 나를 공격하도록 할지언정 자신이 남을 공격하는 일은 하지 않았다. 『주역』에 이르기를 "군자는 겸손하니, 겸손하게 낮추어 스스로 기른다"라고 하고, 또 "천도는 겸손한 자에게 복을 내리며, 겸손은 모든 복이 모이는 곳이다"라고 하였다.[7]

옹이 이것으로 재실에 편액을 하고 스스로 겸손한 자세로 복이 완성되도록 기른 것은 그 겸손을 복으로 여긴 것이 아니겠는가! 공이 늙을수록 더욱 『주역』을 좋아하여 수불석권(手不釋卷)하며 저술을 이루었

7 『주역』「겸괘(謙卦) 단(彖)」에 "귀신은 차고 넘치는 것에 재앙을 내리고 겸손한 것에 복을 주며, 인도는 차고 넘치는 것을 싫어하고 겸손한 것을 좋아한다[鬼神害盈而福謙, 人道惡盈而好謙]"라 하였다.

으니, 옹이 『주역』을 잘 이용한 것은 다만 말로만 한 것은 아니었던 것이로구나!

아아! 사람이 살면서 널리 이름을 전하는 것과 무궁히 오래 사는 것은 오복 중의 하나이니, 명성이라는 것은 조물주도 꺼리는 바이기 때문에 하늘이 매우 인색하게도 쉽게 사람에게 주지 않는다. 이 때문에 장수한다고 반드시 명성을 얻는 것은 아니요, 명성을 얻었다고 반드시 장수하는 것은 아니니 장수하면서 명성까지 얻기는 천하에 대개 드문 일이다. 옹은 무궁한 명성이 있었고 겸하여 오래 사는 장수까지 있었으니 하늘이 공에게 준 것이 이미 풍족하지 않겠는가? 무릇 그림을 잘 그리는 자는 대체로 초췌하고 매우 궁색하게 사는 선비이다. 마치 시가 사람을 가난하게 만드는 것처럼 그림을 잘 그리면서 가난하지 않기는 또한 드물다.

士生斯世, 與其富貴而磨滅不記, 寧以一藝名後世, 盖不忍與草木同腐耳. 然始豈以名爲心哉. 藝至於極則名自久僚之丸·秋之奕是已. 謙翁邃於性理, 特爲畫所掩, 而無知者, 獨其畫名於世, 翁實不遇, 而能自無悶, 謂翁不高不可也.

翁以山水名天下, 山水又畫家淸格也. 騷人逸士, 往往愛入骨髓時, 則有金三淵·李槎川主盟翰墨, 苟有文酒之會, 翁未嘗不在其間, 翁所以生不寂寥, 聲價增重, 而名日益藉, 是翁不遇之遇也. 使翁無畫而爲公卿, 雖一時富貴可極而其名能如是其必傳哉!

翁雖淸貧, 內有居室子孫之樂, 外有食祿仕宦之榮. 分符三縣, 秩躋金玉天地福, 公又何完也. 出於藍者未必靑, 而疵公者多. 公則寧人攻我, 毋我攻人, 易曰: "君子謙, 謙卑以自牧", 又曰: "天道福謙, 謙諸福之所萃也." 翁以是扁齋而能自卑牧福之完者, 非所以福其謙耶! 公老益喜易, 手不釋有著說, 翁其善用易, 而非徒言者歟.

嗚呼! 人之生有涯名之傳, 無窮故壽居, 五福之一, 名爲造物所忌, 天之甚嗇而不輕與人者也. 是以壽之未必名, 名之未必壽, 壽而名者, 天下盖鮮矣. 翁有無窮之名, 兼有大耋之壽, 天之與翁不已豊乎? 夫工畫者, 率憔悴枯深之士也. 若詩之窮人, 工畫而不窮者, 又稀矣.

김광국의《석농화원》해제[1]

전설적인 화첩,《석농화원》

석농(石農) 김광국(金光國, 1727~97)은 정조 시대 최고의 서화 수장가로 일생 동안 수집한 약 300점의 그림들을《석농화원(石農畫苑)》이라는 화첩으로 꾸몄다. 그러나 이 화첩은 이미 오래전에 낙질되어 그 양이 얼마나 되는지 알 수 없는 상태에서 간송미술관 24점, 선문대학교박물관 21점, 국립제주박물관 1폭, 이화여자대학교박물관에 1폭, 청관재 컬렉션을 비롯한 개인 소장품 8점 등 55점이 전해져왔다. 그림은 없지만 화제 글씨만 따로 전하는 것이 5점으로 알려졌다. 이 외에 국립중앙박물관에 소장된《화원별집(畫苑別集)》의 76점도《석농화원》의 일부가 아닐까 생각되어왔다.

《석농화원》화첩에 실려 있던 것으로 생각되는 작품들은 화격이 뛰어날 뿐만 아니라 작품마다 화평이 딸려 있어 조선시대 회화 비평의 높은 수준을 보여주고 있기 때문에 조선시대 회화사 연구의 중요한 자료가 되어 박효은, 황정연 등은 이에 대한 별도의 연구 논문을 발표하기도 했다.[2]

그런 중 2013년 연말, 인사동 화봉갤러리에서 열린 고서 경매에《석

1 이 글은『김광국의 석농화원』(유홍준·김채식 옮김, 눌와 2015)에 수록된「석농화원의 해제와 회화사적 의의」를 다듬은 것이다.

2 이동주,『우리나라의 옛그림』에서 처음으로 이 화첩의 중요성이 언급되었으며, 안휘준 최완수 홍선표 이태호 이원복 강관식 등 회화사 연구자들은 모두 이 화첩에 주목한 바 있다. 이 밖에 김광국에 대해서는 박효은,「조선 후기 문인들의 서화 수집 활동 연구」, 홍익대학교 석사논문, 1999; 황정연,『조선시대 서화 수장 연구』, 신구문화사 2012 참조.

부록 그림1. 《석농화원》 화첩 표지(좌)와 육필본 표지(우)

농화원》이라는 미발간 육필본(肉筆本)이 출품되어 학계를 놀라게 하였다.[3] 총 198면에 달하는 이 육필본은 《석농화원》 화첩의 전모를 상세히 알려주는 것이었다.

이 육필본에 따르면, 《석농화원》 화첩은 모두 10권으로 우리나라 화가 101명, 중국 화가 28명의 작품을 포함해 총 267폭이 수록되어 있었다. 그리고 이 육필본에는 각 작품에 달려 있는 화평의 전문이 실려 있는데 글을 지은 문장가와 글씨를 쓴 서예가의 이름까지 밝혀져 있다. 이로써 우리는 전설적인 화첩 《석농화원》의 실체를 명확히 알 수 있게 되었다.

3 『중앙일보』 2013년 12월 10일 자.

이에 의하면 《석농화원》은 모두 10권으로 화첩이 9권이고, 첩으로 꾸밀 수 없는 대작들은 1권의 부록으로 묶었다. 58세 때부터 구성을 보면 '원첩(原帖)' 4권, '속(續)' 1권, '습유(拾遺)' 1권, '보유(補遺)' 2권, '별집(別集)' 1권, '부록(附錄)' 1권 등이다.

《석농화원》에 수록되어 있던 그림은 총 267폭이다. 국가별로는 고려 1폭, 조선 222폭, 중국 37폭, 일본 2폭, 유구 1폭, 러시아 1폭, 서양 3폭이다.

《석농화원》의 성첩 과정 1: 원첩 4권

《석농화원》의 성첩 과정을 보면 김광국은 58세부터 자신이 그동안 수집한 그림들을 화첩으로 꾸미기 시작하여 70세까지 이어진 필생의 작업이었다. 1784년, 《석농화원》은 일단 4권으로 성책되었다. 이를 다른 화첩과 구별하기 위하여 '원첩(原帖)'이라 부른다.

1. 원첩 권1: 총 23폭 (조선 21, 중국 2)
2. 원첩 권2: 총 22폭 (조선 20, 중국 2)
3. 원첩 권3: 총 24폭 (조선 22, 중국 2)
4. 원첩 권4: 총 28폭 (조선 23, 중국 2, 일본 1, 서양 2)

'원첩' 4권의 수록 작품을 보면 역대로 유명한 화가들의 작품을 시대순으로 망라하려는 뜻이 역력히 드러난다. 그러나 한 화가에 한 점씩 실은 것이 아니라 중요한 화가의 작품은 여러 폭을 실어 그 비중을 달리하였다. 이를테면 실 작품으로 구성한 조선시대 회화사 같은 화첩이었다.

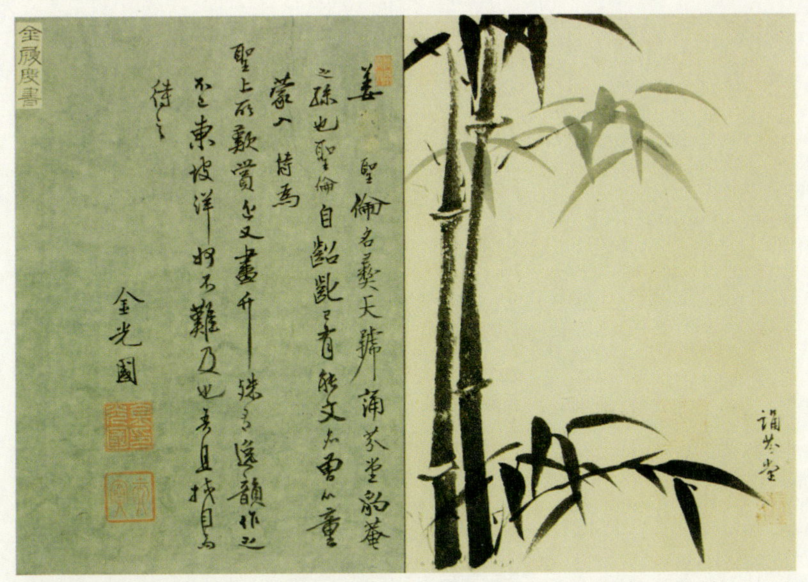

부록 그림2. 강이천 〈묵죽도〉 | 원첩 권4 수록, 김광국 화제, 김이도 글씨, 종이에 수묵, 그림 29.5×20.2cm, 글씨 29.5×20.2cm, 18세기, 선문대학교박물관 소장.

《석농화원》의 성첩 과정 2: 속편

김광국은 원첩을 꾸민 지 3년이 지난 1787년, 61세에 또 한 권의 화첩을 만들고 '속'편이라고 했다. 이는 원첩에 빠진 화가들, 동시대에 활동하고 있던 아직 유명하지 않은 화가들의 작품을 실은 것이다.

5. 속: 총 21폭 (조선 14, 중국 4, 기타 3)

김광국은 속편을 성첩한 지 3년 뒤인 1790년에는 유한준(兪漢雋,

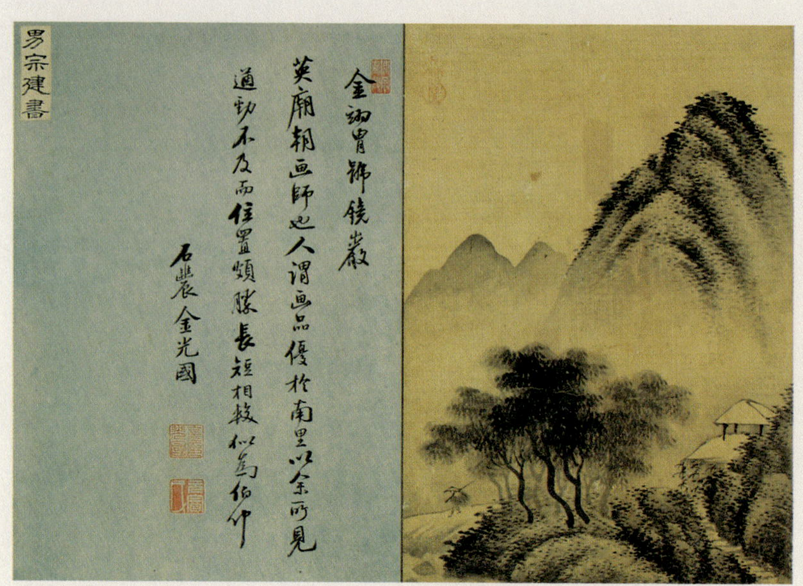

부록 그림3. 김익주 〈파조귀래도〉 | 속편 수록, 김광국 화제, 김종건 글씨, 종이에 수묵, 그림 26.7×17.8cm, 글씨 26.7×17.8cm, 18세기, 선문대학교박물관 소장.

1732~1811)에게서 발문을 받아두었다.[4]

그림에는 그것을 아는 자, 사랑하는 자, 보는 자, 모으는 자가 있다. 한갓 쌓아두는 것뿐이면 잘 본다고 할 수는 없다. 본다고 해도 어린아이가 보듯 하고 벙어리가 웃는 듯하다면 칠해진 것 이외는 분별하지 못하는 것이니 아직 사랑한다고는 할 수 없다. 사랑한다고 해도 오직 붓, 채색, 종이만을 취하거나 형상의 위치만을 구한다면 아직

4 유한준의 『저암집著菴集』에는 그가 발문을 쓴 해가 을묘년(1795)으로 되어 있지만 육필본 《석농화원》에는 경술년(1790)으로 되어 있다.

아는 것은 아니다.

안다는 것은 형태와 법도는 물론이고 깊은 이치와 조화를 잘 알아야 한다. 그러므로 그림의 묘는 사랑하는 것, 보는 것, 모으는 것의 겉껍질 같은 태도가 아니라 잘 안다는 데 있다. 알면 참으로 사랑하게 되고, 사랑하면 참되게 보게 되고, 볼 줄 알게 되면 모으게 되니 그것은 한갓 모으는 것은 아니다.

유한준의 이 글은 그의 문집인 『저암집(著菴集)』에도 실려 있다.

《석농화원》의 성첩 과정 3: 습유편

김광국은 원첩과 속편으로 《석농화원》을 일단 마무리 지은 이후에도 무언가 아쉬움 내지는 부족함을 느꼈던 듯 5년 뒤인 1792년 66세 때는 그동안 새로 수집한 작품들로 '습유'편을 꾸몄다. 습유편에는 조선 전기와 중기의 작품이 많이 들어 있고 작품의 수준도 높아 보인다.

6. 습유: 총 36폭 (조선 28, 중국 8)

김광국은 이렇게 꾸민 화첩을 한여름에 벗들과 피서하면서 펼쳐놓고 실컷 구경했다고 습유편에 발문을 지었다.

《석농화원》의 성첩 과정 4: 보유편 2권

김광국은 1795년, 69세 때 또 '보유'편 2권을 펴냈다. 하나는 새로 구입한 조선과 중국 그림으로 꾸민 것이고, 또 하나는 겸재 정선의 그림

8폭으로만 구성되어 있는데 여기에는 매 폭마다 백하 윤순이 쓴 왕유의 시가 들어 있다.

7. 보유 권1: 총 26폭 (조선 17, 중국 9)

8. 보유 권2: 총 8폭 (모두 겸재 작품)

김광국은 보유 권2 화첩의 뒤에 다음과 같은 「서 겸재 화권 후」를 써넣었다.

부록 그림4. 심정주 〈포도도〉 | 별집 수록, 종이에 수묵, 28.3×19.2cm, 18세기, 국립중앙박물관 소장.

겸재는 평생 그림을 그리면서 왕유의 시를 화제로 쓰기 좋아했는데, 망천장(輞川莊)을 읊은 20수가 더욱 빼어났다. (…) 갑인년(1794) 봄에 우연히 정존 김상서가 소장한 겸재의 8폭 그림을 얻었으니, 이것이 세상에서 이른바 〈망천장도(輞川莊圖)〉이다.

《석농화원》의 성첩 과정 5: 화원별집

아홉 번째 권인 '별집'은, 육필본에는 작품 목록만 실려 있다. 그리고 윤두서가 역대 화가들에 대해 총평을 가한 화평과 홍득구(洪得龜)의 화론이 실려 있는데, 이는 《석농화원》과는 체재를 달리하는 것이다. 김광국은 이 화첩을 기존의 《석농화원》과는 구별되는, 그야말로 '별집'으로 생각하였던 것 같다.

9. 별집: 총 76폭 (고려 1, 조선 68, 중국 6, 서양 1)

이 별집은 직접 김광국이 성첩한 것이 아니라 누군가가 꾸민 화첩을 인수한 것으로 보인다. 여기에 수록된 그림들을 보면 대체로 성격이 다른 3개의 화첩이 한데 묶인 것으로 보인다.[5] 그중 한 묶음은 미수(眉叟) 허목(許穆, 1595~1682)이 낭선군(朗善君) 이우(李俁, 1637~93)의 소장품을 보고 쓴 글에 나오는 작가 이름과 대부분 일치하기 때문이다. 낭선군은 선조의 손자로 숙종 연간 최고의 서화 수장가였다.

혹자는 별집을 상고당(尙古堂) 김광수(金光遂, 1699~1770)의 컬렉션으로 보기도 한다. 확실한 근거는 없으나 상고당이 아니고는 김광국 이전에 이런 화첩을 꾸밀 수 있었던 수장가가 보이지 않기 때문이다.

김광국이 이 별집을 언제 입수했는지에 대해서는 아무 정보가 없다. 다만 보유편을 꾸민 1795년(69세), 또는 부록을 꾸민 1796년(70세) 사이 어느 때가 아닐까 생각된다.

《석농화원》의 성첩 과정 6: 부록

《석농화원》 화첩의 마지막 권인 제10권은 '부록'으로 중국 그림 3폭으로 이루어져 있다.

10. 부록: 총 3폭 (모두 중국 그림)

5 이동주의 앞의 책 및 이원복의 「《화원별집》고」(『미술사학연구』 215, 1997) 참조.

부록은 "횡축이기 때문에 첩에 수록하지 못한 것"이라고 했다. 이 부록에는 명나라 심주의 〈월연도(月燕圖)〉에 김광국이 쓴 화제가 들어 있는데 "병진년(1796) 국추(菊秋)에 쓰다"라고 되어 있어 70세 때 꾸민 것임을 알 수 있다.

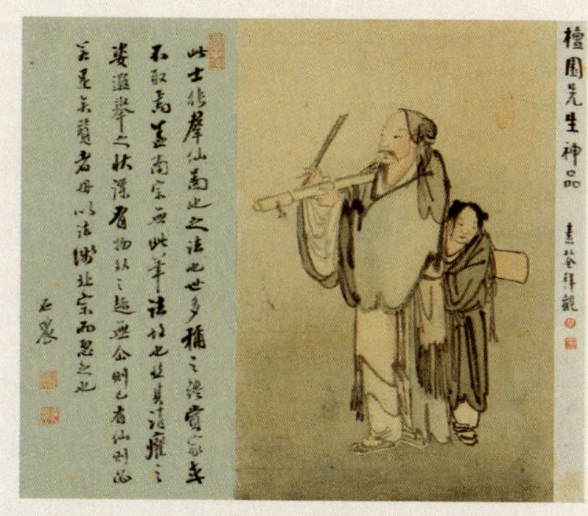

부록 그림5. 김홍도 〈군선도〉 | 원첩 권4 수록, 김광국 화제, 정동교 글씨, 비단에 수묵담채, 그림 24.2×15.7cm, 글씨 24.2×10.5cm, 18세기, 개인 소장.

그리고 석농 김광국은 마지막 권인 부록이 완성된 이듬해 1797년에 71세로 세상을 떠났다.

《석농화원》 수록 화가

《석농화원》에 수록된 작품은 물경 267폭에 이른다. 우리나라 화가로는 공민왕(恭愍王, 1330~74), 안견부터 석농 김광국과 동시대 화가인 단원 김홍도, 한 세대 후배인 자하(紫霞) 신위(申緯, 1769~1845)에 이르기까지 101명이다. 사실상 고려 말기부터 조선 후기에 이르는 400년간의 유명한 화가를 총망라한 셈이다.

조선 화가

안견(安堅) 강희안(姜希顔) 이상좌(李上佐) 김정(金淨) 신잠(申潛) 이경윤(李慶胤) 김시(金禔) 이영윤(李英胤) 김식(金埴) 석경(石敬) 사임당

(師任堂) 이우(李瑀) 황집중(黃執中) 이정(李楨) 이정(李霆) 어몽룡(魚夢龍) 이징(李澄) 김명국(金明國) 조속(趙涑) 김진규(金鎭圭) 윤두서(尹斗緖) 김창업(金昌業) 조영석(趙榮祏) 정선(鄭敾) 조세걸(曺世傑) 유덕장(柳德章) 윤덕희(尹德熙) 김익주(金翊胄) 김인관(金仁寬) 심정주(沈廷胄) 윤용(尹熔) 유명길(柳命吉) 김두량(金斗樑) 정만교(鄭萬僑) 이광사(李匡師) 심사정(沈師正) 강세황(姜世晃) 허필(許佖) 김윤겸(金允謙) 이윤영(李胤永) 이인상(李麟祥) 조윤형(曺允亨) 정철조(鄭喆祚) 최북(崔北) 신한평(申漢枰) 홍계순(洪啓純) 이태원(李太源) 오도형(吳道炯) 정황(鄭榥) 정충엽(鄭忠燁) 이긍익(李肯翊) 변상벽(卞相璧) 김용행(金龍行) 김희성(金喜誠) 원명유(元命維) 심상규(沈象奎) 이희영(李喜英) 강희언(姜熙彦) 강안(姜佼) 김응환(金應煥) 김홍도(金弘道) 이인문(李寅文) 이희산(李羲山) 강이천(姜彝天) 오명현(吳命顯) 김득신(金得臣) 홍문귀(洪文龜) 이명기(李命基) 신휘(申徽) 김정수(金廷秀) 유환덕(柳煥德) 성재후(成載厚) 허승(許昇) 매주(梅廚)김씨(金氏) 홍실(洪宲) 안호(安祜) 김이혁(金履爀) 박유성(朴維城) 오준상(吳俊祥) 김광국(金光國) 신사열(辛師說) 황기(黃杞) 이상 조선 82명.

별집에 추가된 화가

공민왕(恭愍王) 이불해(李不害) 이숭효(李崇孝) 함윤덕(咸允德) 이정근(李正根) 윤인걸(尹仁傑) 신세림(申世霖) 송민고(宋民古) 윤정립(尹貞立) 이사호(李士浩) 윤양근(尹養根) 정세광(鄭世光) 김이승(金履承) 이하영(李夏英) 정홍래(鄭弘來) 변박(卞璞) 임희지(林熙之) 이유신(李維新) 김조순(金祖淳) 이상 고려 1명, 조선 18명.

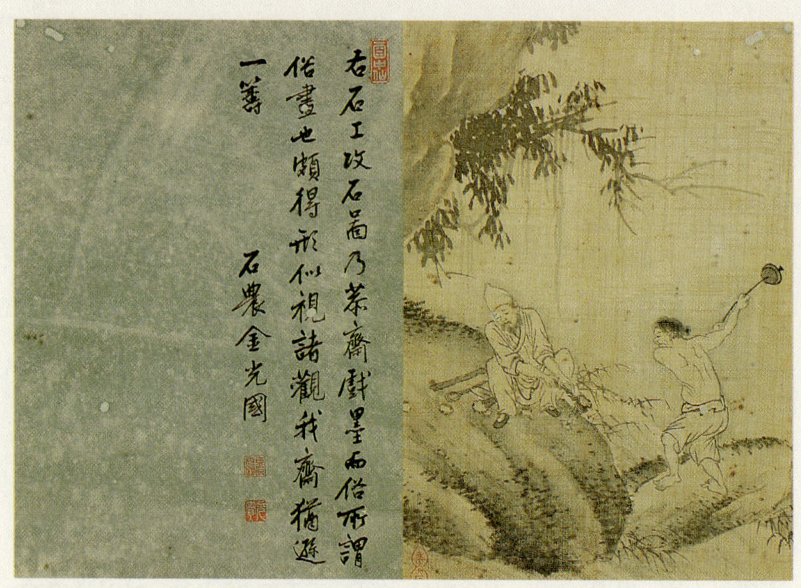

부록 그림6. 윤두서 〈석공공석도〉 | 원첩 권1 수록, 김광국 화제, 이면우 글씨, 종이에 수묵, 그림 23.0×15.8cm, 글씨 23.0×15.8cm, 18세기, 개인 소장.

《석농화원》에는 복수로 작품이 실린 화가가 많다. 이는 그림에 대한 김광국의 평가와도 무관하지 않을 것으로 생각된다. 별집을 제외한, 즉 김광국이 직접 수집하여 꾸민《석농화원》화첩에 복수의 작품이 수록된 화가는 다음과 같다.

정선 18점

심사정 14점

이정(탄은), 조영석 6점

윤두서 5점

김명국 4점

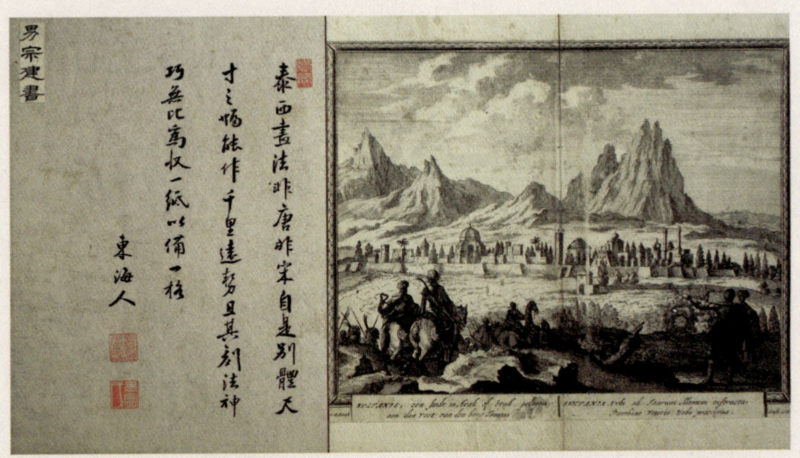

부록 그림7. 피터르 스헹크(Pieter Schenck) 〈술타니에 풍경〉("Landscape of Sultanie") | 원첩 권4 수록, 김광국 화제, 김종건 글씨, 동판에 에칭, 그림 22.0×26.9cm, 글씨 25.6×18.6cm, 네덜란드, 18세기, 개인 소장.

강세황, 이인상, 윤덕희, 원명유, 김홍도 3점

신사임당, 김식, 이징, 조속, 윤용, 김윤겸, 이광사, 이윤영, 김응환 2점

《석농화원》의 수록 화가와 작품 목록을 보면 거의 작품으로 보는 조선시대 회화사 도록이나 다름없다. 실제로 김광국은 《석농화원》의 원첩 네 권은 그런 마음에서 꾸민 것 같고, 속편에서는 당대의 화가를 여기에 포함시키겠다는 편집 의도가 역력히 보인다. 그리고 무언가 아쉬운 점이 남아 습유편과 보유편을 만들었다는 생각이 든다.

그리고 《석농화원》에는 중국 화가 28명의 작품 37폭과 일본, 러시아, 서양, 유구 등 기타 국가의 작품 7폭이 실려 있어 회화사적 의의를 더한다. 이 작품들은 조선의 대외적인 문화 교류를 짐작하게 해주며, 함께 실린 화평과 화제들은 조선의 중국 회화에 대한 인식 수준을 알려

주는 구체적인 사료이다.

중국 화가 28명

송나라: 휘종(徽宗) 소식(蘇軾) 진거중(陳居中) 조간(趙幹)

원나라: 조맹부(趙孟頫) 황공망(黃公望) 오진(吳鎭)

명나라: 문징명(文徵明) 문백인(文伯仁) 심주(沈周) 여기(呂紀) 정룡(程龍) 오위(吳偉) 동기창(董其昌) 두기룡(杜冀龍) 장우(張羽) 두근(杜堇) 소고(邵高)

청나라: 맹영광(孟永光) 고기패(高其佩) 장도악(張道渥) 시옥(施鈺) 탁점(托霑) 공대만(龔大萬) 장문도(張問陶) 김부귀(金富貴) 장경복(蔣景福) 허옥(許鈺)

기타 국가의 작품 7폭

일본 〈채녀적완도(采女摘阮圖)〉

대마도〔對馬州〕 희헌(喜憲) 〈풍우구우도(風雨驅牛圖)〉

유구 〈화조도(花鳥圖)〉

서양 〈누각도(樓閣圖)〉

〈서양화(西洋畫)〉(원첩 권4)

〈서양화(西洋畫)〉(별집)

러시아 〈아라사화(俄羅斯畫)〉

석농 김광국의 일생

석농 김광국의 본관은 경주, 자는 원빈(元賓)이고, 석농이라는 호 이외에 고졸(古拙) 동해만사(東海漫士) 동해초부(東海樵夫) 관원수(灌園叟) 기옹(畸翁) 졸옹(拙翁) 원객(園客) 등을 사용했으며 포졸당(抱卒堂)이라는 소장인(所藏印)을 사용했다.

그의 집안은 고조부인 김경화(金慶華, 1628~1708)가 의관(醫官)이 된 이후 대대로 의관직을 세습하게 되어 김광국도 의관을 지냈다. 이런 사실은 경주 김씨 적성(積城) 문중에서 편찬한 족보에서 확인할 수 있다.

생각건대 김광국 고조부의 선대는 양반층이었으나 무관 집안으로 가격(家格)이 낮아진 뒤 중인 신분으로 전락한 것으로 보인다. 그러나 그의 후손들이 계속 의관으로 활약함으로써 나중엔 중인 집안의 명가(名家)가 되어 중인 집안 족보인 『성원록(姓源錄)』에도 김광국 집안의 계보가 실려 있다.[6]

중인들은 일반적으로 중인 집안과 혼인하는 것이 상례였는데 김광국의 처갓집은 화원 집안인 인동 장씨 집안이다. 그런데 김광국의 동서인 안세윤(安世潤)은 김홍도의 6촌 형인 김광태(金光兌)의 처 순흥 안씨와 사촌간이 된다.[7] 때문에 김광국과 김홍도는 비록 먼 촌수이지만 서로 토촌(吐寸)하는 사이였음이 분명하다.

---

6 『성원록』은 조선 말기 이창현(李昌鉉, 1850~1921)이 지은 중인 집안의 성씨 계보 책으로 역관·의관·산관·율관·음양관·서자관·화공 등의 여러 가문이 실려 있다. 이 책은 고려대학교도서관과 하버드대학교 옌칭연구소에 거의 같은 육필본으로 소장되어 있다.

7 진준현, 『단원 김홍도 연구』, 일지사 1999, 16~17면.

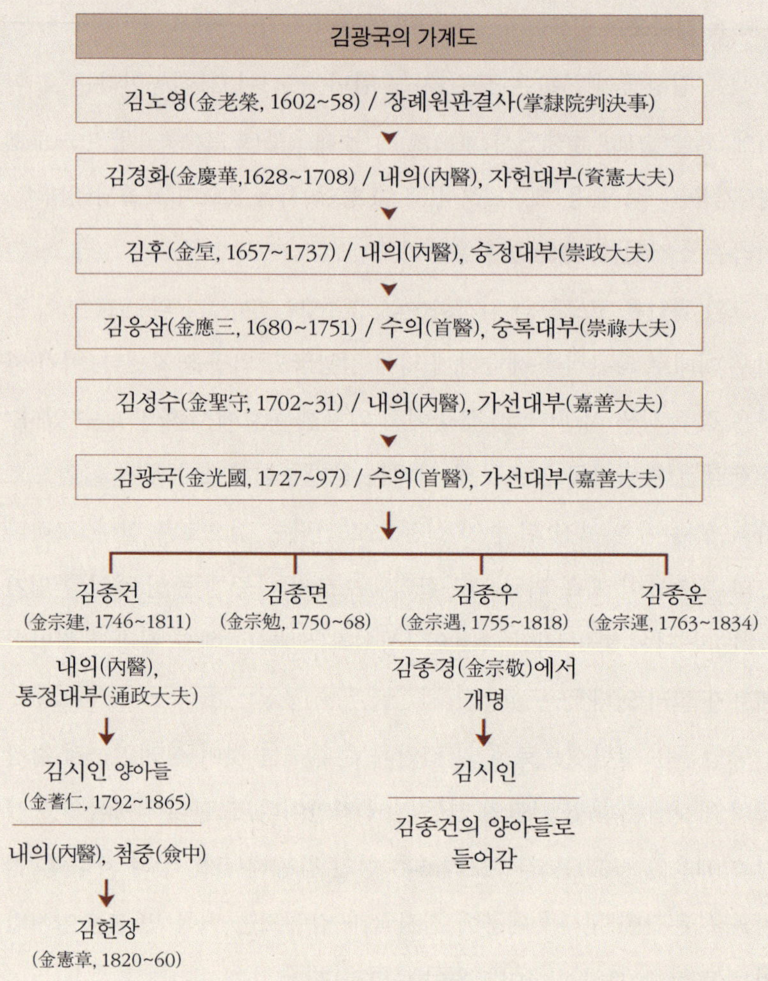

김광국은 1747년 나이 21세에 의과에 합격하였고, 2년 뒤인 23살 때 내의원(內醫院)에 들어가 의관이 되었으며, 나중에는 의관으로서 가장 높은 자리인 수의(首醫)까지 올랐다. 김광국이 언제까지 의관을 지냈는지는 확인되지 않았으나 상당히 오랜 기간 근무했던 듯 나중에는 가선

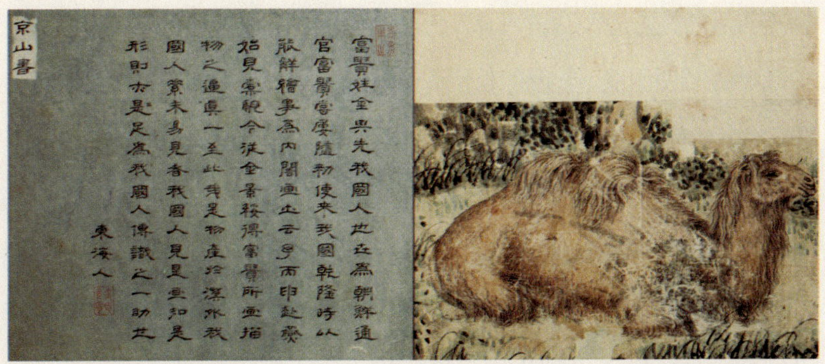

부록 그림8. 김부귀 〈탁타도〉 | 속편 수록, 김광국 화제, 이한진 글씨, 종이에 채색, 그림 20.6×23.6cm, 글씨 20.6×23.6cm, 18세기, 개인 소장.

대부 동지중추부사라는 높은 명예직을 얻었다.

김광국은 의관이었기 때문에 이력에 큰 특기사항이 따로 있기 어렵지만, 1776년 50세 때 연행사신을 동행하여 연경에 다녀온 일은 그의 일생에 중요한 의미를 지닌다. 이때 그는 중국의 문화를 직접 체험하고 동시에 서양 문화도 접할 수 있었다. 이런 사실은 《석농화원》에 수록된 중국 화가 김부귀(金富貴)의 〈탁타도(橐駝圖)〉와 네덜란드의 동판화 〈누각도〉가 실려 있는 것에 잘 나타나 있다.

그의 연경행이 또 주목되는 것은 그의 집안이 일찍이 중국 의약품의 사무역(私貿易)과 관련이 깊었을 것이기 때문이다. 3년 뒤인 1779년 김광국은 다시 의관으로 사신을 따라 연경에 갔는데, 이때 우황(牛黃) 무역 문제로 의적(醫籍)에서 제명당하기도 했다.[8] 그 경위를 자세히는 알 수 없으나 김광국은 사무역으로 부를 축적한 덕분에 많은 서화를 소장

8 『정조실록』 3년(1779) 12월 3일 자.

할 수 있었던 것으로 생각되고 있다.

그러나 김광국을 역사적 인물로 만든 것은 그의 열정적인 서화 수집과 그가 남긴《석농화원》이라는 불후의 화첩이다. 그는 이미 10대 때부터 서화를 수집하고 서화가, 수장가들과 교류하기 시작하였으며 노년에 들어서면서는 평생 수집한 그림을 화첩으로 꾸미기 시작하였다. 1784년 58세 때에《석농화원》4권을 성책하여 1차 완성을 보았다. 이것이《석농화원》원첩이다.

이후에도 김광국은 10여 년에 걸쳐 계속 그림을 수집하여 '속' '습유' '보유' '별집' '부록' 등을 펴내어《석농화원》은 총 10권으로 마무리되었다. 마지막 권인 부록의 화평을 쓴 것은 1796년, 그의 나이 70세 때였다.

김광국은《석농화원》을 총 10권으로 마무리하면서 그 전체 목록과 각 폭에 실린 화평을 옮겨 쓰고 이 역시《석농화원》이라고 이름 지었다. 이 육필본《석농화원》은 목판본으로 인쇄할 생각이었던 것으로 보인다. 그러나 김광국은 그 이듬해인 1797년, 71세 나이로 세상을 떠났다.

김광국의 젊은 시절 서화 수장

김광국의 서화 감상과 수집은 이른 나이부터 시작되었다.《석농화원》습유편에 실려 있던 현재 심사정의 〈와룡암소집도(臥龍菴小集圖)〉에는 김광국 자신이 쓴 화제가 붙어 있는데 그 내용으로 미루어 그가 이미 10대 때에 선배 수장가인 상고당 김광수와 함께 서화를 감상하였다는 것을 알 수 있다.

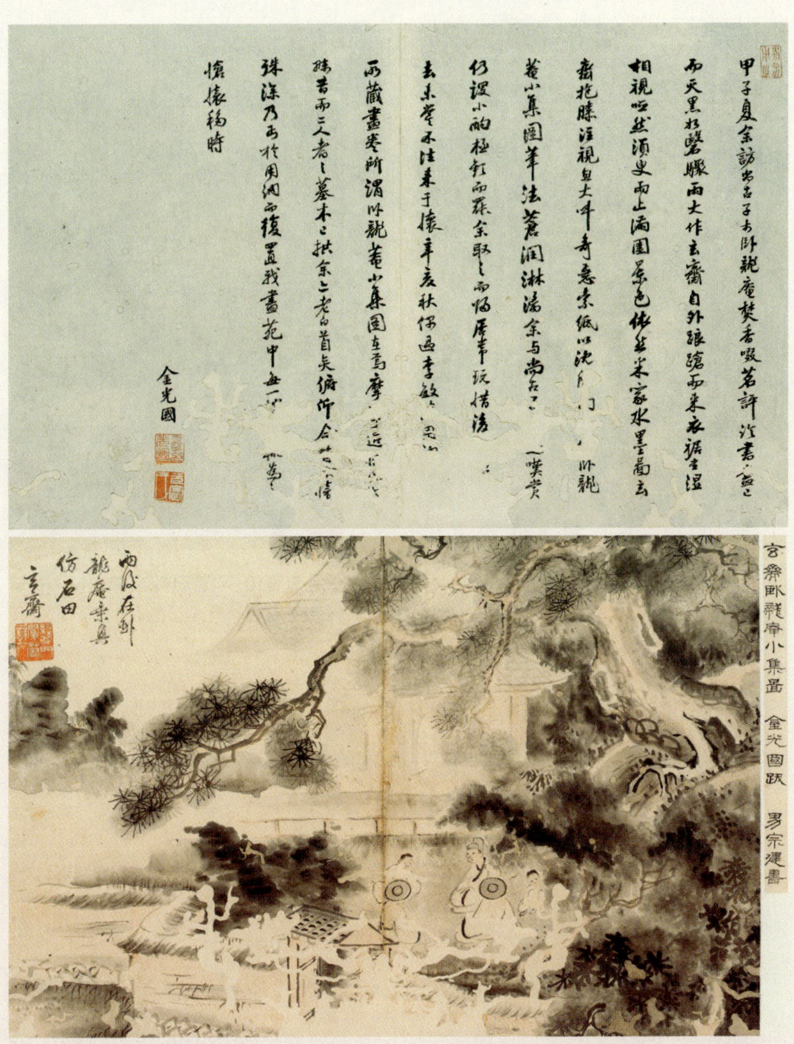

부록 그림9. 심사정 〈와룡암소집도〉 | 습유편 수록, 김광국 발문, 김종건 글씨, 종이에 수묵담채, 그림 28.7×42.0cm, 글씨 27.4×41.6cm, 18세기, 간송미술문화재단 소장.

갑자년(1744) 여름에 나는 와룡암으로 상고당 김광수를 찾아갔다. 향을 피우고 차를 마시면서 서화를 품평하는데, 이윽고 하늘이 바둑돌처럼 어두워지더니 소나기가 퍼부었다. 현재 심사정이 밖에서 허겁지겁 뛰어와서 옷이 다 젖었으므로 서로 바라보면서 아연실색하였다. 잠시 후에 비가 그치자 온 뜨락의 풍경이 마치 미불의 수묵화 같았다. 현재가 무릎을 끌어안고 한참 바라보다가 갑자기 멋지다고 외치며 급히 종이를 찾더니, 심주의 필법으로 〈와룡암소집도〉를 그렸다.

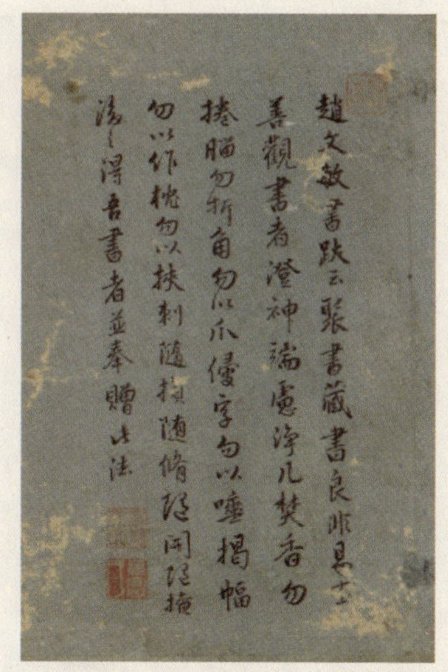
趙文敏書跋云聚書藏書良非易事
善觀書者澄神端慮淨几焚香勿
捲腦勿折角勿以爪侵字勿以唾揭幅
勿以作枕勿以夾刺隨損隨修隨開隨掩
後之得吾書者並奉贈此法

부록 그림10. 『석봉진적첩』 포갑에 기록되어 있는 조맹부의 수장론

1744년이라면 당시 김광국은 18세이고, 현재는 38세, 상고당은 46세였을 때다. 김광국은 이처럼 10대부터 서화를 감상하고 수집한 타고난 미술애호가이자 수장가였다.

김광국은 그림뿐 아니라 글씨도 수집하였다. 그가 수집한 대표적인 서첩으로 석봉(石峯) 한호(韓濩)의 글씨 모음집인 『한호필적: 석봉진적첩(韓濩筆蹟: 石峰眞蹟帖)』(보물 제1078-2호)[9]이 있다. 3첩 1질인데 서첩을 보관한 포갑 머리쪽에 "포졸당진장(抱拙堂珍藏)"이라 쓰여 있고, 안쪽에는 수장에 관한 조맹부의 교훈적인 글귀가 쓰여 있다. 조맹부의 이 글은 《석농화원》 육필본 책머리에 실려 있는 것과 똑같은 것이어서 김

9 이완우, 「석봉 한호의 작가상: 한경홍진적」, 『미술사학연구』 212, 1996, 5~43면.

광국이 이 수장론을 아주 좋아하였던 것을 알 수 있다. 그리고 '포졸당(抱拙堂)' '김광국장(金光國章)' '원빈씨(元賓氏)'라는 인장이 찍혀 있다. 또 각 첩의 앞뒤 이면에는 김광국의 소장인 네 가지가 찍혀 있어 그가 수장했음을 알 수 있다.

현재 규장각에 전하고 있는 『선배수간(先輩手簡)』이라는 네 권짜리 간찰첩 역시 김광국이 1750년, 불과 24세 때 성첩한 것으로 알려져 있는데, 그 첫째 권에는 김광국이 직접 쓴 「소서(小敍)」라는 서문이 다음과 같이 실려 있다.[10]

> 내 성품이 옛것을 좋아하여 옛사람의 짧은 편지나 글씨 쪼가리를 보게 되면 아끼고 사모하는 생각으로 수집하고자 하지 않은 적이 없어서 우리나라 명현과 정승 판서의 필적(筆跡)을 10년 동안 모아왔다. 기사년(1749) 되는 해에 친하게 알고 지내던 사람에게서 옛 서간을 약간 얻어 장첩하려 하자 어떤 이는 못마땅하게 여겼다.
>
> 이에 나는 말하기를 "『순화각첩』(淳化閣帖, 송대의 법첩)은 역사상 비할 바 없는 법첩(法帖)이지만 7~8할이 조문(弔文)과 병문안 편지인바, 지금 내가 수집한 편지들이 무슨 해가 될 것인가. 선비〔儒者〕의 일상사에 대한 서찰이 있기에 오늘날에도 옛사람의 두터운 뜻을 만

10 『선배수간』의 소장자에 대해서는 여러 이론이 있다. 이 첩의 서문에 김광국 인장이 있는데 규장각의 해제는 영조 때 병조참판을 지낸 동명이인을 오인하여 "김광국(1685~?)이 조선조 연산군부터 영조까지의 명현들의 필적을 10여 년간 모아 1750년 영조 26년에 차서(次序)를 정하여 8첩으로 만든 것이다"라고 되어 있지만 이는 해제자가 석농 김광국의 존재를 몰라서 일어난 오해이다. 또 이 첩의 원 제작자 부분이 지워져 있기 때문에 석농 김광국의 소장이 아닐 수도 있다는 견해도 있다. 그러나 서문의 내용이 뛰어나서 여기서는 전문을 모두 소개하였다.

날 수 있는 것이니, 나는 이것을 귀중하게 생각합니다"라고 하였다.

그리고 마침내 순서를 정하고 진위를 판별해서 장황하니 8첩이 되었다. 이름하여 '선배수간'이라 하였으니, 후대에 이것을 감상하는 사람들은 비단 그 필적의 볼만함만이 아니라 마땅히 이를 통하여 그의 사람됨을 알아볼 수 있을 것인즉, 또한 옛것을 숭상하는 사람들에게도 일조하게 될 것이다.

서화를 수집하는 마음이 잘 나타나 있는 이 글을 불과 20대 때 썼다는 것이 놀랍기만 하다.

선배 수장가, 상고당 김광수

김광국의 서화 수장에서 가장 주목해야 할 인물은 역시 상고당 김광수이다. 〈와룡암소집도〉의 화제에서 알 수 있듯이 상고당은 40대의 나이로 10대의 청년 김광국과 서화로 어울렸다. 나이 차이가 거의 30살이나 되고 양반과 중인이라는 신분 차이가 있었음에도 상고당은 김광국을 제자 내지는 후계자로 받아들였던 것이다. 김광국에게 상고당은 사실상 롤모델이자 멘토였으며, 상고당의 많은 수장품이 나중엔 김광국에게 양도되기도 하였다.

상고당 김광수의 본관은 상산(商山), 자는 성중(成仲)이다. 그의 집안은 대대로 문과에 급제한 명문이었다. 상고당은 1729년 31세 때 진사시에 합격하였으나 집안이 소론이었기 때문에 출세를 포기하고 문인들과 서화를 감상하며 풍류로 일생을 살았다.

1746년, 나이 48세 때 그는 음직으로 예안현감(禮安縣監)에 제수되어 3년간 지방에서 목민관을 지냈지만, 72세로 세상을 떠날 때까지 주로 서울에 살면서 서화 감상과 수집으로 일생을 보냈다.

그는 집안이 크게 부유하지는 않았지만 많은 서화를 수장하였고, 그것으로 사대부 사회에서 이름이 높았다. 연암 박지원은 「필세설(筆洗說)」에서 상고당의 안목을 약간 낮게 평가하기도 했지만 다른 증언에 의하면 그는 당대 최고의 수장가이자 감식가였음에 틀림없다.

상고당과 가장 가까웠던 친구는 서울 서대문 밖 원구재에 이웃하여 살고 있던 원교 이광사였다. 상고당의 서재 이름은 '내도재(來道齋)'라 하는데 이는 '도보(道甫)가 놀러오는 집'이라는 뜻으로, 도보는 이광사의 자이다.

상고당과 특히 가까이 지낸 화가는 능호관(凌壺觀) 이인상(李麟祥, 1710~60), 현재 심사정이었고, 겸재 정선은 상고당을 위하여 〈망천도〉와 〈사직송도(社稷松圖)〉를 그려줄 정도로 가까웠다. 정조 시대에 김광국의 《석농화원》 같은 방대한 화첩이 나올 수 있었던 것은 앞 시대인 영조 시대에 상고당 같은 인물이 있었기 때문이다.

김광국의 교우 관계

김광국이 수장가로서 일생을 살아가는 동안에는 많은 지우(知友)를 얻었다. 때문에 《석농화원》에 명사들의 화제나 화평(畫評)을 곁들일 수 있었다. 화평을 지은 문장가는 18명이고, 화평을 글씨로 쓴 서예가는 26명인데 그 면면을 보면 다음과 같다.

화평을 지은 이

김광수(金光遂) 이광사(李匡師) 서무수(徐懋修) 강세황(姜世晃) 김윤겸(金允謙) 정충엽(鄭忠燁) 이한진(李漢鎭) 유준주(兪駿柱) 오재유(吳載維) 유환덕(柳煥德) 안명열(安命說) 안호(安祜) 신휘(申徽)

기존 화평

윤두서(尹斗緖) 이병연(李秉淵) 이인상(李麟祥) 조귀명(趙龜命) 정내교(鄭來僑)

화평의 글씨를 쓴 이

유한지(兪漢芝) 이한진(李漢鎭) 김이도(金履度) 이광사(李匡師) 강세황(姜世晃) 박지원(朴趾源) 박제가(朴齊家) 정충엽(鄭忠燁) 조윤형(曺允亨) 김노경(金魯敬) 강이천(姜彝天) 강이대(姜彝大) 유준주(兪駿柱) 서무수(徐懋修) 홍신유(洪愼猷) 오재소(吳載紹) 오재유(吳載維) 정동교(鄭東教) 이학빈(李學彬) 이면우(李勉愚) 조진규(趙鎭奎) 김지묵(金持默) 윤동섬(尹東暹) 안호(安祜), 아들 김종건(金宗建) 김종경(金宗敬)

이 명단은 사실상 석농과 동시대의 명사들은 거의 다 망라한 것이다. 특히 노론계 문인과 중인층이 많긴 했으나, 김광국의 교유 범위는 넓고 넓어서 당색을 뛰어넘고 양반, 서얼, 중인의 신분을 초월한 것이었다. 이는 한편으로는 정조 시대 학예의 분위기와 당시 널리 퍼져 있던 명사들의 고동서화(古董書畫)라는 감상 취미를 여실히 보여주는 것이기도 하다. 그중에서도 내침의(內鍼醫)이자 화가인 이호(梨湖) 정충엽(鄭忠

부록 그림11. 황기 〈노호도〉 | 속편 수록, 김광국 화제, 유한지 글씨, 종이에 수묵담채, 그림 20.0×13.0cm, 글씨 20.0×13.0cm, 18세기, 선문대학교박물관 소장.

燁, 1725~1800 이후 추정)은 김광국의 단짝이었던 것으로 보인다.

김광국은 특히 기계 유씨 집안의 유한지(兪漢芝, 1760~1834), 유한준과 그들의 아들 조카인 유만주(兪晩柱, 1755~88), 유준주(兪駿柱, 1746~93) 등과 아주 각별히 지냈다. 이들이 모두 당대의 문사이자 서예가이고 또 서화와 전적의 수장가였기 때문인 것으로 보인다.

《석농화원》에 압도적으로 많은 글씨를 써준 이는 유한지였다. 《석농화원》 화첩의 발문을 쓴 것은 유한준인데 그의 증언에 의하면 김광국은 젊어서는 한 세대 위인 능호관 이인상, 상고당 김광수와 가까웠으나 이들이 세상을 떠나자 자신과 가까이 지내게 되었다고 했다.

《석농화원》에서 또 하나 주목되는 것은 김광국과 연암 박지원과의 관계이다. 박지원은《석농화원》육필본에 서문을 썼고, 또 화평도 쓴 일이 있어 가까이 지냈다는 것을 알 수 있는데, 박지원이 쓴『열하일기』에 실려 있는《열상화보(洌上畫譜)》의 작품들이《석농화원》에 수록된 작품과 상당수 일치하고 있는 것은 주목할 만한 사실이다.

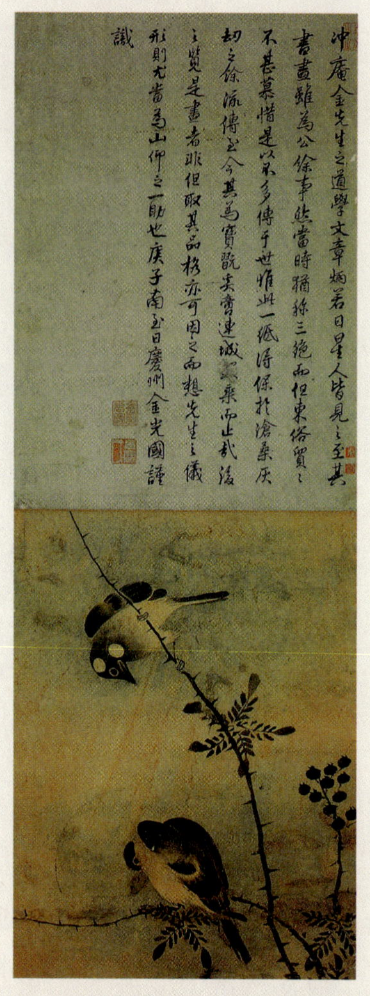

부록 그림12. 김정〈이조화명도〉ㅣ원첩 권1 수록, 김광국 화제, 김지묵 글씨, 종이에 수묵담채, 그림 32.1×21.7cm, 글씨 31.7×21.7cm, 16세기, 국립제주박물관 소장.

박지원『열하일기』중《열상화보》작품들

연암 박지원의『열하일기』중《열상화보》는 1780년 7월 24일부터 열하루에 걸쳐 산해관(山海關)에서 연경에 이르는 기록인「관내정사(關內程史)」편에 실려 있다.

내용인즉 신축년(1781) 7월 25일, 연암은 호응권(胡應權)이라는 중국 상인이 조선인 김상공(金相公)에게서 구입한 것이라며 들고 온 화첩을 보게 된다. '상공'이라는 호칭은 상인끼리 서로를 높여 부르던 호칭이다. 그는 연암에게 그림에 관지가 없다며 각 화가의 소전(小傳)을 부탁하였다. 이에 연암은 각 작품을 고증하여 화가의 이름을 적어주고 이 화첩의 이름을 자신의 별호인 열상외사(洌上外史)를 따서 '열상화보'라 명명하였다.[11]

《열상화보》에 실린 작품은 총 47폭인데, 그중 일부는《석농화원》에 실려 있던 것과 똑같은 작품으로 보인다.〈이조화명도(二鳥和鳴圖)〉〈추강만범도(秋江晚泛圖)〉〈노안도(蘆鴈圖)〉 등 3폭은 작품 이름까지 똑같다. 그리고《열상화보》에 실린〈연강효천도(煙江曉天圖)〉와〈한림이우도(寒林二牛圖)〉 등 10폭은《석농화원》의〈연강청효도(煙江淸曉圖)〉〈한림와우도(寒林臥牛圖)〉 등과 작품 이름이 약간 다르긴 하지만 같은 그림으로 생각된다. 이렇게 볼 때《열상화보》에 실린 13폭의 그림이《석농화원》에 실려 있던 셈이다.

《열상화보》와《석농화원》수록작 비교

순서	작가명	《열상화보》의 상세 내용			《석농화원》과의 비교
		작품명	관지	박지원의 소전	
1	김정 金淨	〈이조화명도 二鳥和鳴圖〉		김정의 자는 원충元冲, 명明 가정嘉靖 때 사람이다.	'원첩' 권1의〈이조화명도二鳥和鳴圖〉와 같은 그림으로 보임.
2	김식 金埴	〈한림와우도 寒林臥牛圖〉			'원첩' 권1의〈한림이우도寒林二牛圖〉와 같은 그림으로 보임.
3	이경윤 李慶胤	〈석상분향도 石上焚香圖〉			'원첩' 권1의〈거석분향도據石焚香圖〉와 같은 그림으로 보임.
4	탄은 이정 李霆	〈녹죽도 綠竹圖〉		이정의 자는 중섭仲燮, 석양정石陽正으로, 익주군益州君의 지자枝子이다.	'원첩' 권1의〈청록대죽靑綠大竹〉과 같은 그림으로 보임.

11 정은주,「연행에서 서화 구득 및 문견 사례 연구」,『미술사학』26, 2012, 350~51면.

순서	작가명	《열상화보》의 상세 내용			《석농화원》과의 비교
		작품명	관지	박지원의 소전	
5	탄은 이정	〈묵죽도墨竹圖〉			'원첩' 권1 9번의 〈묵죽墨竹〉과 제목이 같으나, 《석농화원》의 그림은 화제에 따르면 장지 그림이었고, 1777년 입수했을 때 낡은 상태였다고 하였으므로 다른 그림으로 보임.
6	이징李澄	〈노안도蘆雁圖〉		이징의 자는 자함子涵, 호는 허주재虛舟齋, 학림정鶴林正의 아들이다.	'원첩' 권1의 〈노안도蘆雁圖〉와 같은 그림으로 보임.
7	김명국金鳴國	〈노선결기도老仙結綦圖〉		김명국金鳴國이니, 명明 천계天啓 연간 사람이다.	'원첩' 권1의 〈노옹결기도老翁結綦圖〉와 같은 그림으로 보임.
8	조속趙涑	〈연강효천도煙江曉天圖〉			'원첩' 권1의 〈연강청효도煙江淸曉圖〉와 같은 그림으로 보임.
9	윤두서尹斗緖	〈임지사자도臨紙寫字圖〉		윤두서의 자는 효언孝彦, 강희康熙 연간 사람이다.	'원첩' 권1의 〈거안서자도據案書字圖〉와 같은 그림으로 보임.
10	정선鄭敾	〈춘산등림도春山登臨圖〉	이 그림들은 모두 '정선鄭敾'·'원백元伯'이라는 소인小印이 있다.	정선의 자는 원백元伯, 강희·건륭 연간 사람이다. 나이 여든이 넘어서도 겹돋보기 안경을 끼고 촛불 아래에서 가는 그림을 그려도 털끝만큼 그릇됨이 없었다.	'원첩' 권2의 〈춘일등고도春日登皐圖〉와 제목이 거의 같으나, 김광국이 《석농화원》의 그림에 화제를 썼다고 한 시기(1780년 여름)가 박지원이 연행에 다녀온 시기(1780년 5월 25일~10월 17일)와 겹침.
11	정선	산수도山水圖 4폭			'원첩' 권2에 일련의 산수도 4폭 4~7번이 있으나, 〈용정반조도〉의 화제에 따르면 이 4폭은 겸재가 상고당 김광수를 위해 그린 그림들이라고 함.
12	정선	사시도四時圖 8폭			없음.
13	정선	〈대은암도大隱巖圖〉			'원첩' 권2의 〈대은암춘색도大隱巖春色圖〉와 같은 그림으로 보임.

순서	작가명	《열상화보》의 상세 내용			《석농화원》과의 비교
		작품명	관지	박지원의 소전	
14	조영석 趙榮祏	〈부장임수도 扶杖臨水圖〉		조영석의 자는 종보, 호는 관아재觀我齋니, 강희·건륭 연간 사람이다.	'원첩' 권1의 〈우바새부장도優婆塞扶杖圖〉와 같은 그림으로 보임.
15	김윤겸 金允謙	〈도두환주도 渡頭喚舟圖〉		김윤겸의 자는 극양克讓, 강희·건륭 연간 사람이다.	'원첩' 권2 15번 〈추강대도도秋江待渡圖〉와 제목이 비슷하지만, 김광국의 화제에 1779년에 입수한 그림이라는 서술이 있어, 《열상화보》에 기록된 시점과 맞지 않음.
16	심사정 沈師正	〈금강도金剛圖〉		심사정의 자는 이숙頤叔, 강희·건륭 연간 사람이다.	없음.
17	심사정	초충화조도 草蟲花鳥圖 8폭	'심사정사인沈師正私印'과 '현재玄齋'라는 소인이 있다.		없음.
18	윤덕희 尹德熙	〈심수노옥도 深樹老屋圖〉			없음.
19	윤덕희	〈백마도白馬圖〉			없음.
20	윤덕희	〈군마도群馬圖〉			없음.
21	윤덕희	〈팔준도八駿圖〉	'윤덕희사인尹德熙私印'과 '낙서駱西'라는 소인이 있다.		없음.
22	윤덕희	〈춘지세마도 春池洗馬圖〉			없음.
23	윤덕희	〈쇄마도刷馬圖〉			없음.
24	유덕장 柳德章	〈무중수죽도 霧中睡竹圖〉	'수운사인 峀雲私印'이 있다.		없음.
25	유덕장	〈설죽도雪竹圖〉	'수운峀雲'이란 두 글자와 '수운峀雲'의 인이 있다.		'보유' 권1 19번의 〈설죽雪竹〉과 제목이 같지만, 성첩 시기가 늦은 〈보유〉편에 들어 있는 것으로 보아 다른 그림일 가능성이 높음.

순서	작가명	《열상화보》의 상세 내용			《석농화원》과의 비교
		작품명	관지	박지원의 소전	
26	이인상 李麟祥	〈검선도劒仙圖〉	'이인상李麟祥'의 인이 있다.	이인상의 자는 원령元靈, 호는 능호관凌壺觀이다.	국립중앙박물관 소장 〈검선도〉로 보임.
27	이인상	〈송석도松石圖〉	'인상麟祥'이란 인과 '기미삼월삼일己未三月三日'이란 소지小識가 있다.		없음.
28	강세황 姜世晃	〈난죽도蘭竹圖〉	'표암광지豹菴光之'의 인이 있다.	강세황의 자는 광지光之다.	없음.
29	강세황	〈묵죽도墨竹圖〉	'표암광지豹菴光之'의 인이 있다.		없음.
30	허필 許佖	〈추강만범도秋江晩泛圖〉	'연객烟客'이라는 소인이 있다.	허필의 자는 여정汝正이다.	'원첩' 권3의 〈추강만범도秋江晩帆圖〉와 같은 그림으로 보임.

연암이《열상화보》를 구입하여 국내에 들여왔다는 사실은 유만주의 문집인 『흠영(欽英)』에서도 확인된다. 유만주는 1786년 4월 23일 박지원이《열상화보》를 자신에게 보여주었다고 했다.[12]

유만주의 『흠영』에 의하면 그는《열상화보》를 열람한 바로 그날《석농화원》도 열람한 것으로 되어 있는데 여기엔 무언가 착오가 있다.《열상화보》의 작품들은 이미 2년 전인 1784년에 성첩된《석농화원》속에 들어가 있기 때문이다. 이 점에 대해서는 앞으로 더 연구가 있어야겠지만 연암의《열상화보》에 실린 작품 중 다수가《석농화원》에 들어간 것

12 황정연, 앞의 책 559면.

만은 분명하다.

《석농화원》 육필본

《석농화원》 육필본은 이상의 《석농화원》 화첩 9권과 부록 1권의 총목과 여기에 실린 화평과 화제를 빠짐없이 기록한 것이다. 이 육필본은 책으로 발간할 목적으로 만든 것이 분명하다. 반듯한 해서체로 정서되어 있고 책 곳곳에 교정본 흔적이 그대로 남아 있다.

특히 청나라의 표기에 고심한 흔적이 역력하다. 중국 화가의 국적을 표시하면서 송, 원, 명 다음에는 당연히 청이라 해야 할 것인데 처음에는 '만주(滿洲)'라고 적었다가 나중엔 '중국(中國)'으로 고쳤다. 이는 조선시대 문인들이 청나라 연호를 거부하고 끝까지 숭정(崇禎) 연호를 고집했던 것과 같은 맥락에 있는 것이다.

각 권의 책머리에는 편집, 배관, 교정의 책임자가 다음과 같이 밝혀져 있다.

편집(編輯): 김광국(金光國)

배관(拜觀): 박지원(朴趾源) 이한진(李漢鎭) 안호(安祜) 정충엽(鄭忠燁)

교정(矯正): 김윤서(金倫瑞) 이광직(李光稷)

권에 따라서 배관에 유한지가 들어가고, 안호가 빠지는 등 변동이 있다. 《석농화원》 육필본에는 2개의 서문과 2개의 발문이 실려 있다.

원첩 권1: 박지원 「석농화원서(石農畫苑序)」, 홍석주 「석농화원서(石農畫苑序)」

속편: 유한준 「석농화원발(石農畫苑跋)」

습유편: 김광국 「제화원습유후(題畫苑拾遺後)」

원첩 권1 책머리에 실린 박지원과 홍석주(洪奭周, 1774~1842)의 서문은 화첩이 아니라 육필본을 위한 글로 보이며, 유한준의 발문과 김광국의 「제화원습유후」는 《석농화원》 화첩에 들어 있던 글을 옮겨 쓴 것으로 생각된다.

이 육필본은 편집자가 김광국으로 되어 있는 것을 보면 김광국 살아생전에 꾸며진 것이 틀림없는데, 필사자가 누구인지는 밝혀져 있지 않다. 추측건대 아들 김종건이 아닐까 생각된다.

《석농화원》 화평의 내용

《석농화원》 육필본에 실린 화제와 화평은 그 양이 방대할 뿐만 아니라 문장의 수준이 대단히 높다. 역대 화가들에 대한 품평이 대종을 이루면서 회화사적으로 중요한 정보가 있는가 하면, 날카로운 회화 비평도 있다. 때로는 한 편의 아름다운 에세이를 읽는 듯한 문학적 감동도 일어난다. 그 자세한 내용을 여기서 다 밝힐 수는 없으니, 그 일은 이 책을 기본 사료로 삼아 심층적으로 연구할 회화사 연구자들의 몫으로 남겨두고 여기서는 회화사적으로 중요하거나 김광국의 그림에 대한 견해를 드러내는 핵심적인 사항들만 소개한다.

회화사적 증언

이인문의 〈계산적설도(溪山積雪圖)〉에서는 이인문이 현재 심사정의 수제자라고 하였다. 이는 이인문 화풍의 유래를 말해주는 중요한 증언이다. 그리고 "혹자는 이인문이 최북에 미치지 못한다고 말하는데, 이것은 이식자(耳食者)들의 말이므로 언급할 가치가 없다"고 했다.

이상좌(李上佐)의 〈송단완월도(松壇玩月圖)〉에서는 이상좌의 자를 자실(自實)이라고 하였다. 이는 〈도갑사 관음32응신도〉를 그린 이자실이 누구인가에 대해 여러 추측이 있었고 이상좌일 가능성이 높다고 해왔는데 이를 명확히 알려주는 것이다.

김광국은 별집에 실려 있는 관아재의 〈노승탁족도(老僧濯足圖)〉는 가짜라며 다음과 같이 증언했다.

> 이 화폭의 붓놀림, 낙관, 자획이 관아재의 그림과 닮지 않았으므로 늘 마음속으로 의심했다. 어느 날 김홍도가 와서 열람하고서 "이것은 수십 년 전에 이수몽(李守夢)이 관아재를 방작하여 그리고, 종보(宗甫) 두 글자를 함께 썼으며, 또 도장을 새겨서 찍고서 나에게 준 그림이오. 지금 다시 보게 되니, 마치 옛사람을 만난 듯하오"라고 하였다. 지금 김홍도의 말을 들으니, 과연 관아재가 그린 것이 아니다. 수몽(守夢)은 진사(進士) 이행유(李行有)의 어렸을 때 이름인데, 그도 글씨를 잘 써서 이름이 있었다.

호생관(毫生館) 최북(崔北)의 나이를 두고 조희룡(趙熙龍, 1789~1866)이 『호산외사(壺山外史)』에서 49세에 죽었다고 한 바 있어 많은

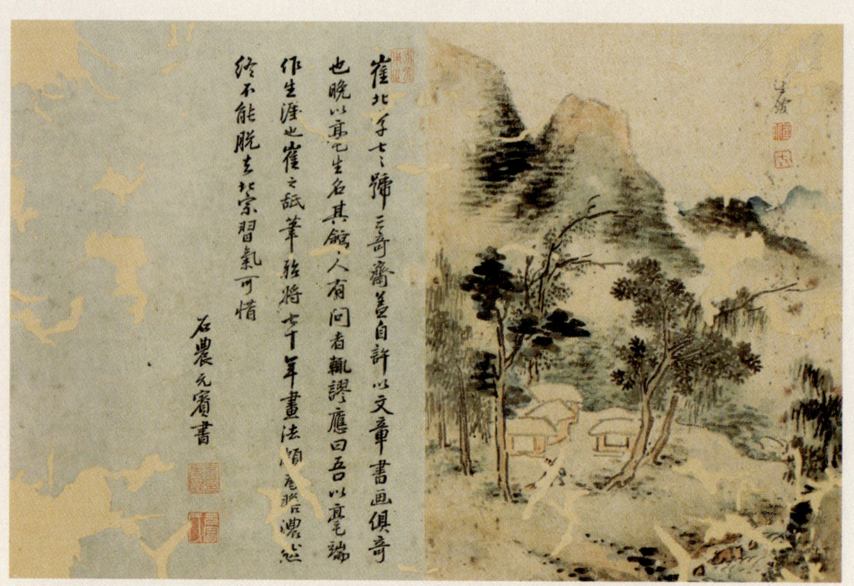

부록 그림13. 최북 〈운산촌사도〉 | 원첩 권3 수록, 김광국 화제 및 글씨, 종이에 수묵담채, 그림 28.7×21.0cm, 글씨 28.7×21.0cm, 18세기, 간송미술관 소장.

혼선을 일으켰으나, 신광하(申光河, 1729~96)의 「최북가(崔北歌)」 등을 근거로 70세를 넘겨서까지 살았음이 논증되기도 하였다.[13] 그런데《석농화원》원첩 권3에 실린 최북의 〈운산촌사도(雲山村舍圖)〉에 붙은 화제에서 김광국은 "최북은 그림을 그린 지 거의 70년이 되어 화법이 자못 넉넉하고 풍성하게 되었으나, 끝내 북종(北宗)의 습성에서 벗어나지 못한 것이 안타깝다"고 적고 있어 최북이 확실히 70세가 넘도록 살았음을 다시 말해준다.

13 유홍준, 「조선 후기 문인들의 서화 비평」, 열화당 편집부 엮음, 『19세기 문인들의 서화』, 열화당 1988, 63~64면.

화가들에 대한 김광국의 평론

《석농화원》 육필본에 실린 화평과 화제를 보면 다른 문사들은 대개 그림의 분위기를 이야기한 화제를 썼지만, 김광국 자신은 역대 화가들에 대한 비평을 많이 남겼다. 그 점에서 김광국은 미술비평가 내지는 미술사가라고도 할 수 있다. 그중 핵심적인 화가들에 대한 그의 견해를 간략히 요약해보면 다음과 같다.

연담 김명국

연담 김명국의 필법은 명나라 장로(張路, 1464~1538)와 오위(吳偉, 1459~1508)의 여운을 깊이 얻었으니, 마땅히 우리나라 북종(北宗)의 능품(能品)이 될 수 있다.

공재 윤두서

공재 윤두서 이전의 이징이나 김명국 같은 이는 오로지 북종화를 숭상하여 산수를 그리면서 준법을 쓰지 않고 오로지 수묵으로만 흐리멍덩하게 칠했으니, 준법으로 그림을 그린 것은 실제 공재로부터 시작되었다.

겸재 정선

우리나라의 그림은 비록 명수라 하더라도 만약 중국에 보낸다면 얼굴이 붉어지지 않을 자가 드물 것이나, 근래의 겸재 정선만은 송·원의 훌륭한 작품과 견주어도 많이 양보할 필요가 없다.

현재 심사정

내가 일찍이 우리나라 화가 중에 집대성한 사람은 오직 현재 심사정 한 사람이라고 말한 적이 있는데, 상고당 김광수도 내 말을 옳다고 여겼다.

겸재와 현재의 그림에 대해서는 세상에서 누가 낫고 못한지에 대한 논란이 있는데, 내가 일찍이 우리나라 문장가에 비교하여 겸재는 계곡(谿谷) 장유(張維)

와 닮았고, 현재는 간이(簡易) 최립(崔岦, 1539~1612)과 닮았다고 말하자, 어떤 사람이 "그렇다면 현재가 낫다는 거군요"라고 하여 서로 박장대소하였다.

남리 김두량

남리(南里) 김두량(金斗樑, 1696~1763)은 명나라 구영의 묘처를 깊이 터득하여 파리 대가리만 한 인물과 누대에도 반드시 화법을 다 발휘하여 붓질 한 번도 소홀히 하지 않았고, 개 그림이 더욱 실제와 닮았다. 세상에서 일컫기를 우리나라의 유화(儒畫)는 겸재와 현재가 으뜸이고, 원화(院畫)는 남리가 제일이라고 하니, 참으로 옳은 말이다.

관아재 조영석

화가들이 인물, 산수, 화훼, 금수, 곤충을 그린 지는 오래되었으나, 당대에 만든 사물을 대상으로 삼고 세속에서 사용하는 물건을 소재로 삼은 것은 관아재 조영석으로부터 시작되었다. 그가 그린 우리나라 의관, 복식, 기물이 진짜와 몹시 닮았으니, 사물을 묘사하는 자의 정신이 여기에서 극에 달했다. 뒤에 서울의 김홍도와 평양의 오명현이 모두 관아재의 법도를 본받았는데, 윤택하고 원숙함이 간혹 관아재보다 나은 것도 있으나, 끝내 조영석과 같은 담백하고 소산(蕭散)한 운치는 터득하지 못했다.

단원 김홍도

종래의 화조도는 대개 수묵담채였고, 대상과 몹시 닮은 것은 김홍도로부터 비롯되었다. 내가 비록 서희(徐熙)와 조창(趙昌)의 진적을 보지 못하였으나, 명나라 여기(呂紀, 1477~?)의 그림은 여러 차례 열람하였는데, 그의 필법도 단원보다 크게 낫지 않았다. 나는 이 말이 옳다고 동의할 후세의 안목을 갖춘 자를 기다린다.

작품에 대한 평론

김광국은 작품에 대해 말할 때는 아주 서사적으로 묘사하기도 했지만 대개는 객관적인 평론을 내리려고 노력한 흔적이 곳곳에서 보인다.

간혹은 가차 없이 혹평을 가하고 있어 그의 예리한 안목을 엿보게 된다. 그 예를 몇 소개한다.

김식의 〈한림이우도(寒林二牛圖)〉

공재 윤두서가 퇴촌 김식의 그림을 평하기를 "넉넉하고 광활하며 강건하고 섬세하여 우리나라의 대가이며 태평 세상에 독보라 할 수 있다"라고 하였는데, 지금 그의 그림을 보건대 공재가 그를 대가로 평가한 이유를 도무지 이해할 수 없다. 오로지 담묵만 써서 하나의 고깃덩어리를 만들어 골기가 몹시 부족하다. 대체로 화원 화가 중에 약간 원숙한 자라 하겠다.

윤덕희의 〈어인견마도(圉人牽馬圖)〉

옛날에 조맹부가 말을 그릴 때면 먼저 말의 모양을 관찰한 연후에 붓을 들었다고 한다. 연옹에게 이와 같이 했는지 물어본다면, 나는 그가 아니라고 대답할 것임을 안다.

이윤영의 〈풍목괴석도(風木怪石圖)〉

단릉 이윤영의 그림은 고상하면서도 맑아 마땅히 일품(逸品)에 속하지만, 산을 그리면 중후한 자태가 부족하고, 나무를 그리면 견고한 기상이 적었다. 후세에 그림을 보는 자들은 그의 빼어난 재주는 아까워할지언정 사모하여 배워선 안 된다.

오명현의 〈염고의송도(髥瞽倚松圖)〉

관아재가 속화를 처음 그리기 시작하고부터 세상에서 붓을 잡고 그림을 그리는 자들이 모두 이를 모방하였다. 평양의 오명현의 작품을 관아재의 그림에 비교하면 고아함과 저속함이 천지 차이다. 그래도 한 폭을 수장한 것은 후세 사람들로 하여금 당시에 인재가 이처럼 성대했음을 알게 하고자 함이다.

부록 그림14. 오명현 〈염고의송도〉 | 원첩 권4 수록, 김광국 화제, 김종건 글씨, 종이에 수묵담채, 그림 27.0×20.0cm, 글씨 27.0×20.0cm, 18세기, 선문대학교박물관 소장.

신한평의 〈협슬채녀도(挾瑟采女圖)〉

신한평은 인물, 산수, 화조, 초충(草蟲)을 그리면서 자못 그림의 깊은 이치를 터득하였고, 더욱 전신 초상화를 잘하였다. 내가 일찍이 그에게 미녀도(美女圖)를 그려달라고 부탁했는데, 그 풍만한 살결과 어여쁜 자태가 너무나 실감 나서 오래 펼쳐볼 수가 없었다. 오래 보았다가는 이부자리의 수양을 망치기 십상이기 때문이다.

김광국의 자화 자평

홀로 그윽한 창가에 앉으니 가을 생각이 우울하다. 은근히 취기가 올라 작은 종이를 펼치고 붓 가는 대로 난초 떨기를 그렸으니 나는 마음속의 기분을 그려냈을 뿐이니, 그것이 부들이 된들 난초가 된들 내가 구별할 필요가 있겠는가.

외국 그림의 견문과 화평

《석농화원》 화첩에는 중국 그림 37폭, 일본 그림 2폭, 유구 그림 1폭, 러시아 그림 1폭, 서양 그림 3폭이 실려 있었다. 이것은 조선의 문화 교류가 중국을 중심으로 이루어졌으나 한편으로는 일본, 유구, 나중에는 러시아와 서양의 문화까지 접했음을 구체적으로 말해주는 것이다.

김광국이 소장한 중국 그림은 상당히 높은 수준이었다. 역대 대가들의 작품을 모으려고 노력한 흔적이 역력하다. 송(宋) 휘종(徽宗) 황제의 그림에 대해서 말하기를 "직접 본 것이 수십 폭에 달하는데, 모두 선화(宣和)라는 작은 도장과 천하일인(天下一人)이라는 화압(花押)이 있었으니 어찌 모두 진적이겠는가? 그러나 그림이 아름다우니, 가짜인들 무슨 상관이랴"라며 소장 이유를 달았다.

중국 그림에 대해서 평할 때는 무엇보다도 말로만 전해 들은 대가의 작품을 직접 본 소감을 솔직히 나타내곤 했다. 명나라 여기(呂紀)의 〈영모도(翎毛圖)〉에 대해서는 "사생가(寫生家)들이 사물을 닮게 그리면서 고아함을 잃지 않아야 고수라고 일컫는데 여기(呂紀)가 여기에 가까우니, 한 시대의 종장(宗匠)이 거저 된 것이 아니다"라는 소견을 말했다.

그런가 하면 김광국을 비롯한 당시 문인들이 중국 그림에 대해 상당히 많은 지식을 갖고 있었음을 곳곳에서 확인할 수 있다. 고기패(高其佩)의 지두화(指頭畫) 〈수조도(水鳥圖)〉에 대해서는 "건륭황제의 시문집인 『낙선당집(樂善堂集)』에 실려 있는 호랑이 그림에 대해 쓴 제화시를 이 물새 그림에 공손히 쓴다"라고 하였으니 그 견문이 여기까지 미쳐 있음을 알 수 있다.

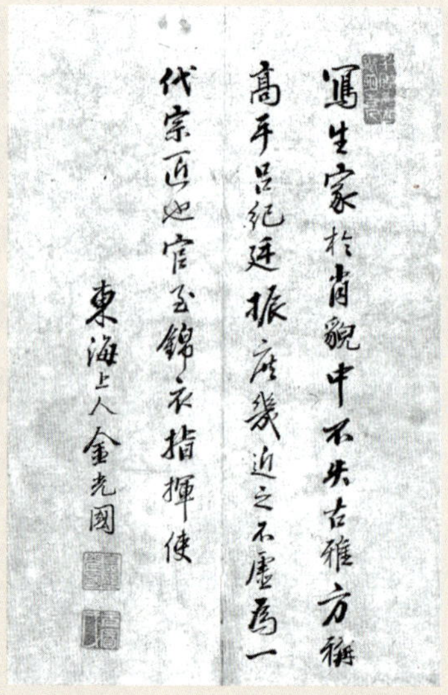
寫生家於肖貌中不失古雅方稱
高手呂紀廷振庶幾近之不虛爲一
代宗匠也官至錦衣指揮使
東海上人金光國

부록 그림15. 여기 〈영모도〉에 부친 김광국의 발문 | 원첩 권3 수록, 김광국 글씨, 종이에 묵서, 27.5×35.0cm, 18세기, 유현재 소장.

그리고 명나라 두기룡(杜冀龍)의 〈강남춘도(江南春圖)〉에 쓴 화제를 보면 당시 중국 그림에 대한 인식이 상당했음과 중국 그림을 소장하게 된 내력이 잘 나타나 있다.

두기룡은 명나라 만력(萬曆) 연간 사람이다. 『서화회요(書畫會要)』에 "두기룡의 산수화는 심주를 배워서 약간 변화시켰다"라고 했는데, 지금 이 그림을 보건대 몹시 운치가 있다. 상고당 김광수가 늘 칭송하던 것이 참으로 거짓이 아니었다. 이 그림은 전에 이하곤이 소장하였고, 뒤에 김성하에게 돌아갔다가 지금 나의 소장품이 되었다. 여러 사람의 손을 거치는 중에 해지고 찢어져 기해년(1779) 가을에 정사현에게 부탁하여 연경에서 개장(改粧)해 왔다.

일본의 〈채녀적완도(采女摘阮圖)〉라는 우키요에(浮世絵)에 대하여 김광국은 일찍이 원첩에서 혹평을 가한 적이 있었다. 그러다 속편의 〈풍우구우도(風雨驅牛圖)〉에서 그때의 생각을 고쳐 이렇게 말했다.

지금 이 첩을 보건대 필력이 굳세고 힘차며 배치가 고상하고 깨끗

부록 그림16. 작가미상 〈채녀적완도〉 | 원첩 권4 수록, 김광국 화제, 강이천 글씨, 종이에 채색, 그림 31.0×45.5cm, 글씨 29.2×22.9cm, 일본, 18세기, 개인 소장.

하여 거의 중국의 고수와 대등하니, 기이하고 기이하다. 어떤 물건이든 널리 보지 않고서 성급하게 비평을 가하는 것은 모두 망령된 짓이니, 어찌 그림만 그렇겠는가. 드디어 화폭 끝에 써서 입조심의 경계로 삼는다.

태서(泰西)의 〈누각도〉라고 말한 네덜란드 동판화에 대해서는 낯선 문명의 신기함을 솔직히 고백했다.

이 그림은 바로 태서의 판각본 동판화이다. 갑자기 보면 단지 거미줄 같고, 자세히 보면 또 파리똥 같은데, 현미경을 가지고 살펴보면 곧장 사람으로 하여금 기이하다 소리치게 만든다. 아까 거미줄로 본 것은 바로 천백(千百)의 계선이고, 아까 파리똥으로 본 것은 바로 천백의 물상(物象)이니, 아 신묘하도다. 기술이 여기까지 이르렀는가.

이처럼 김광국은 자신의 감성에 정직했다. 그리고 일본 우키요에나 네덜란드 동판화가 《석농화원》 화첩에 실려 있다는 사실은 그 자체로 18세기 조선 사회를 이해하는 데 많은 시사점을 준다.

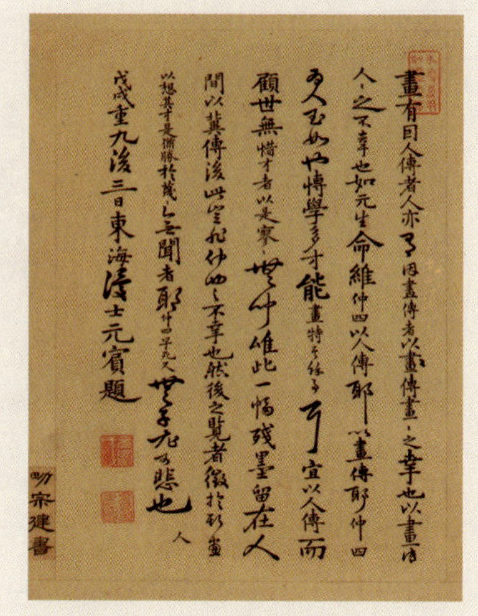
畫有因人傳者人亦有因畫傳者以畫傳畫之幸也以畫因
人人之不幸也如元生命維仲四以人傳耶以畫傳耶仲四
夭也如也博學多才能畫特其餘事宜以人傳而
顧世無惜才者以是寥寥世知仲四唯此一幅殘墨留在人
間以冀傳後世豈非仲四之不幸也然後之覽者徵於此畫
以想其才是猶勝於蔑蔑無聞者耶仲四早死又無子尤可悲也
戊戌重九後三日東海浪士元賓題

부록 그림17. 원명유 〈고촌어주도〉에 부친 김광국의 화제 | 원첩 권4 수록, 이학빈 글씨, 국립광주박물관 소장.

아름다운 산문으로서 화제

《석농화원》 육필본에 실린 글은 화평과 화제 두 가지가 있다. 화평은 그림에 대한 평임에 반하여 화제는 그 그림에 얽힌 이야기나 그림을 본 소감 등이 실려 있다. 본격적인 회화사적 비평은 아니지만 인생의 여러 감상이 서려 있어 문학적 감동을 주는 것이 많다.

특히 당대의 문사들이 화제를 썼기 때문에 한 편의 아름다운 에세이를 읽는 듯한 명문이 많다. 그중에서 김광국이 쓴 화제로는 원첩 권2에 실린 진재 김윤겸의 〈추강대도도(秋江待渡圖)〉에 부친 글과 원첩 권4에 실린 연농(硏農) 원명유(元命維)의 〈고촌어주도(孤村漁舟圖)〉에 부친 글이 압권이라고 생각된다. 특히 원명유라는 화가에 대한 회상에서는 삶과 예술에 대한 성찰이 진하게 다가온다.

그림에는 사람 때문에 전해지는 것이 있고, 사람도 그림으로 인해 전해지는 이가 있다. 사람으로 인해 그림이 전해지는 것은 그림에겐 행복인데, 그림으로 인해 사람이 전해지는 것은 사람에겐 불행이다.

원명유는 사람 때문에 전해졌는가, 그림 때문에 전해졌는가. 원명유는 사람됨이 옥과 같았고 박학다재하였으니, 그림을 잘 그린 것은 여사(餘事)에 불과했다. 사람 때문에 전해졌어야 마땅한데, 세상에 재능을 아끼는 자가 없어서 아무런 명성이 드러나지 않는다. 오직 이 한 폭의 작은 그림이 인간 세상에 남아서 후세에 전해지길 기다리고 있으니, 이 어찌 원명유의 불행이 아니겠는가.

그러나 후세에 이 그림을 보는 자는 이 그림을 통해 그의 재주를 상상할 것이니, 이것이 오히려 썰렁하게 아무 명성이 없는 것보다 낫다고 해야 할까? 원명유는 일찍 죽었고 또 자식도 두지 못했으니, 더욱 슬프다.

《석농화원》 화첩, 그 이후

김광국 사후 《석농화원》 화첩이 어떻게 전승되었는지는 확실치 않으나 화제를 쓴 아들 김종건, 김종경이 그대로 물려받았을 것으로 생각된다. 그리고 손자인 김시인도 조부의 이 유산을 잘 보존했으리라 짐작된다.

김시인은 가업을 이어 1810년에 의과에 합격하였고, 1830년에는 내의원에서 일했으며 연경에도 다녀왔다. 오경석(吳慶錫)의 증언에 따르면 김시인은 서화 수집을 좋아했다고 한다. 또 그는 의관이었던 홍현보(洪顯普)를 사위로 맞이했는데 홍현보는 추사 김정희의 제주도 유배 시절 물력을 지원한 후원자였다.

이런 점을 생각하면 《석농화원》은 김광국의 손자 김시인 대까지는

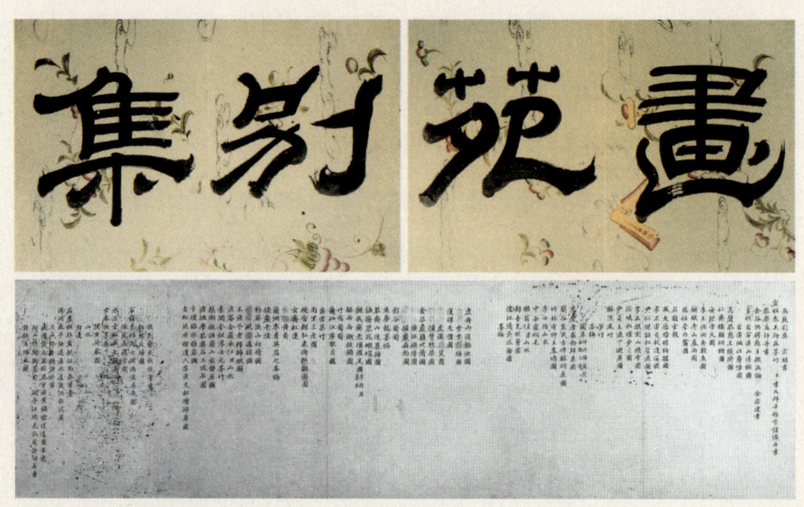

부록 그림18. 《화원별집》 표지와 목차 | 표지 글씨 유한지, 국립중앙박물관 소장.

집안에 보존되어 있었을 것으로 생각된다. 그러나 김시인의 아들 김헌장이 직종을 의관에서 율관(律官)으로 바꾸었고, 또 일찍 죽었기 때문에 이후 집안이 경제적으로 쇠퇴하기 시작하면서 《석농화원》 화첩도 팔려나가고 파첩된 것이 아닌가 생각된다.

《석농화원》 화첩의 별집으로 추정되는 《화원별집》은 1909년 국립중앙박물관의 전신인 제실박물관(훗날 이왕가박물관)이 스즈키 게이지로(鈴木銈次郎)라는 화상으로부터 구입한 것이다. 현재 국립중앙박물관에 소장되어 있는 《화원별집》의 수록 작품은 《석농화원》 육필본에 전하는 별집의 총목과는 약간의 차이가 있다. 《석농화원》 육필본에는 그림이 모두 76폭이 명시되어 있는데 국립중앙박물관의 《화원별집》에는 그중 명나라 동기창의 〈계산청월도(溪山淸樾圖)〉와 청나라 장도악(張道渥)의 〈재주추파도(載酒秋波圖)〉가 빠져 있다. 그리고 〈서양화〉의 자리

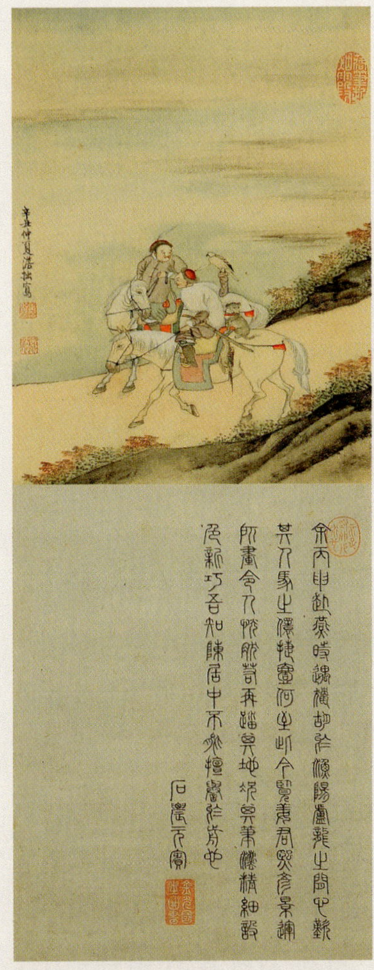

부록 그림19. 강희언 〈엽기도〉 | 원첩 권4 수록, 김광국 화제, 이한진 글씨, 종이에 수묵담채, 그림 29.5×22.0cm, 글씨 29.5×22.0cm, 18세기, 개인 소장.

에는 송민고의 〈묵죽(墨竹)〉이 들어가 있다.

또 간송미술관은 1934년에 《석농화원》 화첩에 수록되었던 22폭을 매입하여 《해동명화집》이라는 이름의 화첩으로 새로 꾸몄다. 이 22폭은 본래 《석농화원》의 원첩 권3과 원첩 권4 그리고 습유편에 있던 것이고, 개인 소장품인 김홍도의 〈군선도(群仙圖)〉, 강희언의 〈엽기도(獵騎圖)〉는 원첩 권4에 들어 있던 그림이어서 이때 이미 파첩되어 낙질로 흩어졌음을 알 수 있다.

《해동명화집》에는 포함되지 않았지만 간송미술관이 소장하고 있는 〈묵란(墨蘭)〉은 원첩 권3에 수록되어 있던 작품이다. 동 미술관의 소장품인 조맹부의 〈엽기도(獵騎圖)〉 역시 위창 오세창이 김광국의 수장품이었다고 적은 관기가 남아 있어 확실치는 않으나 습유편과 보유편 권1, 부록에서 언급되었던 동명의 작품으로 보인다.

한때는 개인 소장가 고(故) 홍성하가 소장했고 지금은 선문대학교박물관이 소장하고 있는 작품들은 원첩 권2와 속편에 수록되었던 것이다. 이 밖의 박물관과 개인이 소장한 작품들은 원첩 권1과 원첩 권2에서 나온 것이다.

이렇게 볼 때《석농화원》화첩 중 보유편 권1, 보유편 권2, 부록은 아직까지 현존 여부가 세상에 알려지지 않았거나 불확실한 셈이다. 그렇다면 이들은 통째로 사라진 것인가 아니면 아직껏 파첩되지 않은 채 남아 있다는 것인가.

육필본《석농화원》발견 이후

2013년 육필본《석농화원》발견 이후 나는 김채식(경운초당 대표) 선생과 이 책을 완역하여 원본과 함께『김광국의 석농화원』(눌와 2015)을 펴내었다. 이 책의 회화사적 의의는 막대한 것이어서 이후 조선시대 회화사 연구의 필수 기본 사료로 널리 이용되고 있다.

그리고 이 책의 발간 이후《석농화원》에서 낙질된 그림들이 하나둘씩 발견되고 있다. 2023년 국립광주박물관에서 미국 버지니아에 거주하는 게일 허(Gail Ellis Huh) 여사가 시아버지인 고(故) 허민수 선생이 소장하고 있던 고서화 4건 12점을 기증받아 '애중(愛重), 아끼고 사랑한 그림 이야기'라는 제목으로 특별전을 열었는데, 이 중에는《석농화원》원첩 권1에 17번째 작품으로 들어 있는 죽천(竹泉) 김진규(金鎭圭, 1658~1716)의 〈묵매도(墨梅圖)〉가 김광국의 화제와 함께 들어 있었다.

또 2024년 서울역사박물관에서 열린 '태평계태평(太平繼太平): 태평성대로 기억된 18세기 서울'이라는 특별전에는《석농화원》습유편

부록 그림20. 김진규 〈묵매도〉 | 원첩 권1 수록, 김광국 화제 및 글씨, 종이에 수묵담채, 국립광주박물관 소장.

17번째 그림인 윤두서의 〈기우출촌도(騎牛出村圖)〉와 22번째 그림인 조영석의 〈목석도(木石圖)〉가 출품되었다. 이리하여 『김광국의 석농화원』 출간 이후 《석농화원》에 수록되었던 작품 3점을 더 확인할 수 있게 되었다.

이렇게 《석농화원》에서 낙질된 작품들이 하나씩 확인되면서 우리는 조선시대 회화사의 넓이와 깊이를 더해가고 있다. 앞으로 언제 어디서 《석농화원》에 수록되었던 작품이 또 나올지 모른다는 희망을 갖고 기다려본다.

겸재 정선 연보

나이	연도	간기	재위	행적	기년 작품
1	1676	병진	숙종2	1월 3일 북부 순화방 창의리 유란동에서 출생.	
14	1689	기사	숙종15	부친 정시익이 별세. 기사환국으로 남인 집권.	
19	1694	갑술	숙종20	갑술환국으로 서인이 집권. 외조부 박자진 별세.	
27	1702	임오	숙종28	연안 송씨와 혼인.	
29	1704	갑신	숙종30	장남 만교 출생.	
33	1708	무자	숙종34	김창협 별세.	
35	1710	경인	숙종36	차남 만수 출생.	
36	1711	신묘	숙종37	8월 김창흡·이병연 등과 금강산 유람(1차).	《신묘년 풍악도첩》(국립중앙박물관 소장)
37	1712	임진	숙종38	중국의 마유병이 조선 화가의 그림 중 정선의 것이 가장 좋다고 평함. 금화현감으로 재직 중이던 이병연의 초청으로 금강산을 유람(2차).	《임진년 해악전신첩》(2차 금강산 유람을 소재로 그렸으나 전하지 않음) 〈망천12경도〉(이병연에게 그려주었으나 전하지 않음)
38	1713	계사	숙종39	이병연의 요청으로 김창흡이 《임진년 해악전신첩》에 제시를 씀.	
41	1716	병신	숙종42	관상감의 천문학겸교수(종6품)가 됨.	〈회방연도〉(개인 소장)
43	1718	무술	숙종44	조지서 별제(종6품)이 됨.	〈선면 누각산수도〉(개인 소장)
44	1719	기해	숙종45	이하곤의 집에서《사계산수화첩》을 그리고, 이하곤이 서문을 씀.	《사계산수화첩》(호림박물관 소장)
45	1720	경자	숙종46	사헌부 감찰(종6품)을 지냄.	

나이	연도	간기	재위	행적	기년 작품
46	1721	신축	경종1	하양현감(종6품)으로 부임. 신임사화 발생. 김창업 별세.	
47	1722	임인	경종2	김창흡 별세. 김창집 별세.	
48	1723	계묘	경종3		〈망천도〉(김광수에게 그려주었으나 전하지 않음)
49	1724	갑진	경종4	장손 갑 출생. 금강산을 유람한 회양부사 조유수가 해악전신 4폭 소병을 그려달라고 청탁. 이하곤 별세.	《금강산 4첩소병》(조유수에게 그려주었으나 전하지 않음)
51	1726	병오	영조2	하양현감 임기를 마치고 서울로 돌아옴.	
52	1727	정미	영조3	인왕곡으로 이사.	
53	1728	무신	영조4	외삼촌 박견성 별세. 한성부 주부(종6품)가 됨.	
54	1729	기유	영조5	유척기에게 그림을 그려줌. 의금부도사(종6품)가 됨. 조영석이 정선의 집 근처인 인왕곡으로 이사.	〈의금부계회도〉(개인 소장)
55	1730	경술	영조6		〈서빙고망도성도〉(국립중앙박물관 소장) 〈백운동도〉(동농문화재단 소장)
56	1731	신해	영조7	이병연이 환갑을 맞음.	〈서교전의도〉(국립중앙박물관 소장) 《구학첩》(삼성문화재단 소장)
57	1732	임자	영조8	이병연·조영석 등과 필운대로 봄놀이를 감.	〈황려호도〉(개인 소장)
58	1733	계축	영조9	청하현감(종6품)으로 부임. 이병연과 월송정을 방문.	

나이	연도	간기	재위	행적	기년 작품
59	1734	갑인	영조10	가을에 내연산 폭포에 방문.	〈내연산 삼용추〉(개인 소장)
60	1735	을묘	영조11	모친 박씨 별세로 청하현감직을 사임하고 서울로 돌아옴.	
62	1737	정사	영조13	모친 탈상 후 청풍, 단양, 영춘, 영월 등 4군의 명승지를 여행함. 둘째 손자 황 출생.	
63	1738	무오	영조14	차남 만수와 조영석의 집을 방문. 셋째 손자 재 출생.	《관동명승첩》(간송미술문화재단 소장) 〈절강추도도〉(조영석을 위해 그렸으나 전하지 않음)
64	1739	기미	영조15	부사과(종6품)가 됨. 육상묘 낙성.	〈육상묘도〉(개인 소장) 〈송음납량도〉(개인 소장) 〈청풍계도〉(간송미술문화재단 소장)
65	1740	경신	영조16	이춘제의 서원에서 이병연, 조연명 등과 아회를 가짐. 양천현령(종5품)으로 부임.	〈서원소정도〉(개인 소장)
66	1741	신유	영조17	정선과 이병연이 시와 그림을 맞춰 그리기로 약속.	
67	1742	임술	영조18	경기감사 홍경보, 연천현감 신유한과 어울림.	《연강임술첩》(3점 중 2점 개인 소장)
70	1745	을축	영조21	양천현령직을 사임하고 인왕곡으로 돌아옴.	
71	1746	병인	영조22		《퇴우이선생진적첩》(개인 소장) 《칠선생시화첩》(삼성문화재단 소장) 〈장주묘암도〉(개인 소장)
72	1747	정묘	영조23	아우 유 별세. 봄에 금강산을 유람함.	《정묘년 해악전신첩》(간송미술문화재단)

나이	연도	간기	재위	행적	기년 작품
73	1748	무진	영조24	위수(종6품)에 오름.	〈선면 세검정도〉(국립중앙박물관 소장)
74	1749	기사	영조25		《사공도시품첩》(국립중앙박물관 소장)
76	1751	신미	영조27	이병연 별세.	〈인왕제색도〉(국립중앙박물관 소장)
77	1752	임신	영조28	장흥고 주부(종6품)에 오름.	〈우중기려도〉(개인 소장) 〈괴단야화도〉(개인 소장)
78	1753	계유	영조29	헌릉령(종4품)에 오름.	
79	1754	갑술	영조30	사도시 첨정(종5품)에 오름.	
80	1755	을해	영조31	첨지중추부사(종3품)에 오름.	〈노송영지도〉(송암미술관 소장)
81	1756	병자	영조32	왕대비 칠순으로 승직되어 가선대부 동지중추부사(종2품)에 제수.	
82	1757	정축	영조33		〈장동고가〉(국립중앙박물관 소장)
84	1759	기묘	영조35	3월 24일 별세하여 경기도 양주 해등촌면 계성리 안장. 관아재 조영석이 애사를 씀.	

참고문헌(연도순)

도록

한국민족미술연구소, 『간송문화 1: 겸재(謙齋)』, 한국민족미술연구소 1971.

정양모 외, 『한국의 미: 겸재 정선』, 중앙일보사 1979.

간송미술관, 『간송미술관 소장 겸재명품첩』 1 · 2, 지식산업사 1981.

한국민족미술연구소, 『간송문화 29: 진경시대(眞景時代)』, 한국민족미술연구소 1985.

대림화랑, 『겸재정선전』, 대림화랑 1988.

국립광주박물관, 『진경산수화』, 국립광주박물관 1991.

국립중앙박물관, 『겸재 정선』, 학고재 1992.

한국민족미술연구소, 『간송문화 45: 겸재진경산수(謙齋眞景山水)』, 한국민족미술연구소 1993.

국립중앙박물관, 『아름다운 금강산』, 국립중앙박물관 1999.

일민미술관, 『몽유금강(夢遊金剛): 그림으로 보는 금강산 300년』, 일민미술관 1999.

국립춘천박물관, 『우리 땅, 우리의 진경: 조선시대 진경산수화 특별전』, 국립춘천박물관 2002.

한국민족미술연구소, 『간송문화 54: 삼재(三齋)』, 한국민족미술연구소 2004.

한국민족미술연구소, 『간송문화 66: 대겸재(大謙齋)』, 한국민족미술연구소 2004.

국립중앙박물관, 『겸재 정선, 붓으로 펼친 천지조화』, 국립중앙박물관 2009.

한국민족미술연구소, 『간송문화 76: 겸재 서거 250주년 기념 겸재화파전』, 간송미술관 2009.

국립춘천박물관, 『겸재 정선이 담은 강원의 산, 금강산 특별전』, 국립춘천박물관 2009.

삼성미술관 리움, 『정선과 18세기 화가들』, 삼성미술관 리움 2009.

겸재정선미술관, 『겸재정선기념관 소장유물도록』, 겸재정선미술관 2011.

한국민족미술연구소, 『간송 오십주기 기념 진경시대 회화대전』, 간송미술관 2012.

삼성문화재단 · 간송미술문화재단, 『겸재 정선』, 삼성문화재단 · 간송미술문화재단 2025.

단행본

김원용, 『한국의 인간상』 5, 신구문화사 1965.

고유섭, 『한국미술문화사론』, 통문관 1966.

이동주, 『우리나라의 옛그림』, 박영사 1975.

허영환, 『겸재 정선』, 열화당 1981.

안휘준, 『한국회화의 전통』, 문예출판사 1988.

열화당 편집부 엮음, 『19세기 문인들의 서화』, 열화당 1988.

정옥자, 『조선 후기 지성사』, 일지사 1991.

유홍준 · 이태호 엮음, 『조선 후기 그림과 글씨』, 학고재 1992.
최완수, 『겸재 정선 진경산수화』, 범우사 1993.
이태호, 『그림으로 본 옛 서울』, 서울학연구소 1995.
이동주, 『우리 옛 그림의 아름다움』, 시공사 1996.
이태호, 『조선후기 회화의 사실정신』, 학고재 1996.
박은순, 『금강산도 연구』, 일지사 1997.
최완수 외, 『우리문화의 황금기, 진경시대』 1 · 2, 돌베개 1998.
유홍준, 『조선시대 화론연구』, 학고재 1998.
유홍준 외, 『금강산』, 학고재 1998.
안휘준, 『우리 옛 지도와 그 아름다움』, 효형출판 1999.
최완수, 『겸재를 따라가는 금강산 여행』, 대원사 1999.
홍선표, 『조선시대 회화사론』, 문예출판사 1999.
진준현, 『단원 김홍도 연구』, 일지사 1999.
고연희, 『조선후기 산수기행예술 연구: 정선과 농연 그룹을 중심으로』, 일지사 2001.
유홍준, 『화인열전 1: 내 비록 환쟁이라 불릴지라도』, 역사비평사 2001.
박은순, 『진경산수화를 완성한 화가 정선』, 나무숲 2002.
진준현, 『우리 땅 진경산수』, 보림 2004.
최완수, 『겸재의 한양진경』, 동아일보사 2004.
박은순, 『금강산 일만이천봉』, 보림 2005.
고연희, 『조선시대 산수화, 아름다운 필묵의 정신』, 돌베개 2007.
최완수, 『겸재 정선』 1~3, 현암사 2009.
이태호, 『옛 화가들은 우리 땅을 어떻게 그렸나』, 생각의나무 2010.
안휘준, 『한국 미술사 연구』, 사회평론 2012.
황정연, 『조선시대 서화 수장 연구』, 신구문화사 2012.
안휘준 외, 『왜관수도원으로 돌아온 겸재정선화첩』, 사회평론아카데미 2013.
유홍준, 『유홍준의 한국미술사 강의 3: 조선 그림과 글씨』, 눌와 2013.
안대회, 『궁극의 시학』, 문학동네 2013.
이석우, 『겸재 정선, 붓으로 조선을 그리다』, 북촌 2016.
최완수, 『겸재의 한양진경』, 현암사 2018.
손형우, 『겸재 정선 연구』, 대유학당 2018.
박은순, 『조선 후기의 선비그림, 유화』, 사회평론아카데미 2019.
최열, 『옛 그림으로 본 서울: 서울을 그린 거의 모든 그림』, 혜화1117, 2020.
유홍준, 『명작순례』, 눌와 2020.

고연희 외, 『명화의 탄생 대가의 발견』, 아트북스 2021.
박은순, 『조선후기 진경산수화』, 돌베개 2024.

논문

이동주, 「겸재 일파의 진경산수」, 『월간 아세아』 창간호, 1969.
최순우, 「겸재 정선」, 『간송문화』 1, 1971.
유준영, 「성 오티리엔(St. Ottilien) 수도원 소장 겸재화첩」, 『미술자료』 19, 1976.
김리나, 「정선: 조선왕조 후기의 산수화가」, 『국화』 1009, 1978.
유준영, 「겸재 정선의 금강산도 고찰」, 『고문화』 18, 1980.
최완수, 「겸재진경산수화고」, 『간송문화』 21, 1981.
이태호, 「진경산수화의 전개과정」, 『한국의 미: 산수화』, 중앙일보사 1981.
이태호, 「겸재 정선의 가계와 생애: 그 가정과 행적에 대한 재검토」, 『이화사학연구』 13 · 14, 1983.
이태호, 「조선후기 문인화가들의 진경산수화」, 『국보』 10, 예경산업사 1984.
이태호, 「조선후기의 진경산수화 연구: 정선 진경산수화풍의 변모를 중심으로」, 『한국미술사논문집』 1, 한국정신문화연구원 1984.
최완수, 「조선후기 진경산수화의 발달과 퇴조」, 『진경산수화』, 국립광주박물관 1987.
이선옥, 「담헌 이하곤의 회화관」, 서울대학교 석사논문, 1987.
이태호, 「실경사생법과 진경산수 양식의 발생」, 『가나아트』 1990년 7 · 8월호.
유준영, 「화가 정선의 경학과 사회적 신분」, 『미술사학』 3, 1991.
이태호, 「영조의 요청으로 그린 〈장주묘암도〉에 대한 고찰」, 『조선후기 그림과 글씨』, 학고재 1992.
유준영, 「금강전도의 도상과 상징」, 『미술사학』 5, 1993.
홍선표, 「진경산수화는 조선중화주의 문화의 소산인가」, 『가나아트』 38, 1994.
이존희 · 김영관, 「겸재의 그림과 양천팔경」, 『박물관휘보』 5, 1994.
유준영, 「정선의 송간묘선(松幹描線) 연구: 송간묘선의 형성과정과 표현형식을 중심으로」, 『미술사학』 7, 1995.
이완우, 「석봉 한호의 작가상: 한경홍진적」, 『미술사학연구』 212, 1996.
변영섭, 「진경산수화의 대가 정선」, 『미술사논단』 5, 1997.
고연희, 「김창흡, 이병연의 산수시와 정선의 산수화 비교고찰」, 『한국한문학연구』 20, 1997.
박은순, 「조선후기 서양 투시도법의 수용과 진경산수화풍의 변화」, 『미술사학』 11, 1997.
이원복, 「《화원별집》고」, 『미술사학연구』 215, 1997.
강혜선, 「조선후기 금강산도와 금강산시」, 『한국한시연구』 6, 1998.
이태호, 「한국산수화의 모태, 금강산과 금강산 그림」, 『금강산』, 학고재 1998.

강관식, 「금강진경전신고(金剛眞景傳神考)」, 『간송문화』 56, 1999.
고연희, 「정선의 진경산수화와 명청대 산수판화」, 『미술사논단』 9, 1999.
권윤경, 「조선 후기 〈불염재주인진적첩〉 고찰」, 『호암미술관 연구논문집』 4, 1999.
이태호, 「일만이천봉에 서린 꿈: 금강산의 문화와 예술 300년」, 『몽유금강』, 일민미술관 1999.
허영환, 「겸재 정선 필 산수화책찬(山水畵冊讚)에 대하여」, 『고문화』 54, 1999.
이원복, 「금강산의 옛 그림, 긍지와 어엿함」, 『특별전 아름다운 금강산』, 국립중앙박물관 1999.
고연희, 「조선후기 산수기행문학과 기유도의 비교연구」, 이화여자대학교 박사논문, 1999.
박효은, 「조선후기 문인들의 회화 수집 활동 연구」, 홍익대학교 석사논문, 1999.
박수밀, 「18세기 회화론과 문학론의 접점」, 『한국한문학연구』 26, 2000.
유준영 외, 「鄭敾的《司空圖詩畵帖》硏究」, 『文藝硏究』 131, 2001.
박수밀, 「조선후기 문학과 회화의 상호조명: 상호친연성 및 천기를 중심으로」, 『한국한문학연구』 30, 2002.
박은순, 「조선후기 사의적 진경산수화의 형성과 전개」, 『미술사연구』 16, 2002.
최병식, 「겸재 진경산수의 화법과 사상적 특징」, 『동양예술』 6, 2002.
박은순, 「겸재 정선과 이케노 타이가의 진경산수화 비교연구」, 『미술사연구』 17, 2003.
유홍준, 「겸재 정선의 〈구학첩〉과 그 발문」, 『유희삼매(遊戱三昧): 선비의 예술과 선비취미』, 학고재 2003.
김현지, 「17세기 조선의 실경산수화」, 『미술사연구』 18, 2004.
김동준, 「겸재 정선의 화첩에 대한 이규상의 제화시」, 『문헌과 해석』 33, 2005.
안휘준, 「겸재 정선의 소상팔경도」, 『미술사논단』 20, 2005.
이태호, 「겸재 정선의 실경 표현 방식과 〈박연폭포〉」, 『조선후기 그림의 기와 세』, 학고재 2005.
강관식, 「광주 정문과 장동 김문의 세교와 겸재 정선의 〈청풍계도〉」, 『미술사학보』 26, 2006.
강관식, 「겸재 정선의 천문학겸교수 출사와 〈금강전도〉의 천문역학적 해석」, 『미술사학보』 27, 2006.
송희경, 「조선후기 화보의 수용과 점경인물상의 변화: 정선의 작품을 중심으로」, 『미술사논단』 22, 2006.
민길홍, 「정선의 고사인물화」, 『미술사의 정립과 확산』 1, 사회평론 2006.
이중희, 「겸재 정선의 회화에 있어서의 2, 3의 문제」, 『미술사의 정립과 확산』 1, 사회평론 2006.
장진성, 「정선의 수응화」, 『미술사의 정립과 확산』 1, 사회평론 2006.
조규희, 「별서도에서 명승명소도로: 정선의 작품을 중심으로」, 『미술사와 시각문화』 5, 2006.
이순미, 「조선후기 충청도 사군산수도 연구: 정선화풍을 중심으로」, 『강좌 미술사』 27, 2006.
강관식, 「겸재 정선의 사환 경력과 애환」, 『미술사학보』 29, 2007.
박은순, 「진경산수화 연구에 대한 비판적 검토」, 『한국사상사학』 28, 2007.

홍선표, 「정선 인왕제색도, 조선 산수화의 개벽」, 『한국의 미, 최고의 예술품을 찾아서』, 돌베개 2007.
홍선표, 「정선의 '방고참금(倣古參今)': 조선후기 방고산수화와 실경산수화의 상보성」, 『18세기 동아시아 산수화의 양상과 관계성』, 한국미술사학회 2007.
이순미, 「조선시대 『해내기관』의 수용과 화단에의 영향」, 『강좌미술사』 31, 2008.
이태호, 「실경에서 그리기와 기억으로 그리기: 조선 후기 진경산수화의 시방식과 화각을 중심으로」, 『미술사연구』 257, 2008.
지순임, 「진경산수화와 조선성리학」, 『한국학연구』 30, 2009.
김은경, 「겸재 정선 회화의 주역미학적 이해」, 『동양예술』 14, 2009.
박은순, 「겸재 정선 연구의 쟁점에 대한 비판적 검토」, 『월간미술』 21, 2009.
송희경, 「18세기 전반 회화의 새 경향, 정선 고사인물화의 유형과 그 표상」, 『한국문화연구』 17, 2009.
이보라, 「조선시대 관동팔경도의 연구」, 『미술사학연구』 266, 2010.
장진성, 「정선의 그림 수요 대응 및 작화 방식」, 『동악미술사학』 11, 2010.
조인수, 「정선의 '겸재화' 화첩 중 고사인물을 주제로 한 그림」, 용인대학교 박물관 학술대회 자료집, 2010.
이원복, 「정선의 '겸재화' 화첩 내 진경산수화 연구」, 용인대학교 박물관 학술대회 자료집, 2010.
송희경, 「왜관수도원 소장 정선《화첩》의 〈행단고슬〉」, 『미술사학보』 35, 2010.
박은순, 「겸재 정선과 소론계 문인들의 후원과 교류(1)」, 『온지논총』 29, 2011.
한정희, 「정선의 사의(寫意) 산수화의 전통계승과 혁신」, 『미술사연구』 25, 2011.
장진성, 「애정의 오류: 정선에 대한 평가와 서술의 문제」, 『미술사논단』 33, 2011.
이원복, 「겸재 정선의 화훼영모화: 화훼영모에 있어 그의 위상과 화경(畫境)」, 『미술자료』 80, 2011.
송희경, 「정선이 그린 정호, 정이 고사인물화」, 『동방학』 20, 2011.
김가희, 「정선과 이춘제 가문의 회화 수응 연구」, 서울대학교 석사논문, 2011.
안휘준, 「겸재 정선과 그의 진경산수화 어떻게 볼 것인가」, 『역사학보』 214, 2012.
김보영, 「조선후기 미법산수도(米法山水圖) 연구」, 『미술사학』 26, 2012.
진재교, 「18세기 문예공간에서 진경화와 그 추이」, 『동양한문학연구』 35, 2012.
이경화, 「정선의《신묘년풍악도첩》: 1711년 금강산 여행과 진경산수화의 형성」, 『미술사와 시각문화』 11, 2012.
이순미, 「조선후기 정선화파의 한양실경산수화 연구」, 고려대학교 박사논문, 2012.
정은주, 「연행에서 서화 구득 및 문견 사례 연구」, 『미술사학』 26, 2012.
김진경, 「겸재 진경산수화에 나타나는 절파성(浙派性)에 관한 고찰」, 『동양예술』 23, 2013.
김진경, 「겸재 진경산수화에 나타난 남 · 북종화법 융합의 독창성 연구」, 『양명학』 34, 2013.
김정한, 「겸재 정선의 진경산수화」, 『고서연구』 31, 2013.

이태호, 「새로 공개된 겸재 정선의 1742년작 〈연강임술첩〉」, 『동양미술사학』 2, 2013.
장진성, 「정선의 한양진경과 이춘제 가문」, 『미술사학연구』 279 · 280, 2013.
박은순, 「겸재 정선의 진경산수화와 서양화법」, 『미술사학연구』 281, 2014.
차미애, 「고국으로 돌아온 《겸재정선화첩》과 다시 만나다」, 『월간미술』 26, 2014.
정은주, 「겸재 정선의 신분과 화풍 형성에 대한 소고(小考)」, 『예술논집』 14, 2014.
이종묵, 「유엄이 소개한 겸재 정선의 금강산 그림」, 『문헌과 해석』 73, 2015.
이석우, 「겸재 정선, 한강을 재발견하다」, 『문헌과 해석』 75, 2016.
정경숙, 「겸재 정선의 《칠선생시화첩》 고찰」, 『인문과학연구논총』 37, 2016.
박정애, 「런던대 소아즈도서관 소장 정선의 전칭 화첩에 관한 고찰」, 『미술사와 문화유산』 5, 2016.
박은순, 「겸재 정선의 사의산수화 연구: 시의도를 중심으로」, 『미술사학』 34, 2017.
박은순, 「겸재 정선의 진경산수화풍과 고지도」, 『한국고지도연구』 9, 2017.
강여울, 「정선의 '시의도'를 통해 본 '시'와 '그림'의 상호작용에 대한 고찰」, 『동방학지』 179, 2017.
조규희, 「정선의 금강산 그림과 그림 같은 시」, 『한국한문학연구』 66, 2017.
유승민, 「『사공도시품첩』과 소재(所載) 회화비평」, 『한국전통문화연구』 22, 2018.
김가희, 「정선과 이병연의 우정에 대한 재고: 《경교명승첩》의 '시거화래지약(詩去畵來之約)'을 중심으로」, 『미술사와 시각문화』 23, 2019.
박정애, 「개화기 겸재 정선 회화의 모방과 복제, 유통의 일 단면: 영국도서관 소장품을 중심으로」, 『한국학』 42, 2019.
심영옥, 「겸재 정선의 청하현감 시절 회화 업적 연구」, 『동양예술』 45, 2019.
심영옥, 「겸재 정선의 영남지역 사경산수화(寫景山水畵) 고찰」, 『동양예술』 42, 2019.
김용권, 「겸재 정선의 〈산천재도〉 연구」, 『동양예술』 42, 2019.
김가희, 「정선의 《양천십경첩》 연구: 정선의 새로운 자아 표상과 예술 전략」, 『서울학연구』 81, 2020.
이경화, 「해악전신(海嶽傳神): 정선의 1712년 금강산도 제작에 관한 재고」, 『미술사와 시각문화』 25, 2020.
고연희, 「겸재 정선, 그 명성의 근거 검토」, 『대동문화연구』 109, 2020.
이순미, 「한양 북리 청풍계의 장소적 의미와 정선의 〈청풍계도〉」, 『한국학연구』 72, 2020.
이경화, 「겸재 정선의 비폭, 사인암은 어디인가?」, 『문헌과 해석』 86, 2020.
김미정, 「1950-60년대 북한의 정선에 관한 인식」, 『인문과학연구』 33, 2021.
심영옥, 「겸재 정선의 〈단발령망금강〉의 미적 가치 고찰」, 『동양예술』 54, 2022.
김가희, 「정선의 화가적 정체성과 예술 전략」, 『미술사와 시각문화』 30, 2022.
김가희, 「우정의 이면: 정선과 이병연의 관계 재검토」, 『미술사와 시각문화』 32, 2023.
송석호 외, 「겸재 정선 〈청담도〉의 실재와 작의」, 『문화재』 56-2, 2023.
이경화, 「식민지 시기 정선 회화의 담론 형성과 수집」, 『미술자료』 103, 2023.

이경화, 「이재의와 최헌수의 《금강산도첩》」, 『미술사와 시각문화』 31, 2023.
박효은, 「장소를 표상하는 문자와 형상: 정선의 〈천불암도〉와 능파대도」, 『미술사학연구』 317, 2023.
황인태, 「가상현실 분석 도구를 이용한 정선의 《경교명승첩》 중 〈녹운탄〉 분석」, 『미술사학연구』 323, 2024.
강관식, 「겸재와 진경을 보는 다양한 시각」, 『겸재 정선』, 삼성문화재단 · 간송미술문화재단 2025.
박은순, 「겸재 정선의 진경산수화: 진경으로 표현된 초상」, 『겸재 정선』, 삼성문화재단 · 간송미술문화재단 2025.
조인수, 「겸재 정선의 유교 인물화: 《칠선생시화첩》을 중심으로」, 『겸재 정선』, 삼성문화재단 · 간송미술문화재단 2025.
장진성, 「정선: 혁신적인 미법(米法)의 대가」, 『겸재 정선』, 삼성문화재단 · 간송미술문화재단 2025.
송희경, 「겸재 정선 화업의 계승과 재해석」, 『겸재 정선』, 삼성문화재단 · 간송미술문화재단 2025.

도판 목록

그림1-1. 〈금강전도〉, 종이에 수묵담채, 130.6×94.0cm, 개인 소장.

그림1-2. 〈금강전도〉 부분.

그림1-3. 《경교명승첩》 중 〈안현석봉〉에 붙인 이병연의 시, 비단에 먹, 간송미술문화재단 소장.

그림1-4. 이하곤, 《사계산수화첩》 서문, 종이에 먹, 29.8×53.3cm, 1719년, 호림박물관 소장.

그림1-5. 〈무송관산도〉 부분, 종이에 수묵, 97.0×55.8cm, 간송미술문화재단 소장.

그림1-6. 《사계산수화첩》 중 〈설경산수도〉, 비단에 수묵담채, 29.8×53.5cm, 1719년, 호림박물관 소장.

그림1-7. 《사계산수화첩》 중 〈추경산수도〉, 비단에 수묵담채, 29.8×53.5cm, 1719년, 호림박물관 소장.

그림1-8. 《사계산수화첩》 중 〈하경산수도〉, 비단에 수묵담채, 29.8×53.5cm, 1719년, 호림박물관 소장.

그림1-9. 《사계산수화첩》 중 〈계관진와〉, 비단에 수묵담채, 29.8×53.5cm, 1719년, 호림박물관 소장.

그림1-10. 《사계산수화첩》 중 〈국화용서〉, 비단에 수묵담채, 29.8×53.5cm, 1719년, 호림박물관 소장.

그림1-11. 이하곤, 《사계산수화첩》 발문, 종이에 먹, 29.8×53.3cm, 1719년, 호림박물관 소장.

그림1-12. 〈하경산수도〉, 비단에 수묵담채, 179.7×97.3cm, 국립중앙박물관 소장.

그림1-13. 강세황, 〈하경산수도〉 발문, 종이에 먹, 국립중앙박물관 소장.

그림2-1. 《신묘년 풍악도첩》 중 〈금강내산총도〉, 비단에 수묵담채, 36.0×37.4cm, 1711년, 국립중앙박물관 소장.

그림2-2. 《신묘년 풍악도첩》 중 〈옹천〉, 비단에 수묵담채, 26.6×37.7cm, 1711년, 국립중앙박물관 소장.

그림2-3. 《신묘년 풍악도첩》 중 〈삼일호〉, 비단에 수묵담채, 36.0×37.4cm, 1711년, 국립중앙박물관 소장.

그림2-4. 《신묘년 풍악도첩》 중 〈해산정〉, 비단에 수묵담채, 26.8×37.7cm, 1711년, 국립중앙박물관 소장.

그림2-5. 《신묘년 풍악도첩》 중 〈총석정〉, 비단에 수묵담채, 38.3×37.5cm, 1711년, 국립중앙박물관 소장.

그림2-6. 《신묘년 풍악도첩》 중 〈문암 관일출〉, 비단에 수묵담채, 26.6×36.6cm, 1711년, 국립중앙박물관 소장.

그림2-7. 《신묘년 풍악도첩》 중 〈단발령망금강산〉, 비단에 수묵담채, 36.0×37.4cm, 1711년, 국립중앙박물관 소장.

그림2-8. 《신묘년 풍악도첩》 중 〈보덕굴〉, 비단에 수묵담채, 36.2×26.2cm, 1711년, 국립중앙박물관 소장.

그림2-9. 《신묘년 풍악도첩》 중 〈시중대〉, 비단에 수묵담채, 36.6×26.6cm, 1711년, 국립중앙박물관 소장.

그림2-10. 〈단발령망금강산〉 부분.

그림2-11. 《신묘년 풍악도첩》 중 〈불정대〉 부분, 비단에 수묵담채, 37.3×34.6cm, 1711년, 국립중앙박물관 소장.

그림2-12. 《신묘년 풍악도첩》 중 〈피금정〉 부분, 비단에 수묵담채, 35.8×33.7cm, 1711년, 국립중앙박물관 소장.

그림2-13. 〈문암 관일출〉 부분.

그림2-14. 《신묘년 풍악도첩》 중 〈옹천〉 부분.

그림2-15. 《신묘년 풍악도첩》 중 〈백천교〉 부분, 비단에 수묵담채, 36.0×37.4cm, 1711년, 국립중앙박물관 소장.

그림2-16. 《정묘년 해악전신첩》 중 〈금강내산〉, 비단에 수묵담채, 32.6×49.6cm, 1747년, 간송미술문화재단 소장.

그림2-17. 《정묘년 해악전신첩》 중 〈정양사〉, 비단에 수묵담채, 31.36×24.2cm, 1747년, 간송미술문화재단 소장.

그림2-18. 《정묘년 해악전신첩》 중 〈용공동구〉, 비단에 수묵담채, 33.2×24.5cm, 1747년, 간송

미술문화재단 소장.

그림2-19. 《정묘년 해악전신첩》 중 〈사선정〉, 비단에 수묵담채, 32.5×25.1cm, 1747년, 간송미술문화재단 소장.

그림2-20. 《정묘년 해악전신첩》 중 〈총석정〉, 비단에 수묵담채, 32.1×24.3cm, 1747년, 간송미술문화재단 소장.

그림2-21. 〈회방연도〉 및 발문, 종이에 수묵, 57.0×75.0cm, 1716년, 개인 소장.

그림2-22. 〈북원수회도〉, 비단에 수묵담채, 39.3×54.4cm, 1718년 추정, 국립중앙박물관 소장.

그림2-23. 박현성, 〈북원수회도〉 발문, 종이에 먹, 51.2×34.6cm, 30.4×41.5cm, 1718년, 국립중앙박물관 소장.

그림3-1. 〈선면 누각산수도〉, 비단에 수묵담채, 39.3×54.4cm, 1718년, 개인 소장.

그림3-2. 《구학첩》 중 〈봉서정〉 및 발문, 종이에 수묵담채, 33.3×29.0cm(그림), 30.2×23.9cm(글), 1731년, 삼성문화재단 소장.

그림3-3. 《구학첩》 중 〈삼도담〉 및 발문, 종이에 수묵담채, 34.5×29.0cm(그림), 30.4×27.3cm(글), 1731년, 삼성문화재단 소장.

그림3-4. 《구학첩》 중 〈하선암〉 및 발문, 종이에 수묵담채, 35.8×33.3cm(그림), 31.8×27.3cm(글), 1731년, 삼성문화재단 소장.

그림3-5. 조영석, 《구학첩》 발문, 종이에 먹, 50.0×93.6cm, 1731년, 개인 소장.

그림3-6. 〈쌍도정도〉, 비단에 수묵담채, 34.7×26.3cm, 삼성문화재단 소장.

그림3-7. 이병연·조영석, 〈쌍도정도〉 발문, 종이에 먹, 삼성문화재단 소장.

그림3-8. 〈달성원조도〉 및 발문, 비단에 수묵담채, 36.6×32.0cm(그림), 31.5×27.0cm(글), 국립중앙박물관 소장.

그림3-9. 〈의금부계회도〉, 종이에 수묵담채, 31.6×42.6cm, 1729년, 개인 소장.

그림3-10. 〈의금부계회도〉 좌목, 종이에 먹, 1729년, 개인 소장.

그림3-11. 《경교명승첩》 중 〈인곡유거도〉, 종이에 수묵담채, 27.4×27.4cm, 간송미술문화재단 소장.

그림3-12. 〈백운동도〉, 종이에 수묵담채, 31.5×27.4cm, 1730년, 동농문화재단 소장.

그림3-13. 《장동8경첩》 중 〈백운동〉, 종이에 수묵담채, 33.6×29.8cm, 국립중앙박물관 소장.

그림3-14. 〈서교전경도〉, 종이에 수묵담채, 29.6×63.3cm, 선문대학교박물관 소장.

그림3-15. 〈필운대상춘도〉, 비단에 수묵담채, 27.5×33.5cm, 개인 소장.

그림3-16. 〈노목당풍〉, 종이에 수묵, 85.0×60.0cm, 개인 소장.

그림3-17. 겸재 정선의 편지, 종이에 먹, 21.0×30.2cm, 개인 소장.

그림3-18. 〈청하성읍도〉, 종이에 수묵담채, 32.7×25.9cm, 겸재정선미술관 소장.

그림3-19. 〈월송정〉, 비단에 먹, 25.5×29.7cm, 개인 소장.

그림3-20. 《관동명승첩》 중 〈월송정〉, 종이에 수묵담채, 32.3×57.8cm, 1738년, 간송미술문화재단 소장.

그림3-21. 〈내연산 삼용추〉, 종이에 수묵, 160.0×56.0cm, 1734년, 개인 소장.

그림3-22. 〈선면 무송관폭도〉, 종이에 수묵, 20.6×75.8cm, 국립중앙박물관 소장.

그림4-1. 《경교명승첩》 중 〈독서여가도〉, 비단에 채색, 24.1×16.9cm, 1741년경, 간송미술문화재단 소장.

그림4-2. 〈선면 송지문 시의도〉, 종이에 수묵담채, 25.1×69.0cm, 개인 소장.

그림4-3. 《관동명승첩》 중 〈시중대〉, 종이에 수묵담채, 32.3×57.8cm, 1738년, 간송미술문화재단 소장.

그림4-4. 《관동명승첩》 중 〈해산정〉, 종이에 수묵담채, 32.3×57.8cm, 1738년, 간송미술문화재단 소장.

그림4-5. 〈청풍계도〉, 비단에 수묵담채, 133.4×59.0cm, 1739년, 간송미술문화재단 소장.

그림4-6. 〈청풍계도〉, 종이에 수묵담채, 36.0×96.0cm, 1732년경, 고려대학교박물관 소장.

그림4-7. 〈서원소정도〉, 종이에 수묵담채, 40.0×

67.5cm, 1740년, 개인 소장.

그림4-8. 《경교명승첩》 중 〈장안연우〉, 종이에 수묵, 30.0×39.8cm, 간송미술문화재단 소장.

그림4-9. 〈선면 세검정도〉, 종이에 수묵담채, 23.0×62.0cm, 1748년, 국립중앙박물관 소장.

그림4-10. 〈채색 세검정도〉, 종이에 수묵담채, 개인 소장.

그림4-11. 〈육상묘도〉, 비단에 수묵담채, 146.8×63.0cm, 1739년, 개인 소장.

그림4-12. 〈황려호도〉, 종이에 수묵, 103.2×47.3cm, 1732년, 개인 소장.

그림4-13. 〈고사관폭도〉, 종이에 수묵, 107.8×59.5cm, 간송미술문화재단 소장.

그림4-14. 〈송음납량도〉, 종이에 수묵담채, 128.0×57.0cm, 1739년, 개인 소장.

그림4-15. 〈여뀌풀과 개구리(요화하마)〉, 비단에 채색, 29.5×22.0cm, 국립중앙박물관 소장.

그림4-16. 〈매미(송림한선)〉, 비단에 수묵담채, 29.9×21.6cm, 간송미술문화재단 소장.

그림4-17. 〈다람쥐〉, 비단에 수묵담채, 16.0×16.0cm, 서울대학교박물관 소장.

그림4-18. 〈숙조도〉, 비단에 수묵담채, 179.0×25.2cm, 개인 소장.

그림4-19. 《화훼영모첩》 중 〈닭과 잠자리(계관만추)〉, 비단에 채색, 30.5×20.8cm, 간송미술문화재단 소장.

그림4-20. 《경교명승첩》 중 〈양천현아도〉, 종이에 수묵, 39.8×30.0cm, 간송미술문화재단 소장.

그림4-21. 《경교명승첩》 중 〈시화환상간도〉, 비단에 수묵담채, 29.5×26.4cm, 간송미술문화재단 소장.

그림4-22. 《경교명승첩》 중 〈촉재제시도〉, 비단에 채색, 28.5×33.0cm, 간송미술문화재단 소장.

그림4-23. 《경교명승첩》 중 〈목멱조돈도〉, 비단에 채색, 23.0×29.2cm, 간송미술문화재단 소장.

그림4-24. 《경교명승첩》 중 〈양화환도도〉, 비단에 채색, 20.8×31.2cm, 간송미술문화재단 소장.

그림4-25. 《경교명승첩》 중 〈소악후월도〉, 비단에 채색, 20.8×31.2cm, 간송미술문화재단 소장.

그림4-26. 《경교명승첩》 중 〈종해청조도〉, 비단에 채색, 20.8×31.2cm, 간송미술문화재단 소장.

그림4-27. 《경교명승첩》 중 〈송파진〉, 비단에 채색, 20.0×31.5cm, 간송미술문화재단 소장.

그림4-28. 《경교명승첩》 중 〈압구정〉, 비단에 채색, 20.0×31.0cm, 간송미술문화재단 소장.

그림4-29. 《경교명승첩》 중 〈설평기려도〉, 비단에 채색, 20.8×31.2cm, 간송미술문화재단 소장.

그림4-30. 《경교명승첩》 중 〈어초문답도〉, 비단에 채색, 23.5×33.0cm, 간송미술문화재단 소장.

그림4-31. 《경교명승첩》 중 〈사문탈사도〉, 비단에 채색, 21.0×32.8cm, 간송미술문화재단 소장.

그림4-32. 〈사문탈사도〉, 비단에 채색, 26.0×32.5cm, 겸재정선미술관 소장.

그림4-33. 《연강임술첩》 표지, 종이에 먹, 25.0×43.5cm, 개인 소장.

그림4-34. 홍경보, 《연강임술첩》 서문, 종이에 먹, 43.5×85.0cm, 개인 소장.

그림4-35. 홍경보본 《연강임술첩》 중 〈우화등선〉, 비단에 수묵담채, 33.5×94.2cm, 1742년경, 개인 소장.

그림4-36. 겸재 정선본 《연강임술첩》 중 〈우화등선〉, 비단에 수묵담채, 34.4×95.3cm, 1742년경, 개인 소장.

그림4-37. 홍경보본 《연강임술첩》 중 〈웅연계람〉, 비단에 수묵담채, 33.1×93.8cm, 1742년경, 개인 소장.

그림4-38. 겸재 정선본 《연강임술첩》 중 〈웅연계람〉, 비단에 수묵담채, 34.6×95.3cm, 1742년경, 개인 소장.

그림4-39. 《연강임술첩》 겸재 제발, 종이에 먹, 25.0×43.5cm, 1742년경, 개인 소장.

그림5-1. 《퇴우이선생진적첩》 중 〈인곡정사도〉, 종이에 수묵, 32.3×22.0cm, 1746년, 개인 소장.

그림5-2. 《칠선생시화첩》 중 〈염계애련〉, 종이에 수묵담채, 23.5×15.2cm, 1746년, 삼성문화재단 소장.

그림5-3. 《칠선생시화첩》 중 〈횡거영초〉, 종이에

수묵담채, 23.5×15.2cm, 1746년, 삼성문화재단 소장.

그림5-4. 《칠선생시화첩》 중 〈도산퇴계〉, 종이에 수묵담채, 그림 및 글씨 각 23.5×15.2cm, 1746년, 삼성문화재단 소장.

그림5-5. 〈취성도〉, 비단에 채색, 145.8×61.5cm, 개인 소장.

그림5-6. 〈취성도〉 부분.

그림5-7. 〈장주묘암도〉, 종이에 채색, 1746년, 112.0×63.0cm, 개인 소장.

그림5-8. 〈여산초당도〉, 비단에 채색, 125.0×68.7cm, 간송미술문화재단 소장.

그림5-9. 〈여산폭포도〉, 비단에 수묵, 100.3×64.2cm, 국립중앙박물관 소장.

그림5-10. 〈선면 정양사도〉, 종이에 수묵담채, 22.1×61.0cm, 국립중앙박물관 소장.

그림5-11. 〈선면 해인사도〉, 종이에 수묵담채, 23.6×67.6cm, 국립중앙박물관 소장.

그림5-12. 〈선면 도산서원도〉, 종이에 수묵담채, 21.2×56.3cm, 간송미술문화재단 소장.

그림5-13. 《퇴우이선생진적첩》 중 〈계상정거도〉, 종이에 수묵, 25.3×39.8cm, 1746년, 삼성문화재단 소장.

그림5-14. 《퇴우이선생진적첩》 중 〈풍계유택도〉, 종이에 수묵, 30.2×21.5cm, 1746년, 삼성문화재단 소장.

그림5-15. 《퇴우이선생진적첩》 중 〈무봉산중도〉, 종이에 수묵, 30.2×21.5cm, 1746년, 삼성문화재단 소장.

그림5-16. 《장동8경첩》 중 〈청송당〉, 종이에 수묵담채, 58.0×37.0cm, 개인 소장.

그림5-17. 《장동8경첩》 중 〈청송당〉, 종이에 수묵담채, 29.5×33.0cm, 1755년, 국립중앙박물관 소장.

그림5-18. 《장동8경첩》 중 〈청송당〉, 종이에 수묵담채, 29.5×33.7cm, 1751년, 간송미술문화재단 소장.

그림5-19. 《장동8경첩》 중 〈취미대〉, 종이에 수묵담채, 58.0×37.0cm, 개인 소장.

그림5-20. 《해악전신첩》 중 〈불정대〉, 종이에 수묵담채, 33.7×25.7cm, 1747년, 간송미술문화재단 소장.

그림5-21. 홍봉조 〈불정대〉 제사, 종이에 먹, 33.6×25.8cm, 1747년, 간송미술문화재단 소장.

그림5-22. 이병연 〈불정대〉 제시, 종이에 먹, 33.5×25.5cm, 1747년, 간송미술문화재단 소장.

그림5-23. 《해악전신첩》 중 〈삼부연〉, 종이에 수묵담채, 31.4×24.3cm, 1747년, 간송미술문화재단 소장.

그림5-24. 《해악전신첩》 중 〈화적연〉, 종이에 수묵담채, 32.2×25.0cm, 1747년, 간송미술문화재단 소장.

그림5-25. 《해악전신첩》 중 〈화강백전〉, 종이에 수묵담채, 32.2×24.9cm, 1747년, 간송미술문화재단 소장.

그림5-26. 《관동8경도》 중 〈만폭동도〉, 종이에 수묵담채, 56.0×42.8cm, 간송미술문화재단 소장.

그림5-27. 〈만폭동도〉, 비단에 수묵담채, 33.0×22.0cm, 서울대학교박물관 소장.

그림5-28. 〈금강대〉, 종이에 수묵담채, 32.2×24.9cm, 간송미술문화재단 소장.

그림5-29. 〈정양사〉, 종이에 수묵담채, 31.3×24.2cm, 간송미술문화재단 소장.

그림5-30. 〈비로봉도〉, 종이에 수묵, 34.8×25.5cm, 개인 소장.

그림5-31. 〈비로봉도〉, 종이에 수묵, 99.6×47.4cm, 국립중앙박물관 소장.

그림5-32. 〈통천문암〉, 종이에 수묵, 131.8×53.8cm, 간송미술문화재단 소장.

그림5-33. 〈금강전도〉

그림5-34. 〈풍악내산총람〉, 비단에 채색, 100.8×73.8cm, 간송미술문화재단 소장.

그림5-35. 《겸재정선화첩》 중 〈금강내산전도〉, 비단에 수묵담채, 33.0×54.3cm, 왜관수도원 소장.

그림5-36. 〈선면 금강내산〉, 종이에 수묵, 28.2×90.7cm, 간송미술문화재단 소장.

그림5-37. 《겸재정선화첩》 중 〈연광정〉, 비단에 수묵담채, 28.7×23.9cm, 왜관수도원 소장.

그림5-38. 《겸재정선화첩》 중 〈기우출관도〉, 비단에 수묵담채, 28.7×23.9cm, 왜관수도원 소장.

그림5-39. 《겸재정선화첩》 중 〈야수소서도〉, 비단에 수묵담채, 28.7×23.9cm, 왜관수도원 소장.

그림5-40. 《겸재정선화첩》 중 〈초당춘수도〉, 비단에 수묵담채, 28.7×21.5cm, 왜관수도원 소장.

그림5-41. 《사공도시품첩》 중 〈유동도〉 및 시품 필사, 비단에 수묵담채, 그림 및 글씨 각 34.5×29.6cm, 1749년, 국립중앙박물관 소장.

그림5-42. 《사공도시품첩》 중 〈호방도〉 및 시품 필사, 비단에 수묵담채, 그림 및 글씨 각 34.5×29.6cm, 1749년, 국립중앙박물관 소장.

그림5-43. 《사공도시품첩》 중 〈자연도〉 및 시품 필사, 비단에 수묵담채, 그림 및 글씨 각 34.5×29.6cm, 1749년, 국립중앙박물관 소장.

그림5-44. 〈음양산수도〉 중 '폭포', 종이에 수묵, 30.0×39.8cm, 개인 소장.

그림5-45. 〈음양산수도〉 중 '바위', 종이에 수묵, 30.0×39.8cm, 개인 소장.

그림5-46. 〈인왕제색도〉, 종이에 수묵, 79.2×138.0cm, 1751년, 국립중앙박물관 소장.

그림5-47. 심환지, 〈인왕제색도〉 제화시, 종이에 먹, 1802년, 개인 소장.

그림5-48. 〈박연폭도〉, 종이에 수묵, 119.4×51.9cm, 1750년대, 개인 소장.

그림5-49. 〈박생연도〉, 종이에 수묵담채, 98.2×35.8cm, 1740년대, 간송미술문화재단 소장.

그림5-50. 〈괴단야화도〉, 종이에 수묵담채, 32.0×51.0cm, 1752년, 개인 소장.

그림5-51. 〈우중기려도〉, 종이에 수묵, 38.3×30.0cm, 1752년, 개인 소장.

그림5-52. 〈강안선유도〉, 종이에 수묵담채, 33.0×52.0cm, 일본 도쿄국립박물관 오쿠라 컬렉션 소장.

그림5-53. 〈한아군상도〉, 종이에 수묵담채, 22.8×17.0cm, 개인 소장.

그림6-1. 〈노송영지도〉, 종이에 수묵담채, 147.5×102.7cm, 1755년, 송암미술관 소장.

그림6-2. 〈사직노송도〉, 종이에 수묵담채, 61.5×112.0cm, 고려대학교박물관 소장.

그림6-3. 〈노백도〉, 종이에 수묵담채, 132.1×55.7cm, 삼성문화재단 소장.

그림6-4. 《겸재정선화첩》 중 〈함흥본궁송〉, 비단에 수묵담채, 29.5×23.5cm, 왜관수도원 소장.

그림6-5. 《장동8경첩》 중 〈창의문〉, 종이에 수묵담채, 33.6×29.8cm, 국립중앙박물관 소장.

그림6-6. 《장동8경첩》 중 〈독락정〉, 종이에 수묵담채, 33.6×29.8cm, 국립중앙박물관 소장.

그림6-7. 〈강진고사도〉, 비단에 수묵담채, 27.5×23.5cm, 1756년경, 간송미술문화재단 소장.

참고 그림1. 김창업 〈추강만박도〉, 모시에 수묵, 18.5×20.5cm, 18세기 초, 간송미술문화재단 소장.

참고 그림2. 김창흡 글씨, 종이에 먹, 33.8×56.0cm, 국립중앙박물관 소장.

참고 그림3. 조영석 〈이 잡는 노승〉, 종이에 수묵담채, 17.52×24.0cm, 개인 소장.

참고 그림4. 〈무고송이반환〉, 『개자원화전』.

참고 그림5. 〈주상오수〉, 『고씨화보』.

참고 그림6. 〈동정추월〉, 『해내기관』.

참고 그림7. 김창집, 「금강산 송별시」, 종이에 수묵, 35.2×44.0cm, 1711년, 개인 소장.

참고 그림8. 곽충서, 〈망천도〉, 비단에 수묵담채, 29.0×490.4cm, 북송 초기, 대만 국립고궁박물원 소장.

참고 그림9. 이방운, 〈망천10경도〉, 종이에 수묵담채, 27.3×30.5cm, 홍익대학교박물관 소장.

참고 그림10. 정황, 〈양주송추도〉, 종이에 수묵담채, 23.6×36.1cm, 겸재정선미술관 소장.

부록 그림1. 《석농화원》 육필본 표지

부록 그림2. 강이천, 〈묵죽도〉, 《석농화원》 원첩 권4 수록, 김광국 화제, 김이도 글씨, 종이에 수묵, 그림 29.5 ×20.2cm, 글씨 29.5×20.2cm, 18세기, 선문대학교박물관 소장.

부록 그림3. 김익주, 〈파조귀래도〉, 《석농화원》 속편 수록, 김광국 화제, 김종건 글씨, 종이에 수묵, 그림 26.7× 17.8cm, 글씨 26.7×17.8cm, 18세기, 선문대학교박물관 소장.

부록 그림4. 심정주, 〈포도도〉, 《석농화원》 별집 수록, 종이 에 수묵, 28.3×19.2cm, 18세기, 국립중앙박물 관 소장.

부록 그림5. 김홍도, 〈군선도〉, 《석농화원》 원첩 권4 수록, 김광국 화 제, 정동교 글씨, 비단에 수묵담채, 그림 24.2×15.7cm, 글씨 24.2×10.5cm, 18세기, 개인 소장.

부록 그림6. 윤두서, 〈석공공석도〉, 《석농화원》 원첩 권1 수록, 김광국 화제, 이면우 글씨, 종이에 수묵, 그림 23.0×15.8cm, 글씨 23.0×15.8cm, 18세기, 개인 소장.

부록 그림7. 피터르 스헹크(Pieter Schenck), 〈술타니에 풍경〉("Landscape of Sultanie"), 《석농화원》 원첩 권4 수록, 김광국 화제, 김종건 글씨, 동판에 에칭, 그림 22.0×26.9cm, 글씨 25.6×18.6cm, 네덜란드, 18세기, 청관재 소장.

부록 그림8. 김부귀, 〈탁타도〉, 《석농화원》 속편 수록, 김광국 화제, 이한진 글씨, 종이에 채색, 그림 20.6× 23.6cm, 글씨 20.6×23.6cm, 18세기, 청관재 소장.

부록 그림9. 심사정, 〈와룡암소집도〉, 《석농화원》 습유편 수록, 김광국 발문, 김종건 글씨, 종이에 수묵담채, 그림 28.7×42.0cm, 글씨 27.4×41.6cm, 18세기, 간송미술문화재단 소장.

부록 그림10. 『석봉진적첩』 포갑에 기록되어 있는 조맹부의 수장론.

부록 그림11. 황기, 〈노호도〉, 《석농화원》 속편 수록, 김광국 화제, 유한지 글씨, 종이에 수묵담채, 그림 20.0× 13.0cm, 글씨 20.0×13.0cm, 18세기, 선문대학교박물관 소장.

부록 그림12. 김정, 〈이조화명도〉, 《석농화원》 원첩 권 1 수록, 김광국 화제, 김지묵 글씨, 종이에 수묵담채, 그림 32.1×21.7c m, 글씨 31.7×21.7cm, 16세기, 국립제주박물관 소장.

부록 그림13. 최북, 〈운산촌사도〉, 《석농화원》 원첩 권3 수록, 김광국 화제 및 글씨, 종이에 수묵담채, 그림 28.7× 21.0cm, 글씨 28.7×21.0cm, 18세기, 간송미술문화재단 소장.

부록 그림14. 오명현, 〈염고의송도〉, 《석농화원》 원첩 권4 수록, 김광국 화제, 김종건 글씨, 종이에 수묵담채, 그림 27.0×20.0cm, 글씨 27.0×20.0cm, 18세기, 선문대학교박물관 소장.

부록 그림15. 여기 〈영모도〉에 부친 김광국의 발문, 《석농화원》 원첩 권3 수록, 김광국 글씨, 종이에 묵서, 27.5×35.0cm, 18세기, 유현재 소장.

부록 그림16. 작가미상 〈채녀적완도〉, 《석농화원》 원첩 권4 수록, 김광국 화제, 강이천 글씨, 종이에 채색, 그림 31.0×45.5cm, 글씨 29.2×22.9cm, 일본, 18세기, 청관재 소장.

부록 그림17. 원명유, 〈고촌어주도〉에 부친 김광국의 화제, 《석농화원》 원첩 권4 수록, 이학빈 글씨.

부록 그림18. 《화원별집》 표지와 목차, 표지 글씨 유한지, 국립중앙박물관 소장.

부록 그림19. 강희언, 〈엽기도〉, 《석농화원》 원첩 권4 수록, 김광국 화제, 이한진 글씨, 종이에 수묵담채, 그림 29.5×22.0cm, 글씨 29.5×22.0cm, 18 세기, 개인 소장.

부록 그림20. 김진규, 〈묵매도〉, 《석농화원》 원첩 권1 수록, 김광국 화제 및 글씨, 종이에 수묵담채, 국립광주박물관 소장.